中国山地人文研究丛书
丛书主编：纳日碧力戈 龙宇晓

民国时期云南边疆地区
特殊过渡型政区研究

凌永忠 著

中国社会科学出版社

图书在版编目(CIP)数据

民国时期云南边疆地区特殊过渡型政区研究／凌永忠著. —北京：
中国社会科学出版社，2015.5
（中国山地人文研究丛书）
ISBN 978 – 7 – 5161 – 5540 – 0

Ⅰ.①民… Ⅱ.①凌… Ⅲ.①政区沿革—研究—云南省—民国
Ⅳ.①D693.6

中国版本图书馆 CIP 数据核字（2015）第 032545 号

出 版 人	赵剑英	
选题策划	刘　艳	
责任编辑	刘　艳	
责任校对	陈　晨	
责任印制	戴　宽	

出　　版	中国社会科学出版社	
社　　址	北京鼓楼西大街甲 158 号	
邮　　编	100720	
网　　址	http://www.csspw.cn	
发 行 部	010 – 84083685	
门 市 部	010 – 84029450	
经　　销	新华书店及其他书店	

印　　刷	北京市大兴区新魏印刷厂	
装　　订	廊坊市广阳区广增装订厂	
版　　次	2015 年 5 月第 1 版	
印　　次	2015 年 5 月第 1 次印刷	

开　　本	710 × 1000 1/16	
印　　张	18.25	
插　　页	2	
字　　数	305 千字	
定　　价	59.00 元	

凡购买中国社会科学出版社图书，如有质量问题请与本社联系调换
电话:010 – 84083683

总　序

　　山地，作为一种高突于平地之上的多样态的地貌，层峦叠嶂、变幻万千，集神秘性、复杂性、多样性、差异性于一体，人类赋予它多重意义，使之成为有别于平原的自然景观和人文表征。按我国山地环境科学家钟祥浩先生的定义，山地是指"具有一定海拔、相对高度和坡度的高地及其相伴谷地、山岭等所组成的地域。这种地域类型不但具有层次性，而且具有空间分异的尺度性。山地自然地域类型极其多样，而且千差万别。"因此，绝大多数学者把丘陵和高原列入山地范畴，形成了得到社会广泛认同的"广义山地"概念（详见钟祥浩《加强人山关系地域系统为核心的山地科学研究》，载《山地学报》2011 年第 1 期）。

　　如果我们的理解正确，山地之所以重要，主要是体现在自然和文化这两个方面：从自然的角度看，山地系统是地球表层演变过程的主体，控制着地理生态格局与水系的发育及演变，孕育丰富的生物多样性，而且是水土保持的控制器；从文化的角度看，山区是人类文明的重要发祥地，孕育了多民族的文化，也生成了独特的山地人文生态和意义生态。就世界范围而言，山地占据了整个地球大陆面积的近三分之一，蕴藏着丰富而宝贵的自然资源，是人类生存空间中最重要的生态屏障和生态功能区之一，世界上约有一半的人口在不同程度上依赖着来自山地的各种资源。因此，山地和山地民族文化的研究，已经在全球范围内成为地理学、生态学、民族学与人类学等多种自然科学和人文社会科学都共同关注的课题。半个多世纪以来，山地研究在国际上已取得了较大的发展。1980 年国际山地学会（IMS）在美国科罗拉多成立，这标志山地研究已在世界范围内成为一个重要的专业领域。在联合国教科文组织"人与生物圈"计划的资助下，国际山地综合开发研究中心（ICIMOD）自 1983 年在尼泊尔成立之后，一直大力推进着全球山地研究的发展。

　　人类社会进入 21 世纪后，国际上的山地研究又出现了一些新的动向。经过多年的酝酿，2001 年，欧美学术界中的一批最活跃、最有实力的山地学家在欧洲山国瑞士正式发起了旨在拓展世界各国山地学术研究的"世界山地研究联盟"（Mountain Research Initiative）；与此相对应，联合国粮农组织则于 2002 年设立"国际山地日"（International Mountain Day，每年 12 月 11 日），并支持建立了侧重于推动世界各国山地社区发展实践交流的"国际山地伙伴组织"（Mountain Partnership）。在这些国际山地研究与发展机构的推动之下，国外的山地研究近年来在研究的深度和广度上都有了突飞猛进的拓展，不再像以往那样局限于自然科学的研究，而是有力地整合人文社会科学的力量，达到了对山地的多方位、跨学科的综合研究，新近涌现出了诸如 Hmong Mountains（2006）、Listening to the Mountains（2007）、The Art of Not Being Governed（2009）、Heights of Reflections（2012）之类的山地人文研究名著。

　　中国是世界第一山地大国，山地面积约占全国陆地面积的 70%，山区人口约占全国总人口的 45%。山地构成了中国地貌的主体格架。纵观大江南北，凡高原、盆地之四周均被山脉环绕，西部的青藏高原被喜马拉雅山、昆仑山、祁连山等环绕，西南的云贵高原周边有哀牢山、乌蒙山、武陵山等，西北部的黄土高原和内蒙古高原边缘分布有秦岭、太行山、贺兰山、阴山、大兴安岭等山脉……即使行走在东部和东北部的广袤平原上也能不时地见到座座山岭，如泰山、嵩山、梁山等等。中国各地的山脉养育着不同民族的人民，也塑造着形态各异的文化习俗。这些山区里的居民不仅有少数民族，更有人口数量可观的汉族。他们都是当之无愧的"山地民族"。

　　从文化上看，中国各民族在多样性的山地聚落或地域中形成的带有山地或高地自然特征烙印的文化形态——即人们所说的山地文化——构成了中国传统文化体系中极其重要的组成部分。山地对中国人的宇宙观与世界观产生了深远的影响。在民间宗教中，飘渺、神秘的大山被认为是神灵的天然隐匿之所，人们耳熟能详的观音菩萨、如来佛、玉皇大帝等诸多神灵都栖息在各大灵山之中；这是因为重、黎两位王臣在奉命"绝地天通"而使人神相隔之后，高山就成为沟通天地与人神的天梯，继而有了古代帝王登山封禅的浩大工程。以山东泰山为例，秦始皇、汉武帝、唐玄宗、宋真宗、康熙帝、乾隆帝等古代著名帝王都曾率领臣子到泰山举行封禅大典。唐代张守节在《史记正义》中对此做了解释："此泰山上筑土为坛以祭天，报天之功，故曰封。此泰山下小山上除地，报地之功，故曰禅。"可见，泰山封禅是为了"告太平于天，报群神之功"（《五经通义》）。在统治者的眼中，神圣的大山俨然成为他们祈求天下太平、政权稳固的神符。在中国人的心目中，巍峨的大山还代表着一种遥不可及的高度，表征着坚强和无畏，象征着屹立不倒的气节，成为中华民族精神的化身，所谓的"高山仰止"即属此意。

山作为一种文化符号，在中国文化体系中的象征意义还远不止于此。它与中国古往今来的国家认同也息息相关。作为地理空间上的天然边界，山往往成为疆域、领域或地域的代名词。古人以山为屏障，设置山险，尽为防御，故有"一夫当关，万夫莫开"之辞。中国人热爱自然，但却没有"自然"（nature）的概念，而是以山水替代，在国人的观念中，山水可以与"天下"同义，指涉国土疆域乃至囊括整个自然界。被赋予了政治隐喻的山水，成为"国家"的代名词，于是便有了"江山社稷""打江山""坐江山"等惯用词汇。由此可见，山的概念在整个中华民族的文化表达体系中扮演重要角色，从这种意义上说，如果我们将山地视为中国人生活世界中不折不扣的"关键符号"（key symbols）之一，应不为过。

总体说来，山地在中国的地位是极其重要而微妙的。一方面，山地是我国各民族生境中生物多样性与文化多样性资源最为富集的区域，为国家和地方的社会经济发展提供了丰富而宝贵的资源。另一方面，由于受地理条件的限制，山区往往是发展相对滞后、贫困人口居多的区域，如何使山地区域快速发展已成为我国全面建设小康社会所面临的十分重要而紧迫的现实问题。因此，中国山地的研究无论是对于中国自身还是对于世界的可持续发展，都具有十分重要的意义。

然而遗憾的是，现有的学术成果还远远没有达到对中国山地这个自然—人文综合体的全面认知，中国的山地研究基本上还局限于自然层面的研究，与世界山地研究已走向跨学科综合的发展趋势相比，还相去甚远；也不符合我国山地科学家邓伟教授在其《中国山地科学发展构想》一文（载《中国科学院院刊》2008年第2期）中提出的学术愿景："随着全球气候变化影响日益凸显和人类活动不断向山区空间扩展，使山地科学在研究方面有着更加丰富的内容，除了要在自然科学领域的不断探索和新知识的发现外，也要在人文科学以及社会可持续发展研究方面不断地深入、交叉和综合。"尽管我国山地民族众多，山地文化博大精深而丰富多彩，却极少有人从山地的角度来研究山区各民族的人口、历史、文学、艺术、体育、宗教、衣食住行等人文资源，现有的屈指可数的一些相关研究成果，无论是在学术视野还是在深广度上都还差强人意，暴露了中国山地人文研究依然十分薄弱的实际状况。

在当下全球山地研究方兴未艾之际，这种局面必须改变，中国的山地人文社科研究亟需迎头赶上。为此，我们依托全国首家和迄今唯一一家专门以山地民族及其文化为研究主题的学术平台——贵州省高等学校人文社会科学重点研究基地贵州师范学院中国山地民族研究中心，策划和主持了这套"中国山地人文研究丛书"的编著出版，旨在最大限度地联合相关学术力量，努力发掘中国山地人民的生存智慧，总结中国山地开发的历史经验教训，讲好中国的山地人文故事，让"千灯互照，光光交彻"。

中国山地文化源远流长的历史和博大精深的底蕴，决定了我们的山地研究必须具有历史的和文化的"敏感性"（sensibilities），必须是全方位的多学科的综合研究。我们深信，中国的山地文化完全可以与欧陆的阿尔卑斯山地文化、美国加拿大的落基山地文化和阿巴拉契亚山地文化、拉丁美洲的安第斯山地文化相媲美。中国山地及其各民族居民之间的和谐共生关系和生态智慧不仅是"中国经验"的重要补充，而且具有世界意义，必将走向全国，走向世界。而要实现这一点，就必须对中国山地文化展开深度研究和整体观照，既要从横向的或共时的向度，也要从纵向的或历时的向度去发掘和分析中国的山地人文资源，更要注意与山地自然科学研究的前沿成果相结合。唯其如此，才有可能实现邓伟教授在前揭文中提出的"中国应当引领世界山地科学的发展"这一目标。

"中国山地人文研究丛书"首批成果的作者群中包括了来自历史学、民族学、地理学、政治学、语言学、艺术学等各个不同学科领域的中青年学者，既有土生土长的本土学者，也有来自海外学术机构的专家。这些著作中，有的侧重于西南山区的政区历史地理或民族民居文化，有的聚焦于内蒙古草原上的山地祭仪或中原山区的村落自治机制，有的探讨山地社区的传统知识传承或旅游发展，而有的则着重记录、梳理和分析山地民族的民间歌谣或名物符号系统。在内容上既强调本体内涵的深描和挖掘，也注意与全国或国际层面的学术同行相对话。总之，这批成果反映了新一代中国山地人文社会科学研究者们在"本土化、国际化、跨学科"方面所作

的努力。希望这套丛书的出版能对改善当前我国山地人文社科研究的薄弱
状况有所裨益；也希望丛书作者们的这些成果能够起到抛砖引玉的效果，
激发更多的学术同仁加入到山地文化研究的行列中来，使中国山地的人文
社科研究水平能够早日跃上更高的台阶，早日融入国际学术主流，并在世
界山地人文社科研究的发展格局中发挥应有的重要作用。

　　　　　　　　　　　　　　　　　　　纳日碧力戈　龙宇晓

　　　　　　　　　　　　　　　　　　　2015 年 1 月 5 日于贵阳

目　录

图目录

表目录

序

　　行政区划始终是中国历史疆域、国家建构和国家治理研究的重要契合点。因为，行政区划，即"行政区域的分划过程，是在既定的政治目的与行政管理需要的指导下，遵循相关的法律法规，建立在一定的自然与人文地理基础之上，并充分考虑历史渊源、人口密度、经济条件、民族分布、文化背景等各种因素的情况下进行的，其结果是在国土上建立起一个由若干层级、不等幅员的行政区域所组成的体系"[①]，所以，从历史疆域的角度看，历代王朝遵行"政区所在，版图所及"的原则来确认自己的疆域版图，直至今天中华人民共和国领土，无论是陆疆，还是海疆，都是被纳入国家行政区划体系下的行政区域。

　　在国家建构的研究视域下，"中国是一个由多民族共同缔造的统一国家。中华民族大家庭中每一个成员在历史时期中在祖国土地上劳动、生息的范围及其所建立的政权的疆域和政区，都是中国历史上疆域政区不可分割的一部分"[②] 已成共识，但中国国家建构特征和模式，历史学包括历史民族地理的研究者分别进行了独立的研究，提出一些重要见解。姚大力先生指出"现代中国建立在一个很少见的未曾分裂过的帝国疆域基础之上，中国国情中一个最为特殊的要素，即除了汉族以外，中国国土内还包含着几十个少数民族的'家园'"[③]。今天民族自治地方行政区域的面积占全国总面积的 64%，少数民族聚居地区占国土面积将近 67%，正是各民族人

---

　　① 周振鹤：《行政区划史研究的基本概念与学术用语刍议》，《复旦大学学报》（社会科学版）2001 年第 3 期。

　　② 邹逸麟编著：《中国历史地理概述》，上海教育出版社 2005 年版，第 91 页。

　　③ 姚大力：《中国历史上的国家建构模式与版图构成——兼论少数民族的"家园"问题》，2012 年 11 月复旦大学历史地理研究中心举办的"中国历史民族地理研究学术研讨会"主旨发言稿。

民及其"家园"共同建构了中国这个伟大国家。但是，各民族社会经济发展不平衡，各民族社会结构与地理生态环境亦存在差异，在长达数千年的中国国家建构历程中，各民族及其"家园"分别在什么时候，以什么方式进入中华民族大家庭的国家，周振鹤先生提出了历史上疆域发展中"边疆区与内地的圈层型关系"的政治地理格局①模式，国家建构体现为华夏"九州"中心区向少数民族的"蛮夷"边荒地区以"五服"圈层结构的扩展推进，表现形式是行政区划的设置和正式政区的演进。许倬云先生认为中华帝国体系之成长有两个层面：一是向外扩大，"由中心的点，扩大为核心的面，再度由核心辐射为树枝形扩散，又由树枝整合为网络"；二是向内充实，即向王朝国家"体系所不及的空隙"的"内在边陲"地带充实②模式。无论是周振鹤先生的"圈层"结构，还是许倬云先生的"中华帝国体系之成长有两个层面"模式，均重点探讨各少数民族的"家园"地区的国家建构。归结起来，在少数民族"家园"纳入国家疆域后，国家建构必须由组成疆域的不同形式的政区来体现，即"特殊政区"形态，如军事驻防区、屯垦区、民族或地方自治区、实际控制区等，王朝在这些区域，有的拥有完全的主权，有的只能部分控制，或者不稳定的控制③，反映着国家建构进程中的阶段性和差异性。最终的国家建构则体现为行政区划的一体化，行政区划的一体化就是国家建构进程的直观反映。

　　国家治理必须通过国家分层级划分的不等幅员的行政区域来实施和实现，其核心是掌土、治民、安邦定国。国家治理最终落实到最基层的行政区划来实施。中国历史上存在时间最长、最稳定的基层政区——县级政区正是中华帝国实现国家治理的基本行政单位，县是国家进行"清丈土地"和"编户籍民"行政管理，即"掌土""治民"的基层政区；县级政区及其被称为"父母官"的县级长官代表国家负责地方治理、开发和文教建设。只有设置了正式县和进行了规范县政建设的地方，才能实现真正的

---

　　① 周振鹤：《中国历史上两种基本政治地理格局分析》，《历史地理》第二十一辑，上海人民出版社 2004 年版。

　　② 转引自鲁西奇《"帝国的边缘"与"边缘的帝国"——〈帝国在边缘：早期近代中国的文化、族裔性与边陲〉读后》，载姚大力、刘迎胜主编《清华元史》第一辑，商务印书馆 2011 年版，第 455—456 页。

　　③ 葛剑雄：《中国历代疆域的变迁》，商务印书馆 1997 年版，第 9—13 页。

国家治理。所以县政建设和边疆民族地区"特殊政区"完成向正式县设置演进是国家治理和国家行政管理深入基层的标志，也是国家治理深入边疆民族地区的最重要考量。

因此，中国国家疆域形成、国家建构和国家治理等核心问题都归结到行政区划的研究上，特别是少数民族"家园"地区与内地（中心区）行政区划的一体化的实证研究。基于上述认识，我和凌永忠师生俩共同进行了近6年探索。我们认为西南边疆民族地区是最佳研究区域，该区域经历了中国国家疆域形成、国家建构和国家治理的完整过程，并极具特殊性，以实证的方式研究元明清和民国时期行政区划演变、调整的复杂多样形式（特殊政区）和阶段性特征，能够部分解析边疆民族地区在何时、以什么样的方式整合于国家疆域，也能解析历史上中央政府如何在边疆民族地区推进民族国家构建和加强国家治理。在我们合著的《元明清西南边疆特殊政区研究》① 一书中，探讨了元明清时期为适应西南边疆民族结构、复杂的地理生态环境和国际地缘政治演变，中华帝国以多种形态的行政区划，即"特殊政区"巩固和拓展国家西南疆域，逐步深化国家治理；研究了元明清统一多民族国家建构中西南边疆性行政区划与内地一体化阶段性特征；研究了元代统一西南边疆与云南行省建立完成了高层政区的一体化进程，以及元代湖广行省特殊政区安抚司和军政管控宣慰司，明代云南边疆的"外边政区"制、明清宣慰司、宣抚司、长官司等特殊政区；探讨了在清代大规模改土归流运动中完成了西南边疆统县政区与内地一体化，以及通过直隶厅、"苗疆十厅"等特殊政区深入"汉夷杂居"区的国家治理进程等问题，部分回应和实证了国家建构中的民族的"家园"、"边疆区与内地的圈层型关系"和中华帝国体系"向外扩大""向内充实"的理论模式。

元明清西南边疆一体化和国家治理的县政建设达到什么样的深度和广度，则在民国建立后的1913年"废府存县"的行政区划改革中在地理形势上清晰地展现出来。元明清西南边疆政区实现了省级高层政区、统县政区和靠内县级政区的内地一体化，而云南西部、西南和南部边疆环弧形沿边地带在民国"废府存县"改革后呈现出正式县级政区空疏的边疆"中

---

① 陆韧、凌永忠：《元明清西南边疆特殊政区研究》，人民出版社2013年版。

间地带"(The Middle Ground)①。这是国家建构和政区一体化的最边缘圈层，国家仍依赖土司间接管理，是没有实现国家直接治理的最后地区，更严峻的是英法殖民者正妄图趁机制造边疆危机，侵扰并蚕食西南边疆领土。民国初年迫于形势，民国政府急切进行补救，通过加强县政建设强化边疆治理，但鉴于云南边疆环弧形沿边地带民族社会多样复杂性和地理生态环境高山纵谷及重瘴区特点，民国政府采取"准备县"及"准统县政区"性质的多种形式"特殊过渡型政区"，先后设置了弹压委员、对汛督办、行政委员、行政总局及行政分局、设治局、殖边督办等机构和行政建置，为彻底完成边疆正式县政建设作准备，一旦时机成熟，即向正式县过渡。然而，民国年间持续的政治动荡、内忧外患，以及抗日战争、国内反共内战干扰，云南沿边"特殊过渡型政区""准备县"向正式县政建设过渡了 37 年也未完成。直至中国共产党领导的中华人民共和国建立后，1953 年在新中国国家建构的行政区划体系中才完成云南沿边县政建设，实现了国家对云南边疆民族地区的直接行政管理和治理。尽管如此，民国年间的"特殊过渡型政区"是承袭数千年的国家疆域形成与发展、行政区划一体化的重要阶段，是中央通过行政区划体制建设实现边疆控制、国家治理，维护祖国统一和领土完整的重要进程，为新中国完成云南边疆县政建设打下了一定的基础。因此，凌永忠博士的研究，填补了空白，首次揭示了这个进程的完整过程和特殊性，其重要的学术价值和现实意义，不言而喻，谨为此序。

陆　韧

云南大学东二院

2014 年 7 月 4 日

---

① C. Patterson Giersch, Asian Borderlands: *The Transformation of China's Yunnan Frontier*, Cambridge, Massachusetts: Harvard University Press, 2006.

导　论

　　以正式县级政区为单位的掌土、治民、控土司，是加强边疆行政管控的基本特点，也是西南边疆政区建置的核心要素。在近代社会转型和西南边疆危机背景下，晚清民国政府在云南边疆民族地区进行了大规模政区改革，这些政区作为历史上云南边疆民族地区正式县级行政区划设置不完善、空缺，以及行政管理薄弱区的县级政区建置，具有过渡性准备县的特点，属于典型的特殊过渡型政区。此类政区在名称上并非为县，其内部组织形式和管理体制也不如正式县级政区完善，带有典型的边疆民族地区的特殊性。同时，它们都设置在设县条件不成熟的边疆地区，设置的目的是推进边疆地区的管理和开发，创造条件为将来设县做准备。因此，这类政区是具有极大过渡性的特殊的预备县和准统县政区，主要包括弹压委员、对汛督办、行政委员、行政总局及分局、设治局、殖边督办等。虽然在设置之初各自因特殊的边疆政治态势和地理、民族社会原因而形成形式多样的特殊的边疆地区管理机构和机制，但在民国年间加强边疆控制的历史进程中，这类特殊过渡型政区均朝着正式县级政区的目标演进，最终在新中国成立初期都发展成为正式的县级行政区划，完成了云南边疆民族地区的县政建设，实现了国家对云南边疆民族地区的直接行政管理。以正式县级政区为基本单位的云南边疆民族地区的掌土、治民、控土司，是国家行政区划一体化发展的重要组成部分，在民国年间应对西南边疆危机的过程中发挥了重要作用，是中央政府通过行政区划体制建设实现边疆控制、维护祖国统一和领土完整的重要体现。因此，边疆危机背景下的云南边疆地区特殊过渡型政区建置和建设，不仅是民国政府的重要治边方略，而且是重要的国防战略措施。

　　从行政区划的角度看，民国年间在云南边疆民族地区设置的弹压委员、对汛督办、行政总局和行政分局、设治局、殖边督办等行政机构都有固定的行政中心驻地，即治所；它们归云南省政府行政直辖，存在着严格的层级隶属关系；各机构管辖一定的区域范围，拥有自己的幅员，与其他行政区域之间有严格的界线，即有边界的存在，行政事务不能越界执行；同时，各行政机构长官都由中央派出，并通过土地丈量、户口调查等措施实现掌土、治民。可见，弹压委员、行政委员、对汛督办、行政总局和分局、殖边督办、设治局等具备了行政区划的基本要素，因此，它们并不只是地方行政机构，更是属于行政区划范畴。

民国年间在云南边疆地区设置的弹压委员、行政委员、对汛督办、行政总局和分局、殖边督办、设治局等政区形态，具有两大特点：第一，它们是晚清民国年间创设的不同于历代王朝传统政区和内地正式政区的特殊政区形式；第二，它们是过渡型政区，在清代未改流的土司地区通过特殊过渡型政区的设置，实现土司管理体制向国家一体化行政管理体制的县级政区过渡；在国家管理疏散的沿边区，通过具有县级政区体制特征和管辖幅员的特殊政区的设置，实现边疆政区的均衡分布；在开发滞后的边疆地区，通过殖边督办的设置，促进边疆的管控和开发，实现行政管理的过渡。新中国成立后，上述云南边疆特殊过渡型政区都过渡为州、县级正式政区，由此，在云南实现了边疆民族地区与内地完全一致的行政区划建置。本书重点对这些特殊过渡型政区的历史演进及其历史意义展开深入研究。

一　选题缘由

行政区划作为国家分地域和分层级的行政管理体系，是国家结合既定的政治目的与行政管理需要对行政区域的划分，是国家的空间分布。就其本质来说是国家对地方的行政管控和开发，体现了政府管控地方和对外宣示国家主权的政治诉求，这种政治诉求在边疆地区表现得尤为突出。

清代地方政区建置实行府、厅（直隶厅）、州（直隶州）、县制，至清光绪年间，"全国共设府185，直隶厅34，直隶州73，散厅87，属州145，县1314（台湾3府、1州、11县未载入）"①。其中，直隶厅、直隶州是直隶于省的厅、州；散厅、散州则是直隶于府，与县平级。府、厅、

①　邹逸麟：《中国历史地理概述》，上海教育出版社2005年版，第209页。

州、县制是清代全国统一推行的政区体系，除此之外，在边远地区，特别是西南地区还设有土司政区，推行土司制度。根据《清史稿》记载，内地省份在清代都已经完成了一体化的正式政区建置，而云南省除了正式政区规制之外，还留存了大量的土司，"云南，共领府十四，直隶厅六，直隶州三，厅十二，州二十六，县四十一；又土府一，土州三，土司十八"①。其中，土府、土州、土司就是土司建置，这些土司大都分布在云南边疆自滇西北至滇南的半环沿边地带，这一地带山高谷深和重瘴叠加的地理生态环境，严重阻碍了汉人的进入及居住，极大地增加了政府在边地行政的成本，使得流官势力难以深入，不得不依靠当地土司进行间接管理。因此，直至清末，云南边疆地区基本还是土司管控区，流官势力十分薄弱，形成了正式县级政区设置疏散区和行政管控薄弱区。

辛亥革命后，民国政府在全国范围内对行政区划做了"废府存县"的重大调整，由于内地省份在清末已经完成了一体化的正式政区建置，所以在"废府存县"的过程中，便顺势完成了地方行政区划的改革。云南省遵照中央通令，于1913年4月完成"废府存县"的政区改革后，并没有立即调整边疆县级政区，致使云南正式县级政区在空间分布上出现了特殊的情况。"废府存县"之后，云南共计设有97个县级政区，除了盐兴县和盐丰县是新设县之外，其他各县都是在清末府、厅、州、县的基础上改设和承袭而来的。据《中华人民共和国行政区划简册》统计，截至1953年12月底，云南省共设有133个县级政区②，比民国初年的97个县多出36个县，占新中国成立初期云南全省县级政区总数的27%，即新中国成立初期云南有超过四分之一的县在民国初年是没有设置的，而且这四分之一的县级政区主要分布在边疆地区。也就是说，民国初期云南边疆正式县级政区设置极为疏散，这导致了土司地区在行政管理上悬空，形成边疆行政管控薄弱区。见图一：

---

① 赵尔巽等撰：《清史稿》卷74《地理志二十一·云南》，中华书局1977年点校本，第2322页。

② 中央人民政府内务部编：《中华人民共和国行政区划简册》，人民出版社1954年版，第90—93页。

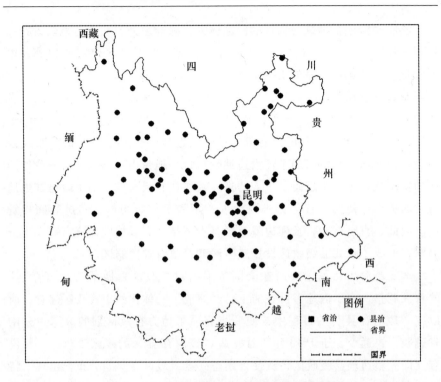

图一   1913 年云南省正式县级政区分布示意图

【底图来源：谭其骧主编：《中国历史地图集》第八册，中国地图出版社 1987 年版，第 48—49 页。】

上图直观显示，民国初期政区改革后，云南正式县级政区呈现出以昆明为中心由密及疏地向四周扩散的空间分布特点，这一特点在沿边方向表现得特别突出，越往边疆，正式县级政区设置越少，导致云南边疆环弧形沿边地带出现了正式县级政区设置疏散区和行政管控的薄弱区。这一区域属于典型的高山深谷地貌和瘴疬横行的生态环境，交通极为不便，同时也是清末民初土司集中分布地带，长期以来，沿边地区形成了自身的政治结构和社会结构。19 世纪 80 年代，英法入侵，导致云南边疆地缘政治发生根本变化，边疆危机日益深化，沿边地区也成为多种力量博弈的区域。在此背景下，云南边疆的政区改革无论是在强化边疆管控和开发，还是在应对边疆危机、维护国家领土主权等方面都具有重要的意义，值得深入研究。对这一问题的研究有利于解析近代民族国家发展进程中的边疆地区行政管理模式如何跟进的问题。

民国时期的国家政治有了很大发展，治边观念有了很大变化，而在边疆地区的行政管理措施则跟不上步伐。因此，国家不得不强化对边疆的管控力度，在云南边疆地区，这种管控力度的加强首先从在边疆地区设置各种特殊过渡型政区上体现出来。云南边疆正式县级政区设置的疏散，给民国政府的边政实施和边疆危机的应对带来了巨大的障碍，所以"废府存县"工作完成后，中央政府立即展开对云南边疆县级政区的调整。鉴于边疆地理和社会环境的特殊性，民国政府首先在沿边地带增设了各种类型的特殊过渡型县级政区，为将来设县做准备。比如，民国元年（1912），云南军政府在滇西土司区设置了一批弹压委员，以资对土司的弹压，随后改为行政委员，强化边疆的行政管控；柯树勋在普思沿边地区创设了普思沿边行政总局及分局，打破了车里宣慰司地区原有的行政体系和行政地域架构，推动该地区向内地一体化政区过渡；晚清政府在滇南地区设置了河口、麻栗坡对汛督办，专门办理边防和外交事务；辛亥革命后，中央特派驻滇交涉员，分离了河口、麻栗坡对汛督办的外交权，并赋予督办以司法行政权，划区行政，逐步向县级行政区划转变；南京国民政府时期，云南各行政委员及部分县佐改设为设治局；1929 年云南道制废除，鉴于云南边疆地区行政管理上的特殊性，特设准统县政区，即第一殖边督办和第二殖边督办。此等特殊过渡型政区加强了对云南边疆地区的管控。

行政区划有正式政区和特殊政区之分，历史上除了内地省份设置了大量正式政区外，在边疆省份还设有不少的特殊政区。葛剑雄先生认为特殊政区是指在边远地区、新控制或占领的地区、非汉族（或非本民族）聚居区所设置的行政区，统治者给予一定的优待，实行比较松散的管理。这些单位的长官由中央或上一级政府任命，往往是一种过渡形式，等条件成熟后就会改为正式行政区。[①] 晚清民国时期，云南边疆地区设置的弹压委员、行政委员、对汛督办、行政总局和分局、设治局、殖边督办等，就是晚清民国政府在边远民族地区设置的特殊过渡型政区，主要设置于不具备设置正式行政区划条件的地方。从政区的本质要求来看，晚清民国时期在云南设置大量特殊过渡型行政区划的目的就是要打破边疆地区原有的行政架构，同时实现国家权力的下移，强化边疆民族的国家认同感，维护统一的多民族国家，在边疆危机严重化的形势下对外宣示国家主权，维护国家

---

① 葛剑雄：《中国历代疆域的变迁》，商务印书馆 1997 年版，第 12 页。

领土完整，使边疆政区体系走上与内地正式县级政区体系一体化发展的道路。新中国成立后云南设县数量比民国初年设县数量多出的 36 个，就是由晚清民国时期在沿边地区设置的特殊政区过渡来的。对云南边疆民族地区特殊过渡型政区的这些内在特征进行研究具有重要的学术意义和历史意义。

学界在政区方面的研究，取得了丰硕的成果，形成了独立的学科体系，周振鹤先生进一步提出了建构历史政治地理的设想[1]，是历史政区地理研究的重大升华和学科创新。学界关于特殊政区概念的阐释，为本研究提供了理论基础。特殊过渡型政区的设置关乎云南边疆与内地一体化发展的进程，是中央政府加强管控、开发边疆、巩固统一的多民族国家，以及维护国家领土主权完整的重要措施，在历史上起到了重要的作用。在历史政区地理研究日益成熟和完善的今天，不应该忽视对边疆特殊政区的研究。显然有些成果粗略地提到云南边疆的特殊过渡型政区，但未深入揭示其建置的政治过程和特殊内涵。有不少从民族史、近现代史、政治制度史等学科视角将云南边疆的对汛督办、设治局、殖边督办作为一种行政机构进行的研究，为本研究奠定了基础。但是从历史政区地理和历史政治地理视角对晚清民国时期云南边疆民族地区特殊过渡型行政区划的专题研究则较为薄弱，亟待加强。

特殊过渡型政区在清代就已经出现，如"改土归流"后设立的厅，大都位于不适宜设置正式政区的民族地区，是政府控制特殊区域的权宜之策，最终还是为了实现边疆和内地一体化发展的政区过渡。陆韧先生曾撰文《清代直隶厅解构》，从边疆民族的地区特点、民族构成的演变、多民族杂居区的行政管理双结构等角度解析了直隶厅的内在特征，并进行了特殊过渡型政区的理论探讨。拙文《清代湘黔"苗疆"十厅行政建置和管理体制研究》，对"苗疆"十厅进行了详细的论述。清王朝设立的厅到了民国时期基本上被改成了正式政区——县，与此同时，民国政府在清代没

---

①　周振鹤：《建构中国历史政治地理学的设想》，中国地理学会历史地理专业委员会《历史地理》编辑委员会编：《历史地理》第十五辑，上海人民出版社 1999 年版，第 1 页；周振鹤：《中国历史上两种基本政治地理格局的分析》，中国地理学会历史地理专业委员会《历史地理》编辑委员会编：《历史地理》第二十辑，上海人民出版社 2004 年版，第 1 页；周振鹤：《中国行政区划通史·总论》，复旦大学出版社 2009 年版，第 195 页；周振鹤：《中国历史政治地理十六讲》，中华书局 2013 年版。

有"改土归流"或"改土归流"不彻底的地区设立了一批特殊过渡型政区，对它的研究恰好是在对清代特殊过渡型政区研究基础上的新发展，也是本人长期从事西南边疆史地研究的进一步拓展。

鉴于上述情况，本研究力图以历史政区地理和历史政治地理为视角，在条析特殊政区设置的背景和过程、考释边疆特殊政区的基本要素、分析特殊政区空间分布特点的基础上，讨论特殊过渡型政区的历史作用，探析民族、边疆、领土主权、民族国家、国家认同和政区之间的关系。民国时期是中国社会转型的重要阶段，民国政府对政区做了很大的调整，政区的变动十分频繁。在少数民族多样化的边疆省份云南，这种调整和变动尤为突出，主要的表现则是特殊过渡型行政区划的设置。这些特殊过渡型政区的设置有着特殊的背景和重要的历史意义，但是在成熟的历史政区地理学科体系中，针对民国时期云南边疆特殊过渡型行政区划进行的研究非常薄弱；同时，现有民族史、近现代史、政治制度史等学科视角下的研究成果，都视特殊过渡型政区为行政机构，缺乏历史政区地理和历史政治地理分析。因此，本论题的研究有着重要的学术意义：从大的方面看，可以为历史政区地理和历史政治地理研究增添内容，为这一学科体系的进一步完善补充新的血液；从小的方面看，可以为云南边疆特殊行政机构和制度的研究提供新的研究视角，即在政区视角下进行的进一步透彻分析。

本论题的研究将尽力廓清民国时期云南边疆的历史、政治、民族、社会经济、地理生态环境特点，揭示民国时期政府在云南的治边措施，考释各特殊过渡型政区的变动，分析当时出现的历史事件，为其他历史问题的研究提供基础。民族地区的稳定和发展是国家的重大事情，西部民族地区的相对落后已经严重制约了国家的全面、和谐发展，所以开发边疆民族地区已是当务之急。本研究可以为当今治理和开发边疆少数民族地区，推进边疆民族地区的全面发展提供历史借鉴。

二　学术史回顾

经过长期的发展，历史政区地理研究取得了显著的成果，形成了比较完整的学科体系，并已经在建构历史政治地理研究的理论和方法。具体到民国时期云南边疆的特殊行政实体，学界也从不同学科体系进行了有针对性的研究。

（一）历史政区地理研究的发展

历史地理学的前身为沿革地理，以《汉书·地理志》为发端，主要内容之一是描述性地记载汉代疆域和政区沿革，并对汉代以前的情形进行了追溯，但对于影响疆域政区变迁的原因和规律并没有做系统的分析。之后正史中又有 15 部《地理志》，因袭了这种传统，此外，从唐代的《元和郡县图志》到清朝的《一统志》等全国地理总志及各类通志、地方志，都描述了历代疆域政区的沿袭和变革。

20 世纪 30 年代，以顾颉刚、谭其骧等发起成立的禹贡学会及其创办的《禹贡》半月刊为代表，政区研究转入了现代历史地理学。此时有了在疆域视角下对政区的详细考证，代表性著作是顾颉刚、史念海先生的《中国疆域沿革史》①，文中指出必须详细论述疆域损益及其演变踪迹，借以使国人俱知创造祖国山河之非易，寸土皆应珍视，不能令其轻易沦丧。在这种指导思想之下，详细论述了自夏至民国时期中国的疆域变迁，并在论述疆域的基础上对各个时期的行政区划进行了考证。新中国成立后，由谭其骧先生主编，至 1987 年陆续出版的《中国历史地图集》（八卷本）②吸收了 20 世纪以来现代历史地理学、地理学、考古学、历史学、测绘地图学的成果，对历史疆域政区进行了精细化定点定位的考证研究，直观地表现了疆域政区的变迁。上自原始社会，下至清末，内容以疆域政区为主，收录了全部可考的县级以上地名和县级以上的行政单位和界线，还收集了县级以下部分重要地名，是水平非常高的历史疆域政区地理研究成果，也是 20 世纪通代政区地理研究的代表性成果。刘君德等编著的《中国政区地理》③ 一书分三篇，上篇为理论性研究，论述了政区地理的研究对象、任务和内容，系统阐述了政区的基本要素和划分政区的基本原则，以及政区形成的影响；中篇主要论述了从古至今各级政区的沿革情况及演变规律；下篇提出了当代政区改革的模式。周振鹤先生主编的《中国行政区划通史》④ 一书是通代政区地理研究的又一代表性力作，全书以朝代为序分为十二卷，主要研究先秦至民国时期的行政区划变迁史，从纵向上

---

① 顾颉刚、史念海：《中国疆域沿革史》，商务印书馆 2000 年版。
② 谭其骧主编：《中国历史地图集》，中国地图出版社，至 1987 年陆续出版。
③ 刘君德等编著：《中国政区地理》，科学出版社 1999 年版。
④ 周振鹤主编：《中国行政区划通史》，复旦大学出版社 2009 年版。

对政区历史沿革进行了考证，从横向上对同年代并存的政区变迁面貌进行了复原，成功地重建了政区变迁的序列，是新中国成立以来第一部学术意义上的行政区划通史。复旦大学和哈佛大学合作研究的成果《历史地理信息系统》更是把疆域政区的考证精细到了具体的年份。

政区的断代研究：周振鹤先生著《西汉政区地理》① 一书依据《汉书·地理志》及其他有关西汉一代政区变化的资料，对西汉郡国一级政区变迁过程进行了精准的复原，考订了所有郡国一级政区的辖境伸缩，成功开启了历史政区地理的精细化断代研究，影响至深，按周振鹤先生言，至少具有两方面的意义："一是表明断代政区地理研究在学术上是可行的，二是说明这一研究并非轻而易举。"② 李晓杰先生著《东汉政区地理》③ 一书是第二部断代政区地理研究，研究首先概述了东汉郡国的建置沿革，在此基础上研究了东汉一代的郡国级政区变迁过程，并且使政区变迁过程研究精确到具体年份。另外，靳润成著《明朝总督巡抚辖区研究》、胡阿祥著《六朝政区》、翁俊雄著《唐初政区与人口》、《唐代鼎盛时期的政区与人口》、林涓《清代行政区划变迁研究》、毋有江《北魏政区地理研究》④ 等论著，都是政区地理的断代研究成果。傅林祥先生《中国行政区划通史·中华民国卷》一书分时期论述了民国时期省、道、县等地方行政制度的变迁；同时，在论述中华民国时期地方行政区划沿革的过程中，专章分析了云南的政区沿革情况，当属民国时期云南各类政区沿革研究的力作，但对普思沿边行政总局及分局的论述不足，河口、麻栗坡两对汛督办区则并未在书中提及，实属一大缺憾。

政区的相关概念及其基本要素的研究主要有葛剑雄先生《中国历史上的疆域》⑤，该书对历史上的中国、疆域、领土、疆域的类型进行了解析，

① 周振鹤：《西汉政区地理》，人民出版社 1987 年版。
② 周振鹤：《〈东汉政区地理〉序言》，载李晓杰：《东汉政区地理》，山东教育出版社 1999 年版，第 5 页。
③ 李晓杰：《东汉政区地理》，山东教育出版社 1999 年版。
④ 靳润成：《明朝总督巡抚辖区研究》，天津古籍出版社 1996 年版；胡阿祥：《六朝政区》，南京出版社 2008 年版；翁俊雄：《唐初政区与人口》，北京师范大学出版社 1990 年版；翁俊雄：《唐代鼎盛时期的政区与人口》，首都师范大学出版社 1995 年版；林涓：《清代行政区划变迁研究》，博士学位论文，复旦大学，2004 年；毋有江：《北魏政区地理研究》，博士学位论文，复旦大学，2005 年。
⑤ 葛剑雄：《中国历史上的疆域》，商务印书馆 1997 年增订本。

指出政区在国家疆域形成过程中的作用。周振鹤先生是历史政区地理理论研究的集大成者，重要成果当为《中国行政区划通史·总论》[①]，该书总结了周振鹤先生之前的研究成果，对政区、政区地理及相关概念做了详细的理论解析，并从行政区划的研究意义、政区变迁的基本特点、特殊行政区划、影响行政区划变迁的诸因素等方面进行了历史政区地理研究理论的探讨和总结，是历史政区地理学科体系理论研究和方法的归纳与提升。

在行政区划研究的基础上，学界进行了建构历史政治地理学的思考。周振鹤先生《建构中国历史政治地理学的设想》[②] 一文在分析古代政治地理学中政治过程与地理区域的关系的基础上，提出应该利用中国历史文献资料建构中国历史政治地理，并认为中国历史政治地理学的研究应该从三个方面着眼：一是思想家对于理想政治制度中地理因素的阐述；二是历史学家或地理学家将地理要素作为政治体制一个组成部分的观点；三是政治家利用地理因素解决政治问题的具体操作过程。在行政区划方面应有三个步骤的内容，即以复原疆域政区历史变迁的全过程为目的，就疆域政区本身的要素来进行分解式和政治学角度的研究，研究政治过程对地理区域变迁的影响。周振鹤先生《中国历史上两种基本政治地理格局的分析》[③] 一文对中国历史上的政治地理格局做了分析，主要有两种政治地理格局，一种是体现了边疆地区与内地的关系，另一种是体现中央集权与地方分权的对立态势。他认为《禹贡》的九州制是以自然地理与经济地理为表征的政治地理格局，体现的是一个国家的内部如何进行政治分区以实行管理的实际体制，或者说是中央与地方的政治关系的一种地理体现。五服制是能够找到事实依据的一种理想化的政治地理格局，所体现的是一个国家的核心区与边缘区的理想关系，这两种结构一直是政治地理格局的两种基本形态，以迄于近现代。周振鹤先生《中国行政区划通史·总论》[④] 一书从政治区与行政区方面对中国政治地理的两种基本格局进行了阐释和理论分析，努力建构历史政治地理学科体系。王健《西周政治地理结构研究》[⑤]

　　① 周振鹤：《中国行政区划通史·总论》，复旦大学出版社 2009 年版。
　　② 周振鹤：《建构中国历史政治地理学的设想》，中国地理学会历史地理专业委员会《历史地理》编辑委员会编：《历史地理》第十五辑，上海人民出版社 1999 年版，第 1 页。
　　③ 周振鹤：《中国历史上两种基本政治地理格局的分析》，中国地理学会历史地理专业委员会《历史地理》编辑委员会编：《历史地理》第二十辑，上海人民出版社 2004 年版，第 1 页。
　　④ 周振鹤：《中国行政区划通史·总论》，复旦大学出版社 2009 年版。
　　⑤ 王健：《西周政治地理结构研究》，中州古籍出版社 2004 年版。

一书将周振鹤先生建构中国历史政治地理学的设想，落实到了具体的西周政治地理结构的研究上，是一次有力的、成功的中国历史政治地理研究的实践。余蔚《两宋政治地理格局比较研究》① 一书认为两宋疆域可依不同地域的特殊行政制度、地理区位和经济发展水平等多项条件分为数个"综合政治区"。构成北宋疆域的各个"综合政治区"，主要是以分工的方式形成"圈层式"结构，各区之间互相依赖，有利于中央集权，却难以各自为政，故屡衅于外力；而南宋的"综合政治区"则各有独立的生存条件，是在不同区位行使相近职能的政治区，形成"分块式"结构，这种结构提高了应对对外战争的能力，但凝聚力较弱，中央集权程度远逊于北宋。

　　陆韧先生与我讨论清代民国时期西南边疆政区演变问题的时候，曾经提到"特殊过渡型政区"的概念，并在实证研究的基础上做了一些理论探讨，为特殊过渡型行政区划研究提供了一种理论研究范式，按学界的话说，就是将会为历史政治地理提供一个新的研究视角。特殊过渡型政区在清代就已经出现，即清王朝在不改土而设流区设立的厅，陆韧《清代直隶厅解构》② 一文从民族构成的变化、直隶厅的演进和管理职能等方面出发，详细解构清代直隶厅的内在特征，并对边疆民族地区特殊过渡型政区研究进行了理论探讨。认为民族构成的变化、社会经济的发展是考察直隶厅的重要方面，直隶厅都是少数民族世居地区，随着大量汉族移民的进入，边疆民族地区的民族构成发生了变化，出现民族构成多样性的特点，导致行政管理的双重性和户籍管理的分类性、赋役征收的差异性，政府则派出抚民同知掌印控地治民，偏重于经济管理和汉民管理，同时在直隶厅内部保留原有的土司，以土司治理少数民族，从而使国家实现对这类地区的行政管理，并节制土官，而土官仍然管理土民，形成行政管理双结构。直隶厅创制的目的具有强化边疆民族地区统治和治理的实质，促使边地和民族地区平和地向内地基本一致的行政区划体系过渡。傅林祥《清代抚民厅制度的形成过程初探》③ 一文论述了抚民厅的标准，认为抚民厅必须有"专管地方"（一定的"地域范围"）、一定数量的人口、一个行政机

① 余蔚：《两宋政治地理格局比较研究》，《中国社会科学》2006 年第 6 期。
② 陆韧：《清代直隶厅解构》，《历史地理论丛》2010 年第 3 期。
③ 傅林祥：《清代抚民厅制度的形成过程初探》，《中国历史地理论丛》2007 年第 1 期。

构等必要条件；充分条件则包括长官的名称（抚民同知或抚民通判）与职责（"刑名钱谷"）、层级（散厅或直隶厅）等多方面，在此基础上分析了抚民厅制各要素及抚民厅的形成过程。拙文《清代湘黔"苗疆"十厅行政建置和管理体制研究》① 从历史发展、地理环境、社会结构、民族构成等方面的特殊性分析了"苗疆"十厅的建立及管理特点，是就清朝政府在"内地边疆"设立的特殊过渡型政区的研究。

历史政区地理研究已经形成一个完善的学科体系，并正在此基础上建构历史政治地理学。历史政区地理研究已取得了丰硕的成果，但多以内地研究为主，且主要集中在正式政区的研究，对边疆民族地区的特殊政区研究相对较少。而边疆政区的精细化研究主要集中在土司制度方面，对民国时期云南边疆民族地区的特殊过渡型政区的整体性研究相对薄弱，出于历史政治地理的思考更显得欠缺。

（二）"改土归流"研究

历史上云南边疆地区有大量土司存在，这些土司所管辖的地区就是典型的准政区，条件成熟了就会过渡成为正式政区，而"改土归流"就是准政区向正式政区的过渡，民国时期云南边疆特殊过渡型行政区划的设置，也是"改土归流"的一种形式。土司制度是明清以来管理边疆地区的重要制度，因此，"改土归流"成为了学界的研究热点，取得的成果不一而足。但这些成果大都是在民族史、政治制度史视角下的民族政策研究，鲜有政区视角的研究，鉴于篇幅所限，在此仅选择部分相关研究做粗略的回顾，以示说明。刘本军《论鄂尔泰改土归流的原则和策略——兼对"江外宜土不宜流，江内宜流不宜土"说质疑》② 一文认为鄂尔泰改土归流的原则是土司有无过犯，土民是否相安；重点分析鄂尔泰在云南改土归流的策略，通过理清了十二版纳的起源和地域范围，结合鄂尔泰改土归流地区的实际情况，认为江内六版纳并未完全改流，且改土归流后增设了一批土司，其中有大部分设在江东；而乾隆年间对十二版纳的重新划分，说明江内版纳部分地区虽经过改土归流，但实际上这些地区仍然隶属于车

---

① 凌永忠：《清代湘黔"苗疆"十厅行政建置和管理体制研究》，硕士学位论文，云南大学，2009 年。

② 刘本军：《论鄂尔泰改土归流的原则和策略——兼对"江外宜土不宜流，江内宜流不宜土"说质疑》，《思想战线》2001 年第 2 期。

里宣慰使，同其他未改流的版纳地区一样，在政治上、经济上与车里宣慰使保持着密切的联系，故所谓"江外宜土不宜流，江内宜流不宜土"的说法是不对的。王文成《土流并治在近代云南边疆的全面确立》① 一文论述了云南边疆地区土流并治统治形式的发展，直至民国初年全面确立的历程，指出土流并治的基本内容是在同一地域范围内，"土"、"流"两种行政制度并存，实质就是土流两个集团的联合统治，并在地域上形成了一条由滇西南向和滇南东西向组成的"土流并治带"；并认为形成土流并治的原因是：土司制度还存在一定的经济基础和群众基础，是化解边疆危机的需要；土流关系从统一向对立、从互补向拒斥，再从对立向缓和与统一转变。王文成《近代云南边疆民族地区改土归流述论》② 一文论述了近代云南边疆民族地区改土归流的时代特征、指导思想、方式方法及其结果较之古代改土归流的变化，认为近代云南边疆地区"改土归流"与边疆危机结合在一起，主要是通过增设流官来打破土司的一统天下，逐步削弱土司的统治，完成从"废土置流"向"存土设流"的转变，导致云南边境沿线出现了一条"土流并治带"，并认为这些变化的原因是边疆危机、土司制度尚存一定的经济基础和群众基础、土流关系的变化等。刘亚朝《民国在滇西边区的改土归流》③ 一文从三个时期分析了民国在滇西边区的改土归流，认为自民国建立至抗战开始推行的是"缓进"的改土归流，主要是设立殖边公署、弹压委员、行政委员和设治局等机构，形成"土流并治"的格局；抗战时期，改土归流被淡化，主要是团结土司，共同保卫边疆；抗战胜利后，政府强化改土归流，但遭到反改流的斗争，直至民国结束，滇西还保留了土司制度的残余。闫超杰《民国时期滇西土司制度变化探究——以南甸土司为例》④ 一文认为自雍正朝大规模改土归流以来，清朝政府始终坚持鄂尔泰提出的"江外宜土不宜流，江内宜流不宜土"的政策，滇西改土归流直至民国时期才开始艰难的启动，并以南甸土司为例，探讨了滇西改土归流的过程以及由此引发的土司制度的变化。

---

①　王文成：《土流并治在近代云南边疆的全面确立》，《云南师范大学学报》1993 年 8 月。

②　王文成：《近代云南边疆民族地区改土归流述论》，《学术探索》1994 年第 3 期。

③　刘亚朝：《民国在滇西边区的改土归流》，《云南民族学院学报》1999 年 1 月。

④　闫超杰：《民国时期滇西土司制度变化探究——以南甸土司为例》，《临沧师范高等专科学校学报》2008 年 11 月。

从上述研究可以看出，云南边疆土司制度残存到了民国年间，到新中国成立以后才得以完全终结。明清时期在云南边疆地区进行了改土归流的活动，但并不能深入开展，不管"江外宜流不宜土，江内宜土不宜流"的原则是否是当时情况的真实反映，云南边疆地区特殊性的存在是不争的事实，以致已经"改流"的地区亦残存很大的土司势力；到了民国时期，采取"缓进"方式进行的改土归流，形成"存土设流"的格局，为了应对边疆地区的特殊性，政府在此设置了大量的特殊政区；新中国成立后，这些特殊政区完成了它的过渡使命，都成为正式政区——县，最终达到边疆和内地的协调发展。

（三）民国时期云南边疆特殊机构及制度研究

学术界的部分研究涉及了西南边疆的特殊过渡型政区：洪崇文《民国时期云南边疆管理机构重组》[1]一文介绍了民国时期云南边疆管理机构重组的背景、过程以及边疆机构的弊端；认为清代边疆各级管理机构无能力应付边疆危机，而且边疆土司都是独揽大权，新的政权并不能节制他们，影响了边疆的发展和稳定，边疆管理机构重组势在必行；机构重组经过了云南军政府、北洋军阀政府和国民党新军阀时期三个阶段，内容涉及怒俅殖边总局、殖边公署、弹压委员、县佐、车里等十一个行政区、行政委员、殖边督办、设治局等；同时认为道、殖边督办等机构并没有取得实际的管理效果。王志芬《柯树勋与普思沿边开发》[2]一文从政治治理、经济开发、民族关系的改善、文化教育和国土保护等方面论述了柯树勋对普思沿边的开发。李燕《民国时期云南边疆设治局研究》[3]一文系统研究了云南边疆设治局产生的社会历史背景、建立过程、机构设置、运作情况及产生的社会影响；认为设治局的建立是新时期的改土归流，并分布在滇西北的怒江地区，滇西、滇南地区，特别是德宏地区，云南"内地"等三种类型介绍了云南设治局建立的情况；阐述了设治局的建立和发展、职责、基层组织、边地设治局组织机构与内地县组织机构的比较；论述了使边地与内地一体化的重要措施，比如推行保甲制度；最后分析了在削弱土

①　洪崇文：《民国时期云南边疆管理机构重组》，《云南民族学院学报》1999 年 3 月。
②　王志芬：《柯树勋与普思沿边开发》，硕士学位论文，云南大学，1999 年。
③　李燕：《民国时期云南边疆设治局研究》，硕士学位论文，云南大学，1999 年。

司势力、促进边疆地区社会经济发展、保卫国防方面起到的积极作用，同时认为设治局存在先天的不足，不能顺利完成改土归流的历史使命和正常发挥流官政权的职能等局限性。洪崇文《民国时期云南殖边督办公署与道的承袭问题》① 一文从职能、职权、辖区等方面论述了殖边督办公署与道的承袭关系。认为殖边督办公署强化了道的治边职能，舍弃了行政事项，专理边务，使得殖边督办公署的治边职能由于缺乏权力保证而无力履职；承袭了道的治边职权，但行政权被抽归民政厅，失去了指挥、节制的能力，不能树立起边疆地区高级领导机关的核心地位，仅为省政府的边情咨询机构而已，治边能力并没有比道提高。在辖区方面，第一殖边督办公署，大概为原腾越道辖区，治所在腾冲；第二殖边督办公署，大概为原普洱道辖区和蒙自道部分辖区，治所在宁洱。洪崇文《云南殖边督办公署的立废问题》② 一文首先阐述了 1929 年设立的专理边务的殖边督办公署，介绍了它的管辖区域、组织机构、职责、经费等，接着分析了殖边督办公署的裁撤及其原因，认为是殖边督办公署没有发挥作用，这是民国时期云南边疆管理的失败。洪崇文《云南殖边督办公署治边能力剖析》③ 一文剖析了殖边督办公署的治边能力，并从中探讨了云南边疆危机的内在原因：认为殖边督办公署只管边务，不理行政，是专门为治边而设置的，为云南边疆地区的高级管理机关，但它并没有应对边疆危机的能力；不能发挥治边作用的原因主要是：外交事务权力在中央，没有为殖边督办公署提供明确操作的政策依据，机构设置不科学，致使无权领导边疆地区的政权建设，缺乏领导边疆的能力。周浩《民国时期云南省怒江边四区设治局初探》④ 一文认为民国初年怒江边区基层行政体制改革的背景，主要是清末的边疆危机，怒江边区诸种势力的衰弱，民族矛盾得不到解决；从殖边队对怒江地区的控制，殖边公署、行政委员等的设置，怒江边四区设治局的设立等三个方面介绍了民国时期怒江边四区的"开辟"设治，认为设治局设立与怒江地区经济、人口、国民政府政治体制转型时期地方政制一体

---

① 洪崇文：《民国时期云南殖边督办公署与道的承袭问题》，《云南社会科学》2000 年增刊。

② 洪崇文：《云南殖边督办公署的立废问题》，《云南社会科学》2001 年增刊。

③ 洪崇文：《云南殖边督办公署治边能力剖析》，《中国边疆史地研究》2002 年 9 月。

④ 周浩：《民国时期云南省怒江边四区设治局初探》，硕士学位论文，中央民族大学，2003 年。

化、国民政府与怒江地区诸种政治势力共同作用有关系，并从行政调和、地方开发、巩固国防诸方面论述了怒江四设治局的积极作用，其意义在于有利于全国行政区划的统一化发展，使怒江边区少数民族有了初始的国家观念，增强了民族向心力。

陈元惠《清末民国时期云南对汛督办研究》[1] 一文论述了清末云南对汛督办设置的背景、设置的过程及其职责和作用，民国时期云南对汛督办的演变、组织机构、对外交涉、治边措施及其历史作用。陈国保《试论民国时期云南边疆的殖边督办》[2] 一文从民国初年云南地方行政制度的变化，边政建设的推行，殖边督办公署的建立，组织机构、治边措施及其历史作用等四个方面对殖边督办进行了论述；认为殖边督办是一级行政机构，在捍卫国家主权、保卫国土、巩固和开发边疆等方面发挥了积极的作用，并为云南边疆"改土归流"的最终完成奠定了物质和文化基础，推动了边疆与内地政治体制一体化的进程。陈元惠《云南对汛督办：建立、发展、淬变》[3]，全文分三篇，上篇论述了清末云南对汛督办建立的背景、经过、职责及其作用；中篇论述了民国年间云南对汛督办从军事、外交机构逐渐向对汛督办特别行政区的演变历程，主要分析了对汛督办发展的背景、特别行政区的组织机构、对外交涉和边境管理上的变化、治理边疆的措施及历史作用和局限性；下篇重点论述了对汛督办淬变的背景，边疆建设、对外关系和边境管理的新生及滇越边境社会经济发展情况。陈元惠《从国防与外交机构到特别行政区——清末民国时期云南对汛督办的设立与演变》[4] 一文认为云南对汛督办由清末的国防与外交机构逐渐演变为民国时期的特别行政区，它的作用和影响除稳定边疆、巩固国防外，还在开发边疆、建设边疆方面作出了重要贡献，推动了河口、麻栗坡对汛区政治、经济和文化的发展。

从上述细致而全面的研究可知，对民国时期云南边疆特殊过渡型政区的研究主要是在民族史、近现代史、政治制度史等视角下的边疆管理制度的研究，以历史政区地理和历史政治地理学为视角，全面研究晚清民国时

---

[1]　陈元惠：《清末民国时期云南对汛督办研究》，硕士学位论文，云南大学，2004年。

[2]　陈国保：《试论民国时期云南边疆的殖边督办》，《中国历史地理论丛》2006年4月。

[3]　陈元惠：《云南对汛督办：建立、发展、淬变》，博士学位论文，云南大学，2008年。

[4]　陈元惠：《从国防与外交机构到特别行政区——清末民国时期云南对汛督办的设立与演变》，《中国边疆史地研究》2008年6月。

期云南特殊过渡型政区的成果不为多见。很明显，学界将过渡型政区作为行政机构进行研究，并没有对民国时期云南边疆政区变迁过程及其特点进行整体分析，这些研究忽视了它们的政区特点，更是忽视了过渡型政区的特殊政治过程和政治内涵。

三　本书研究内容

本书以云南边疆史地和历史政区地理为视角，提出晚清民国年间云南边疆民族地区设置了多种形式的特殊过渡型政区。相对于正式政区而言，这些特殊过渡型行政区划主要是设在云南沿边地区的、实行较为松散管理的行政区划，是为应对边疆民族地区的边疆性、民族性、边缘开发性、国家管控和边疆危机等方面的特殊性而设立的。它打破了历史上传统政区的圈层结构分布态势，实现了向近代区域化发展的政区过渡，同时打破云南边疆民族地区原有的行政结构和土司政区结构，使边疆政区逐步过渡到与内地正式政区的一体化协调发展。学界对民国时期云南特殊过渡型行政区划的研究较为薄弱，有不少成果从民族史、近现代史、政治制度史等学科视角对特殊行政区划进行了个案研究，但是以历史政区地理和历史政治地理为视角的整体性研究甚少。历史上，云南边疆地区逐渐成为正式县级政区设置的薄弱区，但经过晚清民国时期边疆设置大量特殊过渡型政区的过渡，最终在新中国成立后完成了边疆县级政区的建设，这一过程是云南乃至全国政区建设的重要阶段，具有重要的意义，应该给予应有的重视。

有鉴于此，本书以云南边疆过渡型政区的设置背景、考释、空间分布特点和地域特征为基础，论述从历史疆域观向国家主权领土观之下的边疆观转变过程中的边疆管理模式和力度的转变。分析民族、边疆、疆域、领土主权、民族国家、国家认同和政区的关系，认为云南边疆特殊过渡型行政区划的设置对于维护国家主权和统一的多民族国家具有重要意义。国家的基本要素是人民、土地和权力，政府就是通过政区的设置来达到管理人民、控制土地、下移权力和宣示主权的目的。民国时期的边疆观已经转变，但鉴于云南边疆的特殊情况，民国政府只能采取设置过渡型的特殊政区的办法来加强治边力度，在民族危机严重和社会转型的背景下设置这些过渡型政区，就是要打破边疆传统的行政构架，建立近代行政构架，应对在土司制度下不同程度存在的边疆民族国家认同感的缺乏和土司的离心力等问题，宣示国家主权，在与地方势力和外部势力的博弈中开发边疆、强化边疆民族的国家认同、维护统一的多民族国家。特殊行政区划的设置，打破了政治地理格局中传统的圈层结构，构建了区域化的行政管理模式，使边疆走上了与内地一体化发展的道路。通过对上述问题的探析，达到从历史政区地理研究到历史边疆政治地理研究的升华。

具体来说，本书以晚清民国时期云南边疆普思沿边行政总局及分局、对汛督办、设治局、殖边督办等特殊过渡型行政区划为研究对象，分析了清末云南边疆的行政管控薄弱和正式县级政区设置空白的特点，厘清了民国时期云南边疆特殊过渡型行政区划的演进历程，并分章论述了各特殊过渡型行政区划设置的背景、设置过程、政区要素的形成、特殊过渡型特点及其影响。为此，全文分六个部分分别进行论述。

第一，论述了清末云南边疆地区的地理环境和社会。认为云南沿边地区典型的高山深谷与重瘴叠加的地理生态环境，构筑了阻碍国家行政管理深入边疆的生态屏障，加之边疆地区社会经济发展相对滞后，流官势力不得不依靠土司对边疆进行间接管理，致使边疆地区形成了土司林立、县级政区设置疏散、国家行政管理薄弱的政治态势。晚清以来，中缅、中越之间的宗藩体系被打破，云南边疆地缘政治格局发生根本性变化，催生了危机重重的云南外交问题。为了应对边疆危机和强化边疆的管控，必须打破云南边疆旧有的政区体制。鉴于云南边疆地区特殊的行政地域结构、民族结构和社会经济结构，民国政府设置了大量特殊行政区划作为沿边地区设县的准备，渐进式地推进了云南边疆地区行政区划体系的重建，构建与内地一体化发展的正式政区体系。

第二，分析了民国时期云南边疆特殊过渡型行政区划的演进过程。认为边疆县级政区建置作为近代应对边疆危机和强化边疆管控的主要手段，从清末改制到民国政区调整，成为西南边疆政区改革的主要特点。晚清政府曾在云南边疆进行了设置特殊过渡型行政区划的尝试，民国初期"废府存县"，云南县级政区呈现出越往边疆越疏散的空间分布态势，不利于边疆的管控和边疆危机的应对。因此，云南省县级政区建置急需进一步完善，民国政府则积极推动了这一进程。本研究认为：一、云南省县级行政区划改革在民国时期已经基本完成，奠定了云南省现行行政区划的基础；二、云南省县级行政区划改革基本上都在边疆行政管理薄弱区，因此，民国年间，云南县级政区改革就是云南边疆县级政区改革。可见，国民政府在云南边疆行政区划建设上付出了巨大的努力，在加强边疆的管理，加速边地开发和建设，增强民族认同和国家认同感，应对边疆危机，维护国家领土主权等方面作出了重大的贡献，也为新中国成立后，全国统一行政奠定了基础。

第三，分析了对汛督办向准县级政区的演变。中法战争之后，中越边境交涉事务增多，大量"游兵散勇"扰乱边境社会秩序，为此，中越互设对汛督办，作为专管军事、国防、外交事务的机构，中方则设置了河口、麻栗坡对汛督办。民国年间，对汛督办在改革中逐步弱化了外交、军事权，增加了行政司法权；建立了一套行政机构，驻地在河口、麻栗坡，拥有固定的行政治所，直属省政府；同时，进行了幅员和边界的勘划，通过户口调查，管控了区域内的人口，实现了"掌土治民"，因此，对汛督办具备了形成行政区划的条件，完成了从国防外交机构向行政区划的转变，为实现向正式县级政区的过渡准备了条件，加速了河口、麻栗坡边地社会走上与内地一体化发展的道路。

第四，认为车里宣慰司以十二版纳为基本的地理单元，逐渐形成了一套严密的、等级森严的土司行政管理系统。民国初年，划十二版纳为八区，设置普思沿边行政总局和分局，拉开了车里地区政区改革的序幕。通过政区改革，打破了土司地区原有的行政构架，构建了流官体系的行政构架，解构了车里地区以版纳为地理单元的土司政治地域结构，建构了与内地正式行政区划一体化发展的地域结构，这种打破和建构的过程实质上就是政区过渡的过程，促使车里宣慰司地区走上了与内地正式行政区划一体化发展的道路。

第五，设治局的研究。南京国民政府成立后，进一步加强了地方行政区划的划一调整，规定在有设县必要，而设县条件不成熟的地方设置设治局，为将来设县做准备。云南省先后设置的二十一个设治局，从空间分布来看，主要沿边疆地带呈环弧形带状分布，目的就是通过各项行政措施的展开，打破边疆土司政治格局，缩小与内地的差异，消除边疆行政的障碍，创造条件促使边疆政区逐步向正式县级政区过渡，走上与内地一体化发展的道路。

第六，分析了云南边疆特殊过渡型统县准政区：殖边督办。鉴于职掌边疆的开发，处理边务，巩固国防的需要，云南边疆设置了第一殖边督办和第二殖边督办作为废除道制后的行政衔接，在政区调整过程中实现边疆行政管理上的过渡。殖边督办是设置在边疆地区的、云南特有的特殊过渡型准政区，并在政区层级隶属关系上，形成了沿边地带的三级制和腹地的两级制同时并存的复合体系。

总之，民国年间，云南边疆设置的弹压委员、对汛督办、行政委员、行政总局及分局、设治局等特殊政区形态，最终在新中国成立之初发展为正式的县级行政区划，从而完成了云南边疆民族地区的县政建设，实现了国家对云南边疆民族地区的直接行政管理。同时，加快了边疆开发进程，缩小了边疆与内地的差异，强化了边疆行政管控，是国家行政区划一体化发展的重要组成部分，并在民国年间应对西南边疆危机的过程中发挥了重要作用，是中央政府通过行政区划体制建设实现边疆控制、维护祖国统一和领土完整的重要体现。

四　研究方法和资料

（一）研究方法

本书主要是就民国时期云南特殊过渡型行政区划进行研究，包括弹压委员、殖边督办、对汛督办、行政总局和设治局等基本类型。主要运用历史政区地理和历史政治地理的研究理论和方法，并结合边疆学、民族政治学、地缘政治、民族史、边疆民族地区的近代化进程的研究方法，来完成本论题的研究。

作为政区研究，将充分利用历史政区地理的研究方法，对上述特殊过渡型行政区划的基本要素进行详细的考释，分析特殊过渡型政区的政治内涵和政治过程，进一步揭示各种特殊过渡型行政区划及其治所的空间分布规律和地域特征。并运用地名学的研究方法，对政区、治所的命名及其含义进行分析，并对重要地名进行定点定位研究。在此基础上，绘制相关地图，把各种特殊过渡型行政区划及其所在区域的基本情况在地图上直观地展现出来。

通过分析云南边疆地区的地理生态环境、民族构成、社会发展状况、边疆危机，以及民国时期的民族政策、治边观念和国家领土主权观，考察民国云南特殊过渡型行政区划的设置背景，根据相关的民国档案及各种文献解析它们的管理体制。从历史政治地理角度比较分析特殊过渡型政区和正式政区及特殊政区之间的异同，以及出现差异的原因。

行政的实质是管理，行政区划就是国家在一定区域进行的管理，由于边疆地区的特殊性，民国政府设置一些特殊过渡型政区以实现国家权力的下移。在边疆民族状况复杂、民族危机严重和社会转型的背景下，边疆特殊过渡型政区的建置，对内可以强力控制边疆，维护多民族统一国家的发展，对外则能够宣示国家主权，保护国家领土完整。在这种理论基础上，结合云南边疆的具体情况，研究特殊过渡型行政区划在边疆社会走上与内地一体化发展过程中的过渡作用，论述民族危机和社会转型背景下的边疆治理。

（二）研究资料

本研究所需要的资料具有信息量大、分散的特点，主要有以下七类：

1. 清代、民国时期的相关地方志。通过这些资料可以把握清代在云南边疆的行政管理情况，了解民国建置之前云南边疆地区的社会经济发展状况，从而理解建置特殊过渡型政区的必要性。

2. 民国时期相关档案资料，主要收藏于云南省、市、县档案馆，以及一些民国档案史料汇编，是民国政府和云南省政府施政的原始资料，也是完成本论题的最基本的资料。

3. 政府公文性质的资料，及各政府部门编订的年鉴、行政概况类资料。如《中华民国法规大全》（北京：商务印书馆，1936 年）；荣孟源主编：《中国国民党历次代表大会及中央全会资料》（北京：光明日报出版社，1985 年 10 月）；内政部年鉴编辑委员会：《内政年鉴》（商务印书馆，中华民国二十五年（1936）四月初版）；云南省民政厅：《云南民政概况》（1936 年 12 月）；《最新全国行政区划表》（内务部职方司第一科，民国六年（1917）十一月刊行）等，通过这些资料可以了解民国政府的治边理念和政策、民族政策、国家观念，以及地方行政的具体概况。

4. 民国时人对云南边疆民族地区的调查资料、游记及民族史方面的资料。如严德一著：《云南边疆地理》（北京：商务印书馆，1946 年）；江应樑著：《摆夷的经济生活》（岭南大学西南社会经济研究所，1950 年 1 月）等。

5. 民国时期各类相关期刊资料，比如《边政公论》、《西南边疆》、《云南民政》、《东方杂志》等，其中有时人对政府边疆政策的理解和分析，有对边疆地理、社会状况的论述，阐述了边疆民族的国家认同和民族认同意识、边疆危机情况并提出应对的措施，有很多具有建设性的治边意见，反映了时人的边疆观和治边观。

6. 相关地名志、文史资料、史志资料、县志资料，这里边包含了大量本论题所需的信息。

7. 民国地图。地图是历史地理，特别是历史政区地理的重要表现手段，通过民国时期编绘的地图，可以直观地了解当时的政区设置情况，并可以以其为基本的地图，绘制出与本研究结果相关的专题地图。

第一章　清末云南边疆地区的地理环境和社会

　　历史上，云南边疆地区常常以蛮荒、贫瘠、穷远的面貌出现，比之内地，具有极大的特殊性。云南环弧形沿边地带属于复杂险峻的高山峡谷地貌，山间平坝构成一个个独立的地理单元，交通极其不便。同时，沿边区是重瘴分布区，生态环境恶劣。边疆地区特殊的地理生态环境孕育了特殊的社会环境和政治环境，所以"研究边疆的人们，千万不要忘记了边疆的特殊性质——自然的地理环境"①。少数民族长期活动在其间，沿边山区成为典型的地广人稀之地，社会经济发展长期滞后。长期以来，封建王朝因行政成本过高而不得不依靠土司势力对边疆进行羁縻管理，致使云南边疆地区逐渐发展成为正式县级政区设置疏散、行政管控薄弱区，土司势力根深蒂固。近代民族危机使云南边疆地缘政治发生了根本性变化，政府直接行政管控薄弱的沿边地带成为多种力量博弈的交汇区，现代国家领土主权归属问题日益分明，边疆危机日益严重，西南边疆问题也逐渐成为政府和国人关注的核心问题和焦点所在。

第一节　云南沿边半环地带的地理环境

　　云南边疆，从滇西北的今怒江傈僳族自治州与缅甸接壤地区往南至今云南与越南交界的红河、文山地区的沿边半环地带，有中国云南与缅甸、老挝、越南之间延绵着4060公里的国境线，其中中缅段1997公里，中老段710公里，中越段1353公里②，国境线内侧的云南沿边地区主要是著名的横

---

① 徐益棠：《边疆问题之地理研究的必要》，《边事研究》1935年3月第1卷 第3期。
② 云南省测绘局编制：《云南省地图集》，2002年版，第4页。

断山区，具有高山峡谷相间纵列、山地河谷相互交错、山间平坝广泛分布的地貌特征，地形复杂险峻，交通极为不便。更值得注意的是，云南沿边地带在历史上是严重的瘴气分布区，瘴毒猛烈，瘴疠横行，以致论者无不谈瘴色变，构成了云南沿边半环地带典型的高山深谷与重瘴叠加的地理生态环境。

一 云南沿边各区地理特征

从滇西北至滇南的半环地带大约可分为四个沿边区，其地理环境既有共性，均以山地为主，又有差异性。

滇西北沿边区，即今滇西北与缅甸克钦邦交界的云南省怒江傈僳族自治州地区，以高山峡谷相间地貌为特征：高黎贡山，既是恩梅开江与怒江的分水岭，也是当今中国云南与缅甸北部地区的界山，其山高 5000 米，南下渐低，下至 3000 至 4000 米，而河谷盆地约 1000 米。滇西北的另一高山——怒山，又称碧罗山，自北而南经保山一带而下。自保山以下逐渐展开，地势渐低，分布着峡谷盆地，怒江及澜沧江支流委曲其间。山高达6400 米，下至 1500 米，盆地多在 1000 至 1200 米之间，河谷仅为 400 至500 米，高差悬殊，延至缅甸与泰国境内，形成暹罗（今泰国）与马来亚陆地山系的基干。这里山脉嵯峨纵列，自青藏高原迤逦而南。高黎贡山与怒山之间挟持着奔腾咆哮的怒江。怒江是典型的山地型河流，河床深切，山高谷幽，危崖耸立，谷底河流奔腾咆哮，河岸垂直壁立，水中怒石激流，真是"水无不怒石，山有欲飞峰"，河水奔腾于高山峻岭间，河床狭窄，水流湍急。这种一山一川相互挟持的地貌，一方面缺少相对的平地，给农业生产带来了巨大的困难，导致世代生活在这种地理环境中的独龙族、怒族、傈僳族等少数民族长期处于刀耕火种原始农业与狩猎等落后的经济状况下；另一方面山川阻隔了交通，纵谷地带造成的崎岖地势，使其交通路况至为恶劣，"上高山则疑为登天，下陡路则几同赴壑，羊肠鸟道，修之实难"[①]。鸟道羊肠的道路，交通不便，长期闭塞，就是到了清代也还是"舟车不通，商贾罕至"[②]。不仅如此，山川阻隔带来的交通不便还使中央王朝的统治难以深入，可以说今怒江州所辖的贡山独龙族自治

---

① 光绪三十三年（1907）腾越口《华洋贸易情形论略》。
② （清）鄂尔泰修，靖道谟纂：雍正《云南通志》卷29《艺文四》，清乾隆元年（1736）。

县、福贡县、碧江县、泸水县四县的广大区域，历代王朝均依靠丽江土司
或清代以来的丽江府维西厅对其进行间接的遥领统治，从未派驻过政府官
员，政府直接的行政管控非常薄弱。

滇西沿边区，乃今保山市腾冲县和德宏傣族自治州沿边的梁河、盈
江、瑞丽、芒市、陇川等广大地区，其地理态势循高黎贡山和怒江西岸南
下，构成滇西与缅甸交界地带的腾冲、龙陵和德宏复杂险峻的地形，高黎
贡山余脉在今腾冲、德宏与缅甸接壤的地区呈现出东北—西南向山脉骨
架，两山之间分布渐次宽敞的"坝子"，如腾冲固东坝、腾冲坝、梁河
坝、盈江坝、盏达坝、盏西坝、户撒坝、腊撒坝、陇川坝、萝卜坝、瑞丽
坝、遮放坝、畹町坝、芒市坝，等等，滇西与缅甸交界地带的上述诸坝
子，大多为东北—西南倾斜走向，坝子四周被起伏的群山或连绵的丘陵环
抱，中间平坦宽阔，常有河流蜿蜒其间，土地肥沃，气候温湿，是滇西沿
边区主要的农业区，也是滇西边疆各民族的聚居区。这些富饶的坝子边缘
与缅甸交界地带多有山脉横亘，有道路与缅甸相通，既是历史上滇缅贸易
的交通干道，也是历代王朝护卫西南边疆的重镇和边关要地，明清依靠当
地民族土司护国捍边，因此，该区域清代除腾越厅外，大多为土司统治，
如明清的西南边疆边防重地之三宣就在此区域。所谓"三宣"即南甸宣
抚司、干崖宣抚司、陇川宣抚司，三宣之地与缅"在在相通"，有无数大
路小道入缅，明代曾经在腾冲卫所属的勐卯、陇川、干崖诸土司边境筑八
关、二堡于三宣要害[①]，并兴屯田，驻兵以守[②]。明清八关：1）神护关，
在盏西邦中山，今盈江县苏典稍东北，控制茶山、古永、威缅迤西等路。
2）万仞关，在今盈江县西北的猛弄山，控制港得、港勒迤西要路。3）巨
石关，在今盈江西部的昔马山顶，控制户冈迤西要路。4）铜壁关，在今
盈江县西部的夏浃山，控制蛮哈、蛮莫要路。5）铁壁关，在今陇川县西
部洗帕河内的瓦兰岭下，控制蛮莫要路。6）虎踞关，在今陇川县西部境
外的缅甸的那潞班附近，控制蛮棍、遮鳌、光脑、猛密等路。7）天马
关，在今瑞丽县西南境外缅甸的勐卯三角地，控制猛广、猛密、猛曲等
路。8）汉龙关，在今瑞丽县南部境外的缅甸的南波河上游北岸，控制猛

①　刘文征撰，古永继点校：天启《滇志》卷1《沿革大事考》，云南教育出版社1991年，
第41页。

②　方国瑜主编：《云南地方史讲义》下册，云南广播电视大学1983年版，第16页；方国
瑜：《中国西南历史地理考释》下册，中华书局1987年版，第774页。

尾、猛广、猛密、猛育、垒弄、锡波要路，扼守入缅要路。该区域由山脉分割的各坝子，均为少数民族聚居区，明清也依靠土司进行管理，如户撒、腊撒、芒市、勐卯（今瑞丽）、遮放等诸土司，因此该区域虽然是交通与边防重镇地区，但坝子被山脉分割，历代王朝主要依靠土司进行间接管理，具有典型的边疆准政区特征。该区具有云南对外交通、边关、边防、边镇和少数民族聚居的土司统理特点。

滇西南沿边区，大约为今临沧地区和西双版纳傣族自治州、普洱市的边境县地区，涉及今临沧地区的耿马、沧源县，普洱市的西盟、澜沧、孟连、江城县和西双版纳傣族自治州全州的景洪、勐海、勐腊县等 9 个县，构成云南西南与缅甸掸邦和老挝交界的沿边地区。该区是山地河谷交错地貌，区内山势渐低，河流平缓，河谷逐渐宽阔，土地肥沃，同时因较低的地势与低纬度、低海拔相结合，气候多属于高温高热和多雨的热带、亚热带季风气候，有利于植物的生长，分布着面积广大的原始雨林，形成了著名的滇西南丛林区。奔腾咆哮的澜沧江，发源于青藏高原，顺横断山而来，流经思茅地区和西双版纳，自我国西双版纳 244 号界碑处出境后，始称湄公河，又流经缅甸、老挝、泰国、柬埔寨和越南等国，在越南胡志明市附近注入太平洋。澜沧江流域的普洱市和西双版纳地区，处于横断山脉的南沿，与缅甸、老挝接壤，区内各种植物生长茂密，保持了大面积的原始森林，被称为"动植物王国"。在高热多雨的夏季，滇西南经常雨水旺发，使原本闭塞的交通进一步陷于困境，"当雨水之际，由五至八月，道路不通，碍于商旅。山涧小溪忽焉势如江河，桥梁每为冲塌，行客苦楚万状。若不立即而涉，则须俟水退，乃可通行"[1]。明代在该区域设置了孟定御夷府、镇康御夷州、湾甸御夷州、大侯御夷州、威远御夷州、孟连御夷长官司和车里军民宣慰使司[2]，形成边疆"御夷"政区和土司间接管理区，对其统治偏于羁縻而安其夷人，"抚驭诸夷；在夷地者，赋役、讼狱悉以委之，量编差发，羁縻而已"[3]。清代雍正改土归流，实施"江内宜流不宜土，江外宜土不宜流"政策，设普洱府，但仍保留了车里宣慰司

---

① 光绪三十三年（1907）腾越口《华洋贸易情形论略》。

② （明）周季凤撰：（正德）《云南志》卷 1《云南等处承宣布政使司》，载方国瑜主编：《云南史料丛刊》卷 6，云南大学出版社 2000 年版，第 106 页。

③ （明）谢肇淛撰：《滇略》卷 9《夷略》，载方国瑜主编：《云南史料丛刊》卷 6，云南大学出版社 2000 年版，第 771 页。

以及澜沧江之外的边疆地区的土司准政区，仍未设置正式的县级政区。

滇南与越南交界的边疆片区，涉及今云南省红河哈尼族彝族自治州与越南接境的红河县、绿春县、金平县、屏边县、河口县，文山壮族自治州的马关县、麻栗坡县、西畴县地区，该区也属于云南低纬度、低海拔的热带、亚热带地区，主要属于红河流域。红河流域主要有哀牢山系，哀牢山脉沿红河两岸分为两支，蜿蜒伸展至河口及越南北部。红河流域的北部，多为海拔 1000 至 2200 米的高原丘陵，在高原上分布有十余个绵延十多万亩的平坝，气候温和，雨量充沛，适宜各种农作物生长，是滇南最重要的农业区。红河流域的南部重峦叠翠，沟壑交错，有海拔 3000 米的高峰，也有海拔仅 76 米的低凹深谷。在红河两岸、哀牢山间，生长着热带、亚热带和温带的各种林木，有着大片的原始森林。流域内大部分地区属于海洋性亚热带气候，又因海拔不同，气候立体变化显著。红河流域地区的对外交往主要是通过红河水道，经由越南北部与海外各国、各地区发生联系，因此红河流域地区与越南北部经济文化关系非常密切。该区域在明清时期分属于临安府和开化府，由于地处偏远，是历代王朝在云南边疆典型的正式行政区划设置的稀疏区，例如今云南省红河哈尼族彝族自治州南部的蒙自以南的所谓"外五县"，即红河县、绿春县、金平县、屏边县、河口县的广大地区，历代都没有正式县级政区设置，明清时期为纳楼茶甸长官司、亏容长官司、溪处长官司等十几个分散林立的长官司土司统理，属临安府直接管辖，成为边疆管理的薄弱区和正式县级政区设置的稀疏地区。

上述云南沿边半环地带，除了地理环境复杂、交通闭塞之外，还是云南最典型的边疆少数民族聚居区，简而言之，上述云南沿边半环地带在今天几乎都是民族自治地区，例如滇西北沿边片区属怒江傈僳族自治州，州内贡山、福贡、碧江、泸水四个县都是民族聚居县，居住着云南特有的独龙族、怒族、傈僳族、彝族、白族等少数民族；滇西沿边区则主要为德宏傣族景颇族自治州，聚居着傣族、景颇、德昂、傈僳、白族等少数民族；滇西南沿边片区则由耿马傣族佤族自治县、沧源佤族自治县、西盟佤族自治县、孟连傣族佤族拉祜族自治县、江城哈尼族彝族自治县和西双版纳傣族自治州构成；滇南沿边片区即红河哈尼族彝族自治州南部和文山壮族自治州南部的诸县，整个沿边半环地带今天几乎都是中华人民共和国云南省的民族自治地区。因此，云南边疆的沿边地区具有民族多样性的特点。

二　重瘴恶性生态环境

滇西北、滇西、滇西南、滇南与缅甸、老挝、越南接壤的半环沿边地带还是典型的重瘴区，即瘴疠的多发区。所谓"瘴气"，是山林间湿热蒸郁致人疾病的气。"毒雾烟瘴之气皆能伤人"①，一旦为瘴气所伤，如不及时治疗，则往往危及生命。云南滇西至滇南的沿边地带多南北纵谷，在夏季多雨的时节，热带季风挟着大量的水蒸气顺谷上涌，被两面的高山所阻，蕴集于河谷低地，凝结不散，结为云雾、细蒙和淫雨，这样的环境易生瘴气，有瘴气的地方，最适宜虐蚊滋生，云南低纬度、低地势的地方，"天气炎热，暮春之初无异于内地盛夏，兼之蝇蚋丛集，烦扰可厌"②。瘴疠即由瘴气而致的疾病，确切地说，是一种恶性疟疾，其发病原因是由疟原虫引起的寄生虫病，通过蚊虫叮咬传染，常常造成大规模流行。在医疗条件落后的情况下，这种病不但难以治愈，而且危及生命，常给瘴区人民以及路过或进驻的旅客造成极大危害。"勐海坝的曼来寨，总共才有二十五户，疟疾流行时，全家死绝的竟有九户之多"，更甚者会在全寨传染开来，"有一年的六七月，勐者坝瘟疫流行，仅曼行一个小寨子，就有百分之四十的人丧了命"③，这严重影响到边疆社会的发展。云南滇西至滇南沿边与中南半岛重瘴区毗邻，每逢雨季，瘴疟流行，出境道路所在的峡谷低地，便成了死神翼下的恐怖地狱。④云南出境的通道地带，几乎都是瘴疠的多发区。西南边地潞江河谷"四月以后，颇有瘴疠，汉人皆散去。凡过此者皆策马前进，不敢停留也"⑤，"景东、蒙化皆有瘴疠，永昌尤甚。澜沧、潞水皆深绿，瘴时则红烟浮江面，日中无敢渡者，其瘴起自春末，秋尽乃止"⑥，"元明以来，中国屡次用兵于缅，俱不得志，而英

---

①　柯树勋编辑：《普思沿边志略》，民国五年（1916）铅印本，第1页。

②　黄懋材：《槟榔江考》，载李根源辑：《永昌府文征·文录（卷17）》，民国三十年（1941）铅印本。

③　国家民委《民族问题五种丛书》编辑委员会编：《中国民族问题资料·档案集成》——《民族问题五种丛书》及其档案汇编第41册《中国少数民族自治地方概况丛书·西双版纳傣族自治州概况》，中央民族大学出版社2005年版，第168页。

④　万湘澄：《云南对外贸易概观》，新云南丛书社1946年版，第53—56页。

⑤　黄懋材：《潞江源流考》，载李根源辑：《永昌府文征·文录（卷17）》，民国三十年（1941）铅印本。

⑥　（清）王绍文等修，唐炯等纂：光绪《续云南通志稿》卷139《杂志》，光绪二十七年（1901）四川岳池县刻本。

人取之易如反掌，何也？中国由云南出军，山路崎岖，转饷甚劳，兼之时值暑雨，瘴疫多病，蛮暮、新街一带，今时犹然，每至四月以后，商旅绝迹，必待秋凉而后可行"①。直至清末民国时期，瘴疠仍十分严重，云南沿边地区也因此被誉为典型的"死亡之乡"，论者无不谈瘴色变。

瘴气在云南沿边地带的广泛分布，构筑了一道阻碍中央王朝政治管控及开发边疆的生态屏障，而开发的严重滞后，使云南边疆的恶性生态呈愈演愈烈的恶性循环状态。面对这种恶劣的环境，当地少数民族已是苦不堪言，路人及商客亦深受其害，时常发生因瘴而丧生的事情，"云南省流行了这样的民谣：'要到车佛南，先买好棺材板；要到普藤坝，先把老婆嫁。'说明从外地来到西双版纳的人，十有八九会中瘴身死，有来无回"②，"瘴疠之为害，在滇之西南边，无地无之，深山穷谷，草木丰盛之区尤甚。虽生长该地之夷族，亦畏之若毒蛇猛兽，避之唯恐不及。至于汉人，一履该地，若悉是瘴疠之乡，则毛骨悚然，胆为之丧，必相率奔走退避，谁敢以生命与瘴疠相抗者。盖人若触瘴气，非死即须大病。因此，滇之西南部，尽多荒秽之区，无人之域"③。更值得注意的是，瘴气的长期普遍存在，使得中央王朝治理边疆的施政成本大大提高，因为"烟瘴剧烈，汉族不能久居"④，浓烈的瘴毒足以致人于死地，所派流官往往视边疆为畏途，军事征讨也常常因瘴疟横行而功亏一篑，更有甚者，"瘴气甚至成为边地分离势力威胁中原王朝的武器"⑤。这在极大程度上导致了中央王朝政治控制力难以深入、一体化的正式县级政区设置疏散、土司势力急剧膨胀的边疆特殊政治形态。

由此，云南成为中国历史上最严重的瘴区，分布极其广泛。据研究，云南的重瘴区主要集中在滇西潞江流域、澜沧江上游、滇西南澜沧江流域

---

① 黄懋材：《〈禹贡〉黑水考》，载李根源辑：《永昌府文征·文录（卷17）》，民国三十年（1941）铅印本。

② 国家民委《民族问题五种丛书》编辑委员会编：《中国民族问题资料·档案集成》第41册《中国少数民族自治地方概况丛书·西双版纳傣族自治州概况》，中央民族大学出版社2005年版，第167页。

③ 余汉华：《英法两帝国主义夹攻下之西南滇边》，《边事研究》1934年12月第1卷第1期，第14页。

④ 柯树勋编辑：《普思沿边志略·序》，民国五年（1916）铅印本。

⑤ 林超民：《〈清代云南瘴气与生态变迁研究〉序言》，载周琼：《清代云南瘴气与生态变迁研究》，中国社会科学出版社2007年版。

及滇南澜沧江、元江流域等地区①。严重者如普思沿边（约为今云南西双版纳州）地区，"烟瘴之毒烈，诚无有驾乎其上者"②，而腾越厅属，"凡土司之地，皆有瘴疬"③。可见，重瘴区主要位于云南边疆环弧形地带，见图二：

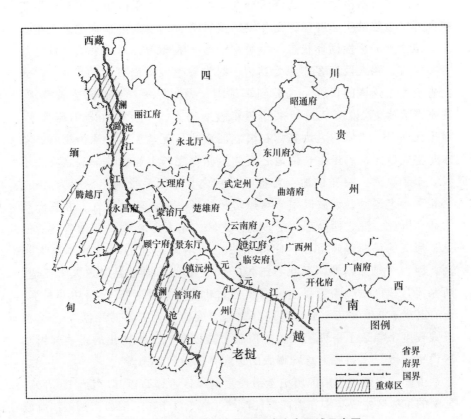

图二　清代云南沿边半环状重瘴生态区域示意图

【底图来源：谭其骧主编：《中国历史地图集》第 8 册，中国地图出版社 1987 年版，第48—49 页。】

综上所述，云南边疆地区高山纵谷的地理态势和瘴气横行的生态环

---

① 周琼：《清代云南瘴气与生态变迁研究》，中国社会科学出版社 2007 年版，第 158—192 页。
② 柯树勋编辑：《普思沿边志略·自叙》，民国五年（1916）铅印本。
③ （清）刘毓珂等纂修：光绪《永昌府志》卷 2《天文志·气候》，清光绪十一年（1885）刻本。

境，少数民族世居其间，使该地区长期成为地广人稀之地。由于在边疆治理上存在事实上的巨大困难，政府的边疆行政成本负担极重，因此，封建王朝不得不推行"只重羁縻，而不重管理"的边疆政策，依靠土司进行间接管控。与此同时，土司势力则顺势发展，以坝区为中心，各自为政，"故刘献廷先生曰'古之诸侯即今之土司'"①。土司政治的长期存在与瘴疠有着极大的关系，瘴疠的存在使云南边疆地区成为"汉人不能久呆的地方"，因此，瘴疠在很大程度上决定了云南边疆的土司行政管理结构，"在云南，用流官的府县体制来完全取代土司制度仍然不过是官员们无法实现的愿望"②。如此一来，云南边疆地区形成了正式县级政区设置疏散区，即行政管理的薄弱区。

　　云南边疆复杂险要的地理态势，无疑构筑了我国西南门户的自然屏障。但这种复杂的地理环境也滋生了交通不便、生态环境恶劣、边地发展滞后等问题，使得政府对边疆的管理是"鞭长莫及"。晚清时期，英、法入侵缅甸、越南，随即将魔爪伸向云南，比如在滇西北地区，"英印方面，越界大做其工作，每年干季，迭次派人入境，测绘地图，勾结土酋，销毁中国统治的证物。严防汉人入境，他们在越界筑路所及的范围，秘密经营，置官设治，大投其资，收买百姓，视为属土"③。与我国人对边疆的疏忽形成强烈的对比，"边疆正是因为太落后，太僻远，是交通太困难而生活太苦的大沙漠或大山岳的地方，故内地人少有去做实际调查的。倒是外国人比我们还跑得多，明白得多，著述得还多"④。加之边疆地区人民的国家认同感在某种程度上并不十分强烈，"吾国民明智未开，往往有家而不知有国"⑤，这为英、法等国对我边疆民族进行文化异化和边疆侵略提供了有利条件。因此，对边疆地区管控的力度大，特殊的地理环境就成为抵御外敌入侵的自然屏障；管控力度小，则成为外敌蚕食我国领土的有利前沿阵地。有论者认为，"我国领土之丧失，均起于边疆。推言其故：则人事因循与环境阻碍，各具其

① 李永清：《云南人文地理》，云南省图书馆藏民国油印本，未出版，第98页。
② ［美］大卫 A·贝洛著：《去汉人不能久呆的地方：瘴疠与清代云南边疆地区的民族管理空间结构》，杨煜达译，陆韧主编：《现代西方学术视野中的中国西南边疆史》，云南大学出版社2007年版，第217、244页。
③ 严德一：《边疆地理调查实录》，商务印书馆1950年版，第67页。
④ 普梅夫：《云南的国防价值》，天野出版社1945年版，第35页。
⑤ 童振藻：《云南与国防》，浙江中华史地学会出版社1936年版，第1页。

半。言人事，则政府忽于殖边与国人缺乏边疆之认识；言环境，则交通
梗阻，种族复杂，强邻侵略。"① 所以研究边疆政治，不能忽视其地理
生态环境。法国地学家白兰士认为："研究一国的政治的地图，是要伴
着一张自然的地图的"②。

第二节　清末边疆社会与行政区划特征

　　历史上，边疆地区交通阻塞，是社会经济、政治发展相对滞后的地
区，与内地存在极大的差异。生产力水平低下、经济制度落后、众多少
数民族世居其间，构成了特殊的边疆社会。民国时人认为"边疆是一种
社会，内地又是另一种社会，乃致边疆与内地成为分歧的不同体"③。
这种边疆社会的特殊性，或者说与内地有着巨大差异的不同体，直接决
定了封建政府在边疆治理上的政策变通性。封建王朝主要依靠土司对西
南边疆进行管控，使沿边地区形成了大小土司林立的政治格局，并在历
次"改土归流"运动中保存下来。使云南边疆环弧形地带形成了以土
司政区为主、正式县级政区设置疏散、封建政府直接行政管控薄弱的特
殊政治结构。

一　边疆半环地带的民族社会

　　云南边疆民族地区的经济形态基本处在封建领主制经济发展阶段，有
的还保持着奴隶制，一部分地区还残存了原始公社制。生产力水平极其低
下，使用原始的生产工具，采用粗糙的生产方式进行生产，"碧江、福
贡、贡山和泸水县的北部地区，采集和狩猎占有一定的比重，生产工具十
分简陋，耕作技术落后，刀耕火种方式相当普遍，农业生产水平非常低
下"，④ 这些都决定了边疆社会发展的滞后性。
　　直到新中国成立前，滇西北怒江流域的独龙族社会发展落后，还保

---

　　① 张凤岐撰：《云南外交问题》，商务印书馆 1937 年版，第 5 页。
　　② 徐益堂：《边疆问题之地理研究的必要》，《边事研究》1935 年 3 月第 1 卷第 3 期。
　　③ 普梅夫：《云南的国防价值》，天野出版社 1945 年版，第 33 页。
　　④ 国家民委《民族问题五种丛书》编辑委员会编：《中国民族问题资料·档案集成》第 40
册《中国少数民族自治地方概况丛书·怒江傈僳族自治州概况》，中央民族大学出版社 2005 年
版，第 28—29 页。

留着浓厚的原始公社制残余，到 1956 年为止，还处于父系家族公社解体的历史时期；怒族社会，在家族公有、奴隶制、封建农奴制等因素影响下，个体家庭已成为怒族社会主要的经济单位，但家庭及农村公社的残余仍不同程度地保存着；傈僳族社会发展同样缓慢，亦保留了原始公社制的残余，处于农村公社向阶级社会过渡的历史阶段；介于川藏间的迪庆地区，因为长期处于土司和僧侣贵族联合专政的"政教合一"封建农奴制度的统治之下，所以封建农奴制经济长期存在；泸水地区的六库土司、鲁掌土司、卯照土司、登埂土司等地，则发展到了封建领主制经济阶段。

滇西德宏地区是重要的傣族聚居区，以傣族为主聚居的坝区，基本上处于封建领主制发展阶段。随着商品生产的发展，农村中出现两极分化，地主富农集中了一定的土地，一大批农民成为无田或少田户，其中阿昌族的社会生产方式在领主经济下，开始向地主经济发展。临沧地区沧源所属的傣族、佤族社会发展不平衡，在接近佤族聚居中心地带的地方，表现出从原始公有制向私有制过渡的特征。而占全县人口百分之九十以上的地区，虽然还存在浓厚的原始公社残余形态，但已初步具备了封建领主制的基本特征。耿马地区则出现了以封建领主经济为主而又兼有地主经济和原始共耕残余形态的经济结构。

滇西南车里宣慰司（今西双版纳）地区，即十二版纳，全部土地属宣慰使所有，傣族地区基本上保持着较为完整的封建领主经济，而最大的封建领主，就是车里宣慰使，在傣语中称"召片领"，意为"广大土地之主"。而生活在该区的布朗族和基诺族，尚处于原始社会的末期。在红河以南的广大地区，属于历史上"三十七部"中的一部分，后来逐渐演变为土司、土目，成为江外"十八土司"。清末实行"改土归流"后，部分地区封建领主经济向地主经济过渡，地主经济开始出现，但是大部分地区领主经济还不同程度地保留着，一直到解放前夕。土司既是政治上最高的统治者，又是土地的所有者。[①]

总之，历史上，边疆地区的社会经济尚处在相当落后的状态，生产力水平十分低下。这样的社会经济基础成为滋生边疆土司政治的肥沃土壤。

---

① 以上主要参考：国家民委《民族问题五种丛书》编辑委员会编：《中国民族问题资料·档案集成》（相关地区），中央民族大学出版社 2005 年版。

方国瑜先生认为："封建前期领主经济的大土地所有制，是土官政权存在的基础，而进入地主经济私有制，则土官政权不能适应而被摧毁，设置流官政权"①。况且清代雍正、乾隆时期的大规模"改土归流"活动，并没有在边疆地区彻底推行下去，且有"江外宜土不宜流，江内宜流不宜土"的改土归流思想和政策。即使是为应对边疆危机而在边疆地区有所作为的晚清政府及民国政府，也只是推行了"土流并治"的政治策略，由此在云南政治史上出现了一条环边型"土流并治带"。这条"土流并治带"，由"滇西南向的一条和滇南东向的一条组成。滇西一支，北起滇藏交界（约北纬30°），南与滇南东西走向的一条相连，直达中缅南段界；东至澜沧江上游东岸（约东经99°），部分伸入东经100度；西至中缅北段界。滇南东西走向的一条，西与西部南北走向一条相连，达中缅边界；东至滇桂交界（约东经106°）；北始于北纬24°，至北回归线始连成片；南至中越、中老和中缅南段界。从现行区划来说，大致覆盖了今迪庆、怒江、保山大部、德宏、思茅、临沧、西双版纳、红河南部和文山南部。"② 这条带状区域与云南边疆地区基本吻合，彰显出独特的历史政治地理态势。这种态势是流官政治和土司政治在权力博弈过程中相互让步的结果。流官政治不得不做出让步，而土司政治能够抱残守缺，均决定于边疆民族地区的前封建地主制经济的社会发展形态。

二　清末云南边疆半环地带行政管理特点

正如前文所述，特殊的封建领主经济形态，山高谷深、地势险要、交通阻隔的自然地理态势，瘴气肆虐的恶性生态环境，以及封建王朝"只重羁縻，不重管理"的治边政策，使得云南边疆地区成为发展滞后的蛮荒之地，土司势力各自为政；反过来，边疆地区流官势力相当薄弱，政府直接管控极其松散，表现为一个正式县级政区管控一大片边疆区域，或者是府辖土司地，事实上难以达到对边疆地区的有效管控；特别是民国初年"废府存县"后，原由府级政区直辖的边疆土司改由省府直辖，使土司区成为实际上的行政无管区。由此，在云南边疆地区逐渐形成了一个环弧形

---

① 方国瑜：《中国西南历史地理考释》，中华书局1987年版，第1028页。
② 王文成：《土流并治在近代云南边疆的全面确立》，《云南师范大学学报》1993年8月。

县级政区设置疏散区、行政管控薄弱区，构成了历史上云南边疆地区政治
格局的特殊态势。

（一）滇西北沿边地区，即怒江上游区域的今云南省怒江傈僳族自治
州，清代属于维西厅和丽江县的管辖范围，属于典型的正式县级政区建置
稀疏区和行政管理的薄弱区。据《嘉庆重修一统志》载：

> "维西通判，东西距一千一百五十里，南北距三百三十五里。东
> 至丽江县七十里，西至川藏察瓦冈界一千八十里，南至丽江县界二十
> 五里，北至中甸界三百一十里，东南至丽江县界七十里，西南至丽江
> 县界七十里，东北至中甸界三百二十里，西北至川藏界七百二
> 十里。"①

很明显，维西厅的管辖区域范围是非常大的，直到1943年，维西
县面积竟达13977平方公里，是云南省面积最大的县。② 这还是较之清
代维西厅境，已划出德钦（今云南省德钦县）、贡山（今云南省贡山
县）两设治局地域，即清代维西厅地，在民国时期被划分为维西、德
钦、贡山三县。东西距一千一百五十里，南北距三百三十五里，就其
幅员而言，与内地县域相比，将近内地的七八个县域之和。值得注意
的是，辖区广大的维西厅的行政中心所在地位于偏向内地的东南角，
并非适中之地，再者，维西厅地处高山深谷、交通极其不便的边疆地
带，由此，维西厅的行政管控能力在深入边疆地方的过程中势必弱化。
见图三：

> "丽江县，附郭，东西距七百四十五里，南北距一百里。东至永
> 北厅界一百三十里，西至怒夷界六百十五里，南至鹤庆州界四十五
> 里，北至中甸界五十五里，东南至鹤庆州界一百三十五里，西南至大
> 理府云龙州界六百三十里，东北至永北厅界四百五十里，西北至维西

---

① （清）潘锡恩等撰：《嘉庆重修一统志》卷485《丽江府》，四部丛刊本。
② 王志强编辑：《云南省档案史料丛编：近代云南人口史料（1909—1982）》第2辑
（上），云南省档案馆编辑出版1987年版，第107—114页。

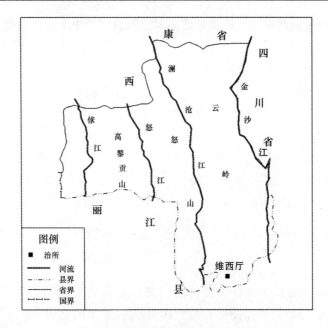

图三　清代维西厅行政区域示意图

【底图来源：李春龙、牛鸿斌点校：《新纂云南通志》（第一册），云南人民出版社 2007 年版，第 53 页。】

界四百五十里。"①

清代丽江县辖有怒江上游南部地区，为附郭县，"东至永北厅界一百三十里，西至怒夷界六百十五里"，可见，丽江县的行政中心亦非适中之地。行政中心过度靠近内地，加之怒江地区险要的地理环境，丽江县与维西厅一样弱化了对边疆的行政管控能力，极易形成尾大不掉的局面，在很大程度上形成了边疆行政无管区。见图四

事实上，滇西北沿边地区社会发展与内地社会发展存在极大的差异，大都停留在原始公有制向私有制过渡的阶段，或保留大量的原始经济残余，有的地方还保留完整的奴隶制度，极少有发展到封建经济制度阶段的，社会生产力水平极其低下。另外，云岭、澜沧江、怒山、怒江、高黎贡山纵贯其间，高山深壑的大峡谷地貌成为阻止内地人进入边疆的天然屏障，致使汉人极少进入此地，成为流官深入管理的巨大障碍，设官建制更

————————

① （清）藩锡恩等撰：《嘉庆重修一统志》卷 485《丽江府》，四部丛刊本。

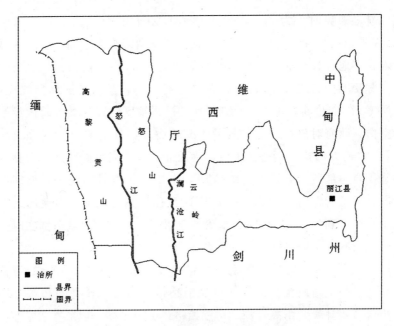

图四　清代丽江县行政区域示意图

【底图来源：李春龙、牛鸿斌点校：《新纂云南通志》（第一册），云南人民出版社 2007 年版，第 52 页。】

显薄弱。在这种情况下，沿边各族人民要么自成部落，要么接受土司的羁縻管理。管辖滇西北的土司势力有丽江木氏土司、兔峨土司、藏族察瓦龙土司等，在德钦地区则是土司和僧侣贵族联合专政的"政教合一"的政权管理模式。直到清末，始设阿墩子弹压委员，派出流官兼管怒江事务，尚且没能实现有效管理。

土司在沿边的管理并不强势，往往出现"管民不管土"的现象。特别是怒江以外地区，土司势力更为薄弱，"照得潞、俅两江以外，或受土司羁縻，或则自为部落，清代视为瓯脱，从未加以整理，以致边务鞮輖，夷民涣散"[1]，从而形成了正式县级政区设置松散区，行政管理极其疏忽。土司管理的部分边区实际上演变成为蛮荒之区。乾隆时期的历史文献在记

---

① 《筹办怒俅边务委员任宗熙等委扎》，李根源辑：《永昌府文征·文（卷 29）·滇西总司令部电文二十一件辛亥 壬子》，民国三十年（1941）铅印本，第 8 页。

载丽江府之疆界时，为"西至怒夷界六百四十里"①。清末经营阿墩子（今云南省德钦县）及怒江地区的政府官员夏瑚，曾注意到边疆之区域情况，他在实地考察和查阅当时地图的基础上，得出"维西边界之怒江外，只载'俅夷界'三字，而此俅夷界之远近大小，及与何国何属之交界，迄无所考"②的论断。可见，直到清代，沿边地区的正式县级政区设治几乎是空白，政府对怒江沿边的管理十分松懈，比如上帕地区（今云南省福贡县）"僻处滇边，居怒江上游，为西北屏障，名虽归丽江府管辖，其实则怒俅自称部落，亦无土司统属"③。事实上，当时内地人对怒江沿边的情况并不了解，时人发出了"这边远而且荒凉的地方，内地的人士是绝对不会注意到的"④的感叹和担忧。很明显，此处之疆域范围在时人的观念中并没有一个明确而具体的概念。

（二）滇西沿边地区，属于清代腾越厅、永昌府和顺宁府的管辖范围，是典型的土司政治区。这一区域沿边地带习称为腾龙沿边和沧顺沿边，境内峰峦叠嶂，山高菁深，沟壑相错，山川纵横，地形复杂险峻，长期处在封建领主经济乃至原始经济发展阶段。建立在封建领主经济基础上的政治形态是典型的土司制度，腾龙边地（德宏）就是滇西南十土司之境域，即南甸宣抚司、干崖宣抚司、陇川宣抚司、芒市安抚司、猛卯安抚司、盏达副宣抚司、遮放副宣抚司、户撒长官司、腊撒长官司和勐板土千总，其中南甸宣抚司为十土司之首。此等土司都是明洪武年间随师入云南征讨缅甸和麓川（三征麓川）有功而划区授职的，遂发展成为土司，并一直沿袭至民国。其中勐板土千总授职于清光绪年间，"勐板，其地系光绪二十五年（1899），腾越刘军门万腾，与英会勘边界，划归我国版图。当时设官守土，曾委蒋某来任斯职（土千总）"⑤。顺宁府属有孟定土司、耿马土司、孟连土司等，还有自成部落的班洪葫芦王地。通过土司，中央

---

①　（清）管学宣、万咸燕纂修：《丽江府志》上卷《图象略·疆域》，传抄乾隆八年（1743）雪山堂刻本。

②　夏瑚：《怒俅边隘详情》，李根源辑：《永昌府文征·纪载（卷23）》，民国三十年（1941）铅印本，第16页。

③　《纂修云南上帕沿边志》，民国二十年（1931）钤上帕行政委员关防钞本。

④　王图瑞：《云南西北边地状况纪略》，《云南边地问题研究》上卷，云南省立昆华民众教育馆1933年版，第26页。

⑤　方克胜：《建设腾龙边区各土司地意见书》，《德宏史志资料》（第3辑），德宏州志编委会办公室编辑出版1985年版，第212、219页。

对滇西沿边地区实现了间接管理。

明清时期的"改土归流"并没有触动这种政治势力，甚至在民国时期的"改土归流"过程中仍以"土流并治"的形式顽固地残存下来。各土司作为一个政治实体，还保留了其自身的一套政治结构，一直延续到新中国成立后才最终退出历史舞台。自明代以来，封建政府就是通过建立土司制度进行羁縻管理，利用当地土酋管理当地事务，"不变动地方上原有的经济体系，不改变地方上原有的政治制度"①。正式行政区划设置极其疏散，以流官为核心的政治势力难以深入管理，致使滇西边地的社会环境与内地存在极大的差异性。

（三）滇西南沿边区，车里宣慰司地，在清代属普洱府，但自思茅厅以南地区则属于车里宣慰司管辖。宋代，傣族首领叭真于版纳地区建立了一个独立王国，傣族首领被称为傣王，元世祖征服车里后，置徹里路军民总管府，至明代置车里宣慰司，清朝沿袭了这一制度，逐渐成为一个势力强大的土司，管控着思茅厅以南的广阔区域。处在土司权力核心的是宣慰使，傣名为"召片领"，有傣王之称，是最大的土司，其下由各勐土司治理，而各勐土司统治之下的基层组织就是各村寨，并设各种头目进行管理，从而形成了一套由上至下的完整的行政管理体系。这一体系在特殊的封建领主经济制度基础上和特殊的自然环境中表现出极大的稳定性，成为普思沿边地带强势的政治势力，似乎是一个牢不可破的政治实体。

清王朝通过土司制度来控制普思沿边地区，但仅仅是停留在羁縻性质层面上的控制而已，"满清之世，不过遥为节制而已"②，行政大权几乎完全归土司，致使车里宣慰司地"表面上似归我国的版图，可是实际上却形成了其独立的国家"③。我们并不赞同其为独立国家的说法，但充分说明了中央政府对普思沿边地区的行政管控极为薄弱。时至清末，在边地管控上依然存在极大的困难，乃至治理普思沿边卓有建树的柯树勋先生也不得不发出"以数千年荒远之地，数十万野蛮之民，一旦置我范围，不知

---

① 江应樑：《傣族史》，四川民族出版社 1983 年版，第 269 页。

② 李文林：《到普思沿边去》，《云南边地问题研究》下卷，云南省立昆华民众教育馆 1933 年版，第 109 页。

③ 杨成志：《云南的秘密区——车里》，《云南边地问题研究》下卷，云南省立昆华民众教育馆 1933 年版，第 198 页。

几费经营矣"① 的感叹，深刻反映了治理滇西南沿边车里宣慰司地的难度。

（四）滇南沿边地区，清代为临安府和开化府辖境。临安府"领州三，县五"，即"建水县、石屏州、阿迷州、宁州、通海县、河西县、嶍峨县、蒙自县"②。其行政区划设置见图五：

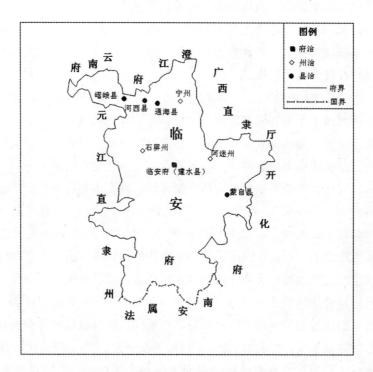

图五　清代临安府政区设置示意图

【底图来源：李春龙、牛鸿斌点校：《新纂云南通志》（第一册），云南人民出版社 2007 年版，第 38 页。】

从清代云南临安府政区设置示意图可以清晰地看到，临安府辖区内县级政区的设置均偏北部，南部广大区域县政建设不完善，同时，这一区域地形复杂，瘴气横行，生态恶劣，严重阻碍了边地设官建置，最终是土司林立，见表一：

① 柯树勋编辑：《普思沿边志略·自叙》，1916 年铅印本。
② 赵尔巽等撰：《清史稿》卷 74，中华书局 1977 年点校本，第 2342—2344 页。

表一　　　　　　　　　　清末临安府南部长官司沿革表

土司名称	沿革	今地
纳楼茶甸长官司	洪武十五年授长官司副长官，传至民国二十六年，普鸿武袭。	今建水县南部官厅。
亏容甸长官司	明洪武十五年授长官司正长官，至孙大昌，会国朝（清朝）平滇，授长官司副长官，传至民国十二年，孙萌宗袭。	今红河县东南下亏容。
思陀甸长官司	洪武中授副长官，国朝平滇，仍授世职，传至民国，土司为李呈祥。	今红河县西南之思陀。
溪处甸长官司	洪武中授副长官，国朝平滇，仍授世职，民国十七年传至赵其礼。	今红河县南之溪处。
瓦渣长官司	明洪武十五年授长官司副长官，国朝平滇，仍授世职，传至民国十六年钱祯祥袭职。	今红河县之架七牛威一带。
左能寨长官司	明洪武时授长官司副长官，国朝平滇，改授土舍，传至今（民国时），土司为吴忠臣。	今红河县西南之左能。
落恐甸长官司	洪武中授副长官，传至今（民国时），土司为陈永寿。	今红河县西南之落恐。

【资料来源：方国瑜：《中国西南历史地理考释》，中华书局1987年版，第1038—1039页；龚荫：《明清云南土司通纂》，云南民族出版社1985年版，第77—83页。】

　　封建王朝"因重流轻土，而漠视不管土司，以致土司地域，有时形同化外"①。土司隶属流官，可实际上是流官和土官各自为政，流官不重视土官，而土司政治由于历史发展的惯性，仍存在很大的特殊性，以致"土司对上则听管不听调，愿为不叛不服之臣，对下则又自以朝廷命吏，假政府之威名，以巩固其统治者之地位"②。很明显，由于上述种种因素，临安府南部边疆成为正式县级政区设置疏散区和行政管理薄弱区。

　　开化府境内"万山林立，带水萦回"③，属于云岭山脉余脉，地形较为复杂，交通不便。开化府地在明代尚属于临安府，清"康熙六年

---

① 凌纯声：《中国边政之土司制度（下）》，《边政公论》1944年第3卷第2期，第8页。
② 同上书，第11页。
③ （清）潘锡恩等撰：《嘉庆重修一统志》卷488《开化府》，四部丛刊本。

（1667），以教化、王弄、安南三长官司地置开化府，隶云南省"①，并将府辖地划分为八里，即"开化里、南安里、王弄里、永平里、东安里、乐农里、江那里、逢春里"，虽已改流，但土司制度并没有被完全废除，八里区域"皆以土司苗裔催征该里钱粮，赴府完纳"②，依然是土流并治，不得不依赖土司实现对地方的管控。开化府"领厅一，县一"，即"文山县、安平厅"，文山县，"雍正八年（1730）省通判经历置"，安平厅，"嘉庆二十五年（1820）改厅，并析文山县之东安、逢春、永平三里地属之，仍附郭"③。设府后虽然增设了流官，但是官署也都同驻府城，"文山县，附郭；安平同知，附郭。"④ 至清朝末年，安平厅才移驻马白关，即今云南省马关县⑤。安平厅移驻马关的经过和原因，"至清光绪十一年（1885），中法战争议和以后，云贵总督岑毓英奏请清帝，以安平厅侨寄府城，官绅相隔，不能受耳提面命之训终，非善政，将安平厅署移至马白关，俾便身视治理，惟惜太处偏安，奏请将越南边界与马白接壤之南山七社土司地方划归中国版图，将安平厅移于马白，清帝允准。"⑥ 很明显，安平厅驻府城，并没有深入管理边疆地区，只是遥制而已，造成了边疆管理的薄弱。中法战争后，为了应对边疆危机，才移治稍微靠近边疆的马关，以示强化管理。可见，由于土司势力的阻碍，流官势力很难深入边疆地区，只能侨寄在府城进行遥制，行政管控力度大为减弱。加之清朝政府只重内地，而漠视边疆，因此，对开化府沿边地区的行政管理极为薄弱，以致"设开化府后，安南（越南）仍以入侵我国之意图而与清廷争议，引来界务交涉，长期未决"⑦。

---

① （清）潘锡恩等撰：《嘉庆重修一统志》卷488《开化府》，四部丛刊本。

② 方国瑜：《中国西南历史地理考释》，中华书局1987年版，第1294页。

③ 赵尔巽等撰：《清史稿》卷74，中华书局1977年点校本，第2345—2346页。

④ （清）潘锡恩等撰：《嘉庆重修一统志》卷488《开化府》，四部丛刊本。

⑤ 光绪三十二年（1906）秋八月，署安平厅汪厅长子子忠奉命由开化旧署移于马白关。民国纪元二年（1913），改为安平县，后经中央。安平县与贵州安平县雷同，民国三年（1914）又将安平县改为马关县，中央颁发铜铸印信。见（近）陈钟书等修，邓昌麟纂：《新编麻栗坡地志资料》中卷《特别区之沿革》，1964年云南大学复抄云南省图书馆藏传抄1947年稿本。安平厅，取边疆人民相安无事，国泰民安之意；马关原名马白关，初马白居民尽为壮族，其地多白马，状语译为汉语时倒称马白，遂以得名，清雍正六年，清廷在此设官，改称马白关，后去"白"字，称马关。见马关县人民政府编：《马关县地名志》，马关县人民政府出版社1988年，第1、5页。

⑥ （近）陈钟书等修，邓昌麒纂：《新编麻栗坡地志资料》中卷，1964年云南大学复抄云南省图书馆传抄1947年稿本。

⑦ 方国瑜主编：《云南史料丛刊》第8卷，云南大学出版社2001年版，第491页。

　　总之，滇西北沿边区域虽归维西厅和丽江县管辖，但在很大程度上处于政府行政无管状态。滇西、滇西南沿边地区属于典型土司区，版纳地区则为车里宣慰司辖地，政府只能依靠土司进行间接管理。以致民国政府废除土司时也不得不慎重行事，"因各土司辖境多在沿边地方，与安南、缅甸交界，风气锢蔽，夷民对于土司，拥戴甚深，遽予裁撤，恐酿边衅，操切之嫌，将不可免，更恐因此引起外人觊觎之心，或且影响国家领土"①。滇南沿边地区，因政府行政权力难以深入而形成尾大不掉之势。由此，时至清末，自滇西北至滇南的环弧形沿边地带，形成了政府行政管控薄弱区和正式县级政区疏散区。在近代民族危机背景下，云南潜藏了巨大的边疆危机。见图六：

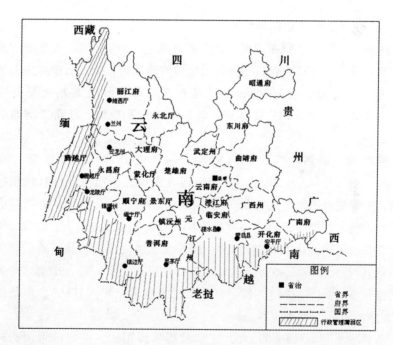

图六　清末云南边疆正式县级政区疏散与行政管控薄弱区示意图

【底图来源：谭其骧主编：《中国历史地图集》第八册，中国地图出版社 1987 年版，第 48—49 页。】

---

① 内政部年鉴编辑委员会编：《内政年鉴》，商务印书馆 1936 年 4 月版，第（B）256 页。

第三节　近代云南边疆危机的加深

历史上，缅甸和越南是我国的藩属国。清末，由于法国吞并越南、英国侵占缅甸，我国西南藩篱彻底拆除，云南边疆地缘政治发生了从传统宗藩关系到近代新型国际关系的根本转型，边疆危机随之到来。英、法不断挑起界务问题，千方百计蚕食云南边疆领土，并大肆进行文化侵略，西南边疆也因此成为多种力量交汇的博弈区。云南成为英法侵略中国的"西南大后门"，英、法处心积虑，阴谋彻底侵占云南，我国西南边疆危机不言而喻。

一　历史上云南边疆地缘政治

封建王朝曾有"守在四夷，屏藩固而腹地乃安"[①] 的治边思想。元明清时期，封建政府将缅甸、越南作为中国的藩属国，致使云南历史上的外交问题并不明显，有论者认为，"清中叶以前，云南无外交关系可言也"[②]，得出这一结论的主要依据，就在于中国和缅甸、越南之间的宗藩关系。

滇西北、滇西、滇西南乃中缅之间的交界地带，清乾隆十八年（1753），恢复中缅朝贡关系。接着缅甸内部动乱不已，并在对外侵扰中犯滇，中缅战事再起，至乾隆三十四年（1769），缅甸求罢兵，清政府提出了永不侵犯边境、缮表入贡和释放战俘等条件，战争结束。而双方关系的恢复是在乾隆五十二年（1787），缅酋孟云遣使团向清廷进贡，乾隆五十四年（1789），孟云被封为缅甸国王，并规定十年一贡，中缅宗藩关系得到进一步发展。[③] 这种关系一直保持到光绪十二年（1886），中英缔结《缅甸条约》后，英国侵吞缅甸。

清顺治十七年（1660）九月，黎维禔自称国王，并向清帝国贡献方物。顺治帝勉励他要恪守职贡，永作屏藩。康熙五年（1666），正式册封

---

① 龙云修，周钟岳纂：《新纂云南通志》卷 163《边裔考二·藩属·越南》，1949 年铅印本，第 1 页。

② 张凤岐撰：《云南外交问题·序》，商务印书馆 1937 年版，第 3 页。

③ 以上参考（清）赵尔巽等撰：《清史稿》卷 528，中华书局 1977 年点校本，第 14661—14680 页。

黎维禔为安南国王。① 中越间的藩属关系得以维持。越南之名始于清嘉庆年间，其由来，"嘉庆七年，安南农耏王阮福映崛起，破东京，尽有安南，遣使入贡。其旧封农耏，本古越裳地，今兼并安南，乞以越南名国。清廷诏封阮福映为越南国王，以越南为国实始于此"②。中越间的宗藩关系一直保持到了光绪十一年（1885）中法战争，法国侵占越南。

中缅、中越间的宗藩关系与保护国和被保护国之间的关系不同，与近代以来殖民者与殖民地之间的关系亦有重大差别，因为后两者具有强烈的侵略与被侵略的色彩。中国与藩属国之间的宗藩关系具有很大的特殊性，"（一）中国对于藩属具有宗主国与臣属国之关系；（二）中国与其藩属之历史关系极为悠久。前代且曾郡县越藩，划为中国疆域整个之一部分"③。这说明双方的交往非常紧密且历史悠久，从行政隶属关系和行政区域角度看，有些时段甚至还隶属中国。张凤岐先生还认为："自国际法观之：中国藩之地位，则与半主权国相若。"④

缅甸、越南被视为固我边疆的外藩，此时，封建王朝往往视外藩为我之疆域而加以经营。此种观念在一定程度上成为统治者治理西南边疆的指导思想，使得封建王朝的西南边疆政策具有一定的随意性。清雍正朝在处理安南与云南的界务争执中的做法，就是最典型的例子。"雍正年间，安南国边与滇边界发生界务争执。清廷命总督鄂尔泰确查，给还八十里，于铅厂山下小河内四十里立界。并饬谕曰：朕统御寰宇，凡臣服之邦，皆隶版籍，安南既列藩封，尺地莫非吾土，何必较此区区四十里之地，在王既知尽礼，在朕便可加恩，此区区四十里之地，在云南为朕之内地，在安南为朕之外藩，一毫无所分别，著将此地仍赏赐该国王世守之。"⑤ 很明显，清廷具有安南国属我之版籍、安南寸土皆为我土的观念。这种观念很自然地促使清廷在处理边疆事务上，时常会有不分彼此的做法。当然，越南、缅甸毕竟是独立国家，较之云南，在清廷观念中还是有内地和外藩之别。

总之，封建王朝在缅甸、越南的认同问题上存在着双重标准，是一种

① 以上参考（清）赵尔巽等撰：《清史稿》卷 528，中华书局 1977 年点校本，第 14627—14628 页。

② 龙云修，周钟岳纂：《新纂云南通志》卷 163《边裔考二·藩属·越南》，1949 年铅印本，第 1 页。

③ 张凤岐撰：《云南外交问题》，商务印书馆 1937 年版，第 1—2 页。

④ 同上书，第 2 页。

⑤ 龙云修，周钟岳纂：《新纂云南通志》卷 163《边裔考二》，1949 年铅印本，第 11—12 页。

模糊状态。清光绪中叶以前，越南、缅甸作为独立国家，却始终与中国保持以朝贡为主的藩属关系，被中国视为己有的版籍。虽然不乏相互攻伐之事，但这并不能改变双方藩属关系的存在和发展。这种特殊的地缘政治格局，使得历代封建王朝淡化了云南的外交问题，更谈不上什么边疆危机意识。封建王朝在西南边疆的治理过程中缺乏一种国际环境和地缘政治视野和驱动力，这成为历史上出现"只重羁縻，不重管理"的边疆政策的一个重要原因，这种政策的主要政治表现就是边疆正式县级政区设置的疏散性、行政管控的薄弱性，仅满足于羁縻不乱而已。

二　云南边疆危机的加深

我国西南后大门被打开，肇始于 19 世纪 80 年代英国侵占缅甸、法国吞并越南。越南、缅甸的沦丧，使得我国西南旧有之藩篱尽撤，边疆危机重重。英人经缅甸从西部图谋云南，法人则经越南从南部窥视云南，形成两强相竞、云南告急的局面。

英国人在侵略缅甸的过程中，为进犯我国西南地区，不断派出间谍进行刺探，马嘉理就是其中之一。英国人意图开辟由印度通往云南的陆路，设领事通商，马嘉理获得了清政府签发的护照，得以公开在云南进行阴谋活动，这激起了云南各族人民的不满和痛恨。马嘉理一行于"光绪元年（1875）正月十七日行抵永昌府（今云南省保山市）属盏达副宣抚司城（今云南省盈江县）西南五十里远之城县一处（指盈江县芒允），猝因云南腾越一厅大员前调兵勇三千人，将本国官员等狙杀，马翻译及随同华人数名均遭杀戮，马翻译官等首级在该处城墙上悬挂"[1]，这就是著名的"马嘉理事件"。英人以此为借口，强迫清政府于光绪二年（1876）签订了《芝罘条约》，规定云南开埠通商，开中英滇缅交涉之先河。"马嘉理事件"充分反映了云南边疆各族人民对入侵者的坚决反抗和维护国家利益的爱国精神。

光绪十二年（1886），中国和英属缅甸签订了《缅甸条约》，第三条规定："中缅边界应由中英两国派员勘定。"[2] 据此，英国人便以勘定界务

---

① 《总署奏英员马嘉理被戕一案英使词意叵测请加意边防海防摺》，方国瑜主编：《云南史料丛刊》第 10 卷，云南大学出版社 2001 年版，第 157 页。

② 王铁崖编：《中外旧约章汇编》（第 1 册），生活·读书·新知三联书店 1957 年版，第 485 页。

为名，行侵占我国领土之实。光绪十六年（1890 年），英国组织了探险队擅自入云南进行阴谋活动，诸如绘制地图，造成侵犯领土之事实。光绪二十年（1894），中英《续议滇缅界务条款》，基本上是按照英人的意志规定中缅的边界，"根据这个条约，把云南德宏的大片傣族居住区划归英国去了"，并进一步打开了侵略云南的缺口，"至于尖高山以北国界未定，却又敞开了英国向我继续入侵的门路"①。在此，英人经过多年的阴谋活动和武力入侵，最终在"1911 年 1 月 4 日抵达高黎贡山西麓的片马，设营驻兵实施军事占领，并分兵驻扎鱼洞、岗房"②。这就是轰动一时的"片马事件"（片马即今云南省泸水县属片马乡），片马地区直到新中国成立后才回归祖国。

中英《续议滇缅界务条款》，涉及了阿瓦山区（位于今云南省临沧市和普洱市与缅甸接壤地区）的中缅边界，造成了中缅南段未定界的事实，为英国蚕食中国领土提供了口实，并最终导致了"班洪事件"的爆发。

滇西南边地大片领土也被英人侵占，"沿边各土司地，如孟养、木邦、蛮暮相继为所吞并，至划界时，非但南甸、干崖、盏达、户撒、腊撒、孟卯、陇川旧属七土司之地多所丧失，即我腾冲尖高山、瓦仑山以西盏西、古永之练地，亦被划割"。③ 其中陇川坝尾南挖河与缅甸接壤区的划界，国人因受英人的欺弄而竟"划至坝中，失去土地不少"，致使大量村寨沦入英属缅甸，"陇川司失地及虎踞关抚夷失于缅甸村寨共七十六寨。铁壁关抚夷失于缅甸村寨共三十七寨。光绪二十四年（1898），滇缅划界时，陇川司除失去虎踞、天马、汉龙三关外，尚失去西南角直辖地一块，当时地面有一寨，名顿哄。后英人又在该地建立九寨，名允海、翁弄、蛮令、允杏、拱撒、拉允、洋人街、蛮拱、弄蚌，此九寨一街，系在陇川坝尾平原"④。"至猛卯，则损失一百零八寨"⑤，猛卯之地几乎失去了三分之二。

1885 年，中法战争结束，中国不败而败，致使中越宗藩关系彻底破

<hr>

① 江应樑：《傣族史》，四川民族出版社 1983 年版，第 405 页。
② 谢本书：《从片马事件到班洪事件》，《云南社会科学》2000 年第 4 期，第 75 页。
③ 李根源纂，许秋芳点校：《民国腾冲县志稿》，云南美术出版社 2004 年版，第 88 页。
④ 同上书，第 216、218 页。
⑤ 张笏：《腾越边地状况及殖边趋言》，《云南边地问题研究》上卷，云南省立昆华民众教育馆 1933 年版，第 281 页。

裂，法国利用勘划边界的手段加紧了对我国领土的蚕食。比如法国以重新划界为由，于光绪二十一年（1895）迫使中国签订了《续议界务专条附章》，条约签订后，即根据条约之规定处理中越边务，"猛乌地方，已与乌得，一并奉旨，准让法管"①，从而使得"数百年隶我版图之猛乌、乌得两土司，及东至腾条江约五六万方里之地，遂非我有矣"②。法国割占猛乌、乌得的理由竟然是其帮助中国"索还辽东之功"。③ 中越边界第五段为临安府（今云南省红河州）境，临安府所属猛梭、猛赖、猛蚌等地，也在中法界务纷争中划为法属。④

　　云南地处我国西南边疆，可在历史上常常被认为是边瘠之地而不被重视。缅甸和越南从中国的藩属国蜕变成英法的殖民地后，云南的地缘政治发生变化，英法以缅甸和越南为基地，对云南极尽侵略之能事，使云南陷入危机之中。云南的战略地位非常重要，"据各省之上游，有倒掣天下之势"，有论者认为："中国如瓜形，而云南则其瓜蒂也；瓜蒂烂，则全瓜烂矣。"⑤ 所以云南之危机并非仅为云南一省之危机，而是整个中国之危机。而首当其冲的是边疆领土主权遭到侵犯，对于外敌入侵和边疆危机，边疆地区的土司政治是难以应对的。边疆危机的日益加深，警醒了国人，因此，云南特别是云南边疆地区日益为国人所重视，时人开始广泛关注边界问题及勘界事务。⑥ 关注边疆危机者有文人学者、爱国人士、旅行家、

---

① 《清德宗实录》卷378，清光绪二十一年（1895）十月癸未。

② 李拂一：《车里》，商务印书馆1933年版，第13页。

③ 李拂一编著：《十二版纳纪年》，复仁书屋1983年版，第177、181页。

④ 方国瑜：《中国西南历史地理考释》，中华书局1987年版，第1289—1291页。

⑤ 华企云编撰：《云南问题·自序》，上海大东书局排印本1931年版。

⑥ 张家宾：《滇缅北段未定界境内之现状》，《云南边地问题研究》上卷，云南省立昆华民众教育馆1933年版。作者抱着"详察其实际，报告国人，而促其注意"的目的，对茶山、小江、俅江、麻里开江、江心坡等地进行了调查，详叙其情况，从历史角度证明这些地方是我国固有领土，并进一步介绍了当地的民族种类、地势、气候、物产、农业、风俗；张笏：《腾越边地状况及殖边趋言》，《云南边地问题研究》上卷，云南省立昆华民众教育馆1933年版，第312页。关注到英帝国主义者每年派大员到边地勘界；禄国藩：《普思殖边之先决问题》，《云南边地问题研究》下卷，云南省立昆华民众教育馆1933年版，第1页。认为界务问题是解决西南边务边业的根本问题，并介绍了当时的界务情况；彭桂萼编：《边地之边地·南段未定界》，1939年4月，第49页。介绍了中英缅甸边界已定和未定界，以及中英会勘边界的情况；徐益棠：《非常时期之云南边疆》，上海中华书局1937年版。以概论和分说的形式论说了云南边区的形势，分南、北两段阐述了云南边疆的未定界及被占地，并提出了筹边的措施；昆明某学会：《滇缅南段划界问题》，《边事研究》1937年第5卷第6期，第12页。该文展示了滇缅南段界务实况，提出了划界的建议；《中英勘界问题》，《边事研究》1937年第5卷第6期，第11页。介绍了中央会勘滇缅

政府官员等。由于本书不涉及划界问题，所以对此不做深究，仅以此说明我国边疆危机的严重性。

　　在英法的殖民之下，中国与缅甸、越南的宗藩关系彻底破裂。英法帝国主义强迫中国签订界务条约，通过勘界活动蚕食中国领土，事实上，"不论如何勘测，皆属我之土地。而所谓勘划界务者，无非多划或少划出我之领土耳"①，导致"滇边失地千里"②，滇缅、滇越边疆地区的现代国家领土主权归属问题日益分明。国人近代主权国家观念也在民族危机中逐渐增强，如梁启超认为："夫国也者何物也？有土地，有人民，有主权。夫如是，斯谓之完全成立之国。"③晚清时人还不乏相关论述，"人民、土地、主权三大端为人类立国之要素"④；"人民、土地、主权三者为立国之要素。人民既托足于其一国土地之内，主权之下，莫不认其土地、主权为自国之所有。"⑤有学者认为，"甲午战争之后，国人的国家观念产生了很大的变化，近代意义上的国家观开始形成。"⑥在此背景下，国土的不断沦丧，使边疆问题成为国民政府和国人关注的核心问题和焦点所在。"民国时期人们对于边疆问题的关注主要集中在两个方面：一是国家对于边疆的

（接上页）段界务委员会的勘界实情；震声：《勘定滇缅南段界务后整理云南西南边务之建议》，《边事研究》1937年第6卷第2期，第3页。提出了界务勘定后整理边务的建设性意见；邓绍可：《如何处理滇边界务问题》，《边铎半月刊》1934年第2卷第1期，第57页。提出定界的目的在遏外力之侵入，而保全领土之主权，而国界不明，鲜有不启强邻觊觎，被其侵略者，指出了滇边界务问题的存在；尹明德编：《中英滇缅界务交涉史》，《云南边地问题研究》上卷，云南省立昆华民众教育馆1933年版，第389页。论及昔日中英滇缅界务交涉经过，并缅甸内附及沦亡情形；张凤岐撰：《云南外交问题》，商务印书馆1937年版。认为云南外交问题有二端，其中之一就是界务；周光倬：《云南边疆之危机》，浙江中华史地学会出版社1936年版。介绍了云南领土丧失的情况，认为勘划界务者，无非多划或少划出我之领土；周光倬：《滇缅南段未定界调查报告》（全），成文出版社1967年版。调查涉及班洪与邦弄间情形、南帕河流入南汀河附近一带接麻栗坝已定界未定界之情形、孟定概况、班洪区域概况、猛角猛董概况、澜沧县辖境，并提出了会勘南段未定界意见，及滇缅南段未定界之边防与国防意见。（清）闵为人撰：《片马紧要纪》，清宣统三年（1911）铅印本。详述了我滇西国土丧于英缅的情况，以及严峻的边疆形势，并为如此之大祸感到痛心疾首。

　　① 周光倬：《云南边疆之危机》，浙江中华史地学会出版社1936年版，第9页。
　　② 方国瑜：《中国西南历史地理考释》，中华书局1987年版，第1237页。
　　③ 梁启超：《少年中国说》，《饮冰室合集》第1册，中华书局2008年版，第9页。
　　④ 《论近日外交上应接不暇之现象》，《申报》1909年5月27日。
　　⑤ 《论保守土地主权及路矿利权为国民惟以之天职》，《东方杂志》1907年第11期。
　　⑥ 任云仙：《清末报刊评论与中国外交观念近代化》，人民出版社2010年版，第75页。

主权及领土安全，目的在于粉碎外国势力利用各种手段对中国边疆进行侵占和吞食的阴谋；二是边疆的统一和稳定，目的在于团结边疆地区少数民族，发展边疆政治经济文化，阻止少数民族分离分子的活动。"① 这实质上就是国家主权在对内、对外职能上的体现，在某种程度上，可以说边疆危机催生了近代主权观，而近代国家主权观的形成，反过来又促使政府的边疆政策和治边思想日益发生改变，其中根本措施就是在边疆地区广泛设置与内地一体化的行政区划，改变以前的羁縻怀柔政策，积极管控边疆社会，向外宣示国家领土主权。

　　总之，边疆问题成为政府和国人关注的核心问题和焦点所在，政府的边疆政策和治边思想日益发生改变。随着西南边疆危机的加深，云南的重要战略地位日益凸显，国人的认识也逐渐深化。历史上对西南边疆地区的那种以羁縻怀柔为主的松散的管理模式难以应对边疆危机，不足以维护国家领土主权，改变这一状况的根本措施就是在边疆广泛设置与内地一体化的行政区划，因为政区所在，即版图所及。但鉴于西南边疆地区的特殊性，中央政府只能设置一些特殊过渡型行政区划，以期逐步创造条件，实现西南边疆行政区划向国家一体化政区的过渡。这一措施对内可以积极管控边疆社会，促进边疆的开发，使其逐步走上与内地行政区划一体化发展的道路，对外则是宣示国家领土主权的最有力措施。

小　结

　　云南边疆指自滇西北至滇南的沿边半环地带，与缅甸、老挝、越南接壤，属于典型的高山深谷与重瘴叠加的地理生态环境。瘴气的广泛分布，构筑了一道阻碍中央王朝政治管控及开发边疆的生态屏障，复杂的地形和阻塞的交通使山间平坝在地理上形成具有相对独立性的地理单元。边疆少数民族生活在坝区和山区，在行政上为各土司直接管控，由于各坝区在地理上的相对独立性，所以边疆地区大小土司林立，各自为政。历代封建王朝的边疆政策是只重羁縻，而不重管理，加剧了边疆社会发展的滞后性，

---

① 方素梅：《中华民国时期的边疆观念和治边思想》，《中南民族大学学报》2008 年第2 期。

大都停留在落后的前封建地主经济发展阶段，导致"边疆是一种社会，内地是另一种社会"，这反过来又使中央王朝政治控制力难以深入边疆，国家一体化的政区设置极度疏散，进而形成了政府行政管控的薄弱区和正式县级政区建置的疏散区。

云南边疆地缘政治格局方面。清光绪中叶之前，中缅、中越之间保持着宗藩关系，中央王朝往往视缅甸、越南为我之疆域而加以经营，使得历代王朝的边疆政策具有很大的随意性。比如清雍正帝曾认为"安南国属我之版籍，安南寸土皆为我土"。当然，较之云南，还是存在内地和外藩的差别。中央王朝在越南、缅甸的身份认同问题上存在着双重标准，而这种双重标准都有不同程度地弱化，或者说是一种模糊状态。这种特殊的地缘政治格局，使得历代王朝在治理边疆过程中缺乏一种国际环境和地缘政治上的驱动力，从而形成只重羁縻，不重管理的边疆政策，这种政策表现在边疆治理上即正式县级政区设置的疏散性、行政管控的薄弱性。

光绪中叶以后，缅甸和越南沦为英国和法国的殖民地，完全打破了原有在宗藩朝贡体系下不分彼此的特殊地缘政治格局。英、法分别以缅甸、越南为基地，以界务问题为借口，不断蚕食我国西南领土，催生了危机重重的云南外交问题，形成了近代国际关系意义上的侵略和被侵略的地缘政治格局。在纷繁的勘界事务中，滇缅、滇越边疆地区现代国家领土主权关系日益分明，使得政府和国人开始重视西南边疆问题，而边疆各族人民在抗击外来侵略的英勇斗争中增强了民族认同感和国家认同感。

总之，在边疆社会政治、经济存在极大特殊性和西南边疆危机背景下开发和管控云南边疆地区，最重要的是打破边疆旧的政区体制，改变边疆正式县级政区设置极其疏散乃至空白的状况，构建与内地一体化发展的政区体系。但是，政区建设不能忽视云南边疆地区的特殊性，边疆地区为少数民族聚居地，社会经济发展基本停留在前封建地主经济阶段，与之相适应的大小土司林立，从而形成了独特的行政地域结构、民族结构和社会经济结构，当地少数民族只认土司不认政府的情况并不少见，而流官势力则相对薄弱，从而彰显了云南边疆地区特殊的历史政治地理格局。同时，一部分边地人民的国家认同感较为薄弱，部分土司势力存在一定的政治离心力。面对这样的情况，云南边疆行政区划体系的重建不能操之过急，只能渐进式推进，以免激化边疆社会矛盾，反而为英、法等国制造分裂我边疆领土的机会。因此，民国年间，西南边疆地区设置了大量作为过渡形式的特殊行政区划，渐进式推进边疆政区改革，在逐渐强化边疆管控和治理的同时，有力应对边疆危机。

第二章　云南边疆特殊过渡型
行政区划的演进

　　清末，资产阶级维新派推动维新变法，以"变官制"为主要政治纲领，发起了晚清近代化改制运动，在政制改革过程中，县政建设被提到了重要的地位。边疆正式县级政区建置和建设作为近代应对边疆危机的主要手段，从清末改制到民国政区调整，成为西南边疆政制改革的主要特点。由于正式县级政区设置的稀疏、行政管理薄弱、少数民族聚居、地广人稀、社会经济发展滞后、地理环境复杂险峻等方面的特殊性，云南沿边地带缺乏设县的基础，县政建置不能一蹴而就。因此，晚清民国政府因地制宜地设置了多种类型的特殊政区形态，逐步实现了向正式县级政区的过渡。

第一节　清末云南边疆特殊过渡型行政区划的尝试

　　清代地方行政区划实行府、厅、州、县制，据邹逸麟先生研究，全国共设府185，直隶厅34，直隶州73，散厅87，属州145，县1314，（台湾3府、1州、11县未载入），其行政隶属关系为：

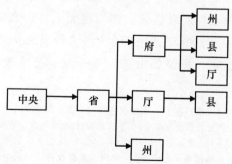

【资料来源：邹逸麟：《中国历史地理概述》，上海教育出版社2005年版，第209页。】

其中，省直辖的厅、州为直隶厅、直隶州，府直辖的厅、州，学界称其为散厅、散州，与县平级，这是清代全国统一推行的正式政区体系。除此之外，还在边远地区，特别是西南地区推行土司制度，从《清史稿》的记载看，内地省份在清代都已经基本完成了一体化的正式政区设置，而云南省除了正式政区规制之外，还留存了大量的土司政区，"云南，共领府十四，直隶厅六，直隶州三，厅十二，州二十六，县四十一；又土府一，土州三，土司十八"①。其中，土府、土州、土司等就是清末云南的土司规制，这些土司大都分布在云南边疆地带，所以直至清末，云南边疆地区基本还是土司管控区，流官势力十分薄弱，形成了正式县级政区设置疏散区和行政管控薄弱区。

一　清末近代化改制中西南边疆弹压委员区的设置

早期维新派曾对变革封建官制做过一些初步设想，比如，"设想县、府、省三级地方行政机构除设有行政官员外，还应分别设议员 60 名，均由'公举法'产生"②。这充分体现了维新派在宣传民主思想的同时，开始重视县政建设，冲击了之前"重省轻县"的思想和做法。维新派认为，"在地方，县令任重而选贱，俸薄而官卑，自治狱催科外，余皆置之度外。其上乃有藩臬道府之辖，经累四重，乃至督抚，而后达于上，藩臬道府拱手无事，皆为冗员，徒增文书费厚禄而已。而一省事权皆在督抚，能够做到这一职任，必久累资劳之人。"③ 可见，近代社会之前，中国历代王朝重省轻县，县令权轻位微，国家的地方行政着眼点主要在省一级，集权于省级封疆大吏督抚，不利于行政效率的提高。因此，县政改革成为维新变法的重要内容。康有为在给光绪帝上书时明确指出"县令上有层累之督抚、司、道、本府以临之，则控制殊甚，下惟杂流之典吏、巡检、胥差以佐之，则辅理无人，任之极轻，待之极贱。今之知县，品秩甚卑，所谓亲民者也"，"若夫督抚之尊，去民益远，百县之地，为事更繁，积弊如山"④。鉴于此，县政改革成为康有为近

---

① 赵尔巽等撰：《清史稿》卷 74，中华书局 1977 年版，第 2322 页。
② 林代昭等：《中国近代政治制度史》，重庆出版社 1988 年版，第 153 页。
③ 同上书，第 157—158 页。
④ 康有为：《上清帝第四书（光绪二十一年闰五月初八日）》，载中国史学会主编：《中国近代史资料丛刊·戊戌变法》（第 2 册），上海人民出版社 1957 年版，第 182 页。

代化行政改制的重要内容，地方行政区划的改革重点应该在于减少省县之间的行政层级，以利于行政的畅通，"层次既寡，宣治较易"。[①] 维新运动开启了我国近代化县政改革的道路，在清末近代化改制中起到了发轫的作用，并成为民国年间行政区划改革中"废府存县"的前奏和思想基础。

就西南边疆而言，迫在眉睫的是在那些广大的正式县级政区疏散区，采用适宜手段，建立机构，为正式县级政区设置做准备，并通过充实边疆正式县级政区来应对边疆危机。康有为说："我云南细图，英人道光二十五年（1845）已绘之。法人派流丕探滇越之地，而即收越南，派特耳式游暹罗，考湄江之源，而即割暹罗湄江东岸。"[②] 面对帝国主义的侵略引发的边疆危机，清朝政府开始重视对边疆的控制和管理，加大对边疆地区行政区划的调整，加强对边疆地区的内部治理。加之清末近代化改制逐渐重视县政改革，要求加强地方建设，此二者相互呼应，使得边疆控制意识和力度都大大增强。但边疆行政区划的调整不得不考虑边疆地区的特殊情况，因此，晚清政府在云南边疆曾进行了特殊过渡型行政区划建置的初步尝试，即派出弹压委员，建立弹压委员区。

"弹压"一词的含义主要指"镇压、制服"，具有明显的军事特征，在清雍正朝"改土归流"时，弹压之责开始成为流官的部分行政管理职能，"流土之分，原以地属边徼，入版图未久，蛮烟瘴雾，穷岭绝壑之区，人迹罕至，官斯地者，其于保俗、苗情，实难调习，故令土官为之钤制，以流官为之弹压。开端创始，势不得不然"[③]。这其中主要反映了"土流并治"行政态势的开端及其原因。但此处的"弹压"主要是一种行政职责，还没有成为正式的官职。

从《清实录》的记载来看，"弹压"一词在绝大多数情况下与官兵镇压、慑服地方有关，但在道光八年（1828）首次出现了弹压官，"此时立法之初，派出稽查弹压官弁伯克等，或尚知奉公守法，惟恐日久弊生"[④]。到同治元年（1862），始有"弹压委员"的记录，"谕议

① 康有为：《上清帝第四书（光绪二十一年闰五月初八日）》，载中国史学会主编：《中国近代史资料丛刊·戊戌变法》第2册，上海人民出版社1957年版，第182页。

② 同上书，第181页。

③ 《雍正朱批上谕·鄂尔泰卷》第49册，雍正四年（1726）八月初六日奏。

④ 《清宣宗实录》卷148，道光八年（1828）十二月六日。

政王军机大臣等，近闻广东恩平等县土著民人与客民互斗，新宁客民戕害弹压委员主簿王言等。"① 弹压委员的大量出现则是在清光绪末年，据研究：光绪三十三年（1907），清政府在广西一次性任命了二十二名弹压委员②。

晚清政府加强对云南边疆的管理和控制，在行政区划调整方面主要表现在边疆土司地区设置弹压委员，计有猛烈（今江城县）弹压委员和阿墩子（今德钦县）弹压委员。猛烈地方为土司地，且与猛戛、猛乌接壤，清政府早有设弹压委员的计划，"前因元江州猛烈地方与猛戛、猛乌各土司接壤，拟设弹压委员"③。清光绪二十一年（1895），订立中法《续议界务条约》，我国猛乌、乌得等土司地被法国割占，猛烈地方的形势日趋严峻，据《云南行政纪实》载："勐烈，清属元江，由土司管辖，光绪间土司叛变，事平，设弹压委员，隶迤南道。"④ 阿墩子地处清代滇西北行政区划设置疏散区和行政管理薄弱区，"光绪二十一年（1895）设弹压委员"⑤。弹压委员的设置，促使"弹压"的内涵从军事震慑职能开始向行政管理职能转变，反映了清朝政府已经开始重视边疆管理。从地域上看，猛烈弹压委员管辖区域地处滇南边疆，地理环境复杂，生态环境恶劣，土司势力尚存；阿墩子弹压委员管辖区域则是清政府行政控制力极端薄弱的滇西北怒江上游地区，地理环境更为复杂险峻，土司势力盘踞，社会发展十分落后。这些因素极大地增加了管控边疆的成本，因此，晚清政府选择了设立弹压委员这一特殊行政区划和行政管理方式，来加强对边疆的开发，以期实现边疆管理和政区建置的过渡。据现存史料记载，夏瑚是清政府派驻阿墩子的唯一一个弹压委员，也是最早进入怒江边隘的流官，由丽江府分驻阿墩子，并兼办怒江事宜。不仅如此，目前所见史料所详细记载的云南弹压委员，只有阿墩子弹压委员夏瑚一人。因此，本书特以夏瑚为代表来分析云南弹压委员的情形。

夏瑚是湖南人，并非当地土人或土司，属于中央政府派驻的流官，

① 《清穆宗实录》卷24，同治元年（1862）夏四月庚申。
② 蓝承恩：《浅谈清末民初广西弹压制度》，《中央民族学院学报》1992年第2期，第30页。
③ 《清德宗实录》卷378，光绪二十一年（1895）十月癸未。
④ 龙云修：《云南行政纪实·民政·建制》第2册，1943年铅印本，第5页。
⑤ 同上书，第6页。

主要进行边疆事务的管理。夏瑚到怒江边区后所做的第一件事，就是"履勘边隘、绘图贴说"①，这反映了政府派设阿墩子弹压委员，加强了对怒江上游边地深入的行政管理，夏瑚履勘边隘、绘图贴说等工作的开展，实际上为边疆政区建设做了准备工作。经过对怒江边地详情的多次勘察，夏瑚提出了治理边地的十条办法，即"一、建设官长，以资分治；二、添兵驻防，以资保卫；三、撤退土司，以苏民困；四、剿抚劫匪，以除民害；五、筹费设学，以广教育；六、治平道路，以通商旅；七、广招开垦，以实边地；八、设关收隘，以清界限；九、改征赋税，以裕经费；十、扶植喇嘛，以顺與情。"② 其中，第一、二、三、五、九这五条要求加强边地的政区建设，设官分治是政区建设的必要条件，怒江边地原属维西厅（今维西县）、丽江县管辖，但主要依靠土司进行间接管理，形成了事实上的正式县级政区设置疏散区，而土司对边地的管理力度十分薄弱，所以夏瑚主张在怒江边地建立直隶同知一员，知县两员，从而更好地行使"掌土"职能；撤退土司，与设官分治相配合，实现"改土归流"，改变边地行政管理体系；改征赋税则是掌握当地的财政大权，提供行政经费，同时实现对当地人民的管理，即"治民"，改变依靠土司对当地人口间接管理的模式；设学推行教育，作为政区建设的重要辅助措施，可以提高边地的教育水平，开启民智，提高政府边地行政能力；而添兵驻防，则是在边地特殊的环境中进行政区建设的军事保障。第四、六、七、十这四条主张，主要是政区建设基础上的边疆开发措施。第八条，设关收隘，以清界限，充分体现了夏瑚在边疆危机中维护国家领土主权的决心和意识，"版图所在，寸土必争"③，夏瑚在艰险的环境中，积极履勘山川河流边隘情形，这对于界务问题的解决有着重要意义。

设置弹压委员不是治理边疆的最终归宿，而是晚清政府为降低行政成本而设置的特殊过渡型政区，也可以说是以流官制度取代土司制度的一种过渡方式。弹压委员不同于县，从名称上看亦表现出了它的过渡性。这些特殊过渡型政区都在民国时期完成了向正式行政区划的过渡，或过渡到了

---

① （清）夏瑚撰：《怒俅边隘详情》，方国瑜主编：《云南史料丛刊》第12卷，云南大学出版社2001年版，第147页。

② 同上书，第154—161页。

③ 同上书，第160页。

新的过渡形式，比如设治局。猛烈弹压委员在民国时期"改设行政委员"，"猛烈弹压委员，民国后改猛烈行政委员"。[1] 并于民国十九年（1930），"划元江、墨江、宁洱所属插花地改设县治"[2]。阿墩子弹压委员于"民国初元，曾一度改县，后复设行政委员，二十一年（1932）改德钦设治局"。[3] 晚清时期，弹压委员并没有在云南边疆地区广泛设置，但这一措施延续到了民国时期，例如，民国元年（1912），云南军政府在滇西南土司区设置了大量弹压委员。可见，晚清政府只是在加强边疆控制的过程中进行了设立特殊过渡型行政区划的尝试。

云南边疆地区，地理复杂，交通相当梗阻，沿边各县"设治多系改土归流，故辖区之大小不同，户口之多寡各异"[4]。这与内地县有着巨大的差异，边县往往地域辽阔，且距离省城遥远，由此形成行政管理上的鞭长莫及之势，在这些地方，清代就"已分别设有经历、巡检、弹压委员等官，以资助理"。[5] 可见，弹压委员在清代已经开始向行政职能转变，且在云南有所设置。前文述及，弹压委员的设置在清代并没有广泛展开，辛亥革命后，云南军政府延续了清末以来地方行政区划改革的尝试，在"沿边土司及汉夷杂处之地，设弹压、行政各委员"，以资行政，"是为建设县治之先导"[6]。各弹压委员和行政委员，均"直隶于省道，不受县之管辖"。[7] 可见，弹压委员是与县平级的特殊政区。

民国初年，滇西总司令部下达了关于"设置腾冲府属各土司弹压委员委任令"的电文：

> "腾冲府各土司，土地膏沃，物产丰饶。惟僻处极边，汉夷杂处，清代视为瓯脱，忘皮存毛附之喻，存苟安旦夕之心，名为宽大，

---

① （民国）云南通志馆编：《续云南通志长编》卷30（上册），云南省志编纂委员会办公室1985年版，第1087页。

② 龙云修：《云南行政纪实·民政·建制》第2册，1943年铅印本，第5页。

③ 同上书，第6页。

④ 同上书，第11页。

⑤ 同上。

⑥ （民国）云南通志馆编纂：《续云南通志长编》卷1（上册），云南省志编纂委员会办公室1985年版，第19页。

⑦ （民国）云南通志馆编纂：《续云南通志长编》卷30（上册），云南省志编纂委员会办公室1985年版，第1080页。

实则纵任，边备空虚，强邻觊觎。职是之故，非设员管摄，不足以资控驭而收开发之功。本总司令此次莅腾，曾经迭电军都督府，以腾龙十土司分设七县，蒙准先设干崖弹压委员、盏达弹压委员、陇川弹压委员、猛卯遮放弹压委员、芒市猛板弹压委员各一缺，共五员，秩权视知县，均直接隶属腾冲府。户撒、腊撒两土司，地面狭小，与盏达比邻，归盏达弹压委员兼管。并奉电饬就近遴员委任。兹查有王崇矩堪以委充干崖弹压委员，郎保泰充盏达弹压委员，杨鸿仁充陇川弹压委员，周谟充卯遮弹压委员，聂绅文充芒板弹压委员。由各该就近国民军抽拨防兵三十名，专归该委员节制调遣。除呈咨分令外，合行令委，仰该员即便遵照前往，设治视事，仍将到任日期及筹划治理情形随时呈核，以副委任，切切此令。"[1]

从电文可以看出：一、沿边土司地区的行政管理极其薄弱，设置弹压委员的目的是为了控制开发滇西沿边土司地区，强化政府行政力度，原因是前代政府只重羁縻的治边措施使得边地社会发展滞后，导致边防能力虚弱，国家利益受到严重的威胁；二、民国元年（1912），滇西十土司区域，除南甸宣抚司外，共设五个弹压委员，在牵制土司的同时加强了地方的行政；三、弹压委员为流官，且直接节制一部分来自国民军的防兵，因此还没有消除军事弹压的内在特征。但该处弹压委员"秩权视知县"，说明弹压委员从品级和职权等同于县，实现了从军事长官到行政长官的转变；四、设弹压委员之前，曾有就滇西十土司地设七县的提议，但云南军都督府则要求设县之前先设弹压委员，这充分说明了边地社会存在着很大的特殊性，设县的条件并不成熟。"沿边区域地广人稀，财才两乏，遽难设县之地，则分设弹压委员，以为将来改县准备。"[2]　可见，无论是人口，还是财赋都达不到设县的条件，因此，不得不设置弹压委员这样的特殊政区作为县的过渡。滇西南十土司地共设置了五弹压委员，"民国元年（1913），改腾越厅为腾越县，增设腾越府，划旧辖七土司及遮放、芒市、猛板三土司共十土司，设五行政区，置弹压委员五员，均隶腾冲府"。[3]

---

　①　《滇西总司令部电文二十一件辛亥壬子》之《设置腾冲府属各土司弹压委员委任令》，李根源辑：《永昌府文征·文》卷29，民国三十年（1941）铅印本，第7页。

　②　龙云修：《云南行政纪实·民政·建制》第2册，1943年铅印本，第2页。

　③　许秋芳点校，李根源纂：《民国腾冲县志稿》卷7，云南美术出版社2004年版，第87页。

弹压委员实际上就是特殊的县级行政区划，设置的初衷是在加强边疆管理的基础上向县过渡。南甸土司为滇西南十土司之首，但并没有设置弹压委员，主要是因为"南甸一司移设八撮巡检一员，南甸距腾冲较近，其人民颇为淳朴，现决附入腾冲，勿庸另设专员"。①

除滇西南土司地区集中设置弹压委员之外，尚有昆明县、禄丰县、大姚县曾设弹压委员，"昆明县，民国后，所属龙田地方，曾设弹压委员一缺，今裁。禄丰县，原设有老鸦关临时弹压委员一缺，今裁。罗茨县，原设有周化镇临时弹压委员一缺，今裁"，另外，"清大姚县分防苴却巡检，民国初改苴却弹压委员，旋改行政委员，后设县"。② 这些弹压委员设置之后，或裁，或改设行政委员。"民国三年（1914），奉中央令改弹压委员为行政委员"，③ 民国三年（1914）以后，所有弹压委员陆续改设为行政委员。

二　中法战争后对汛督办区的形成

中法战争后，法国侵占越南，为实现"法兰西大帝国"的迷梦，不断蚕食云南领土，致使我国云南地缘政治发生重大变化，由此，中越边境治安问题、界务商务问题、外交问题日益凸显。为了解决中越边境的种种问题，中法在中越边境地带互设对汛督办，以资共同管理。

法国的侵略行为遭到了中越两国人们的坚决抵抗。中法战争结束后，仍有一批反法武装力量滞留在中越边境，"越南游勇实繁有徒，出此入彼，逋逃尤易，皆缘一投彼国，即便无可跟踪，是以边患纷乘，相循无以"。④ 奉命回国的黑旗军将士也驻扎在中越边境，继续坚持反法斗争，散兵游勇骚扰边境的现象十分严重。对于法方来说，有维持中越边境安宁以扩大其侵略权宜的需要，对于中方来说，有剿匪安边，加强边疆控制，抵御外来侵略的要求。

为了蚕食我国领土，法国在 1885 年签订的《中法会订越南条款》

---

① 《滇西总司令部电文二十一件辛亥 壬子》之《饬腾冲府知府黄谦永禁南甸土司管理司法令》，李根源：《永昌府文征·文》卷29，民国三十年（1941）铅印本，第7页。

② （民国）云南通志馆编纂：《续云南通志长编》卷30（上册），云南省志编纂委员会办公室1985年版，第1086、1088页。

③ 同上书，第1080页。

④ 中国史学会主编：《中国近代史资料丛刊·中法战争》第7册，上海人民出版社1957年版，第496页。

中以挑起界务纠纷①作为借口。1886 年 10 月，双方签订了《滇越边界勘界节略》，1887 年 6 月 26 日，签订《续议界务专条》1895 年 6 月 30日，签订《续议界务专条附章》等，法国挑起的界务问题日益突出，我国云南边境的国防外交地位越来越重要。与此同时，由于边界的重新勘定，导致了边民问题的出现，"双方群众进行贸易、耕种及探亲访友，往来日益频繁"②，他们的紧密关系和日常生活事务并不能因政治边界的划分而决然分开。1885 年签订的《中法会订越南条约》规定，"边界勘定之后，凡有法国人及法国所保护人民与别国居住北圻人等，欲行过界入中国者，须俟法国官员请中国边界官员发给护照，方得执持前往。至有中国人民欲从陆路由中国入北圻者，应由中国官请法国官发给护照，以便执持前往"③。说明中法之间的外交事务、边务交涉事宜愈加频繁。1886 年，中法签订《越南边界通商章程》，正式指定两通商处所，"一在保胜以上某处，一在凉山以北某处"。中国在这两处设关通商，并"允许法国即在此两处设立领事馆"。④ 中法商务事宜逐渐增加，1887 年 6 月签订了《续订商务专条》，蒙自和蛮耗被正式定为商埠。至1895 年，中法签订了《续议商务专条附章》，将蛮耗商埠改往河口，并新增思茅为商埠。⑤ 频繁的商贸活动，使得中国和法越之间的交涉事宜骤然增加。

　　为了解决散兵游勇骚扰边境的问题，以及协同处理中法界务、商务、人员出入境的管理等外交事务，法国政府会同清政府于光绪二十二年三月二十五日（1896 年 5 月 7 日）在北京签订了《中越边界会巡章程》，要求清政府与法国政府在中越边境互设对汛机构，以资协同管控。根据章程，中越边境第三段为滇越边境，在河口设督办一员，1897 年，在"麻栗坡

　　① 中法《越南条款》，即《中法新约》，共十款，其中第三款规定："自此次订约画押之后起，限六个月期内，应由中、法两国各派官员，亲赴中国与北圻交界处所，会同勘定界限。倘或于界限难于辨认之处，即于其地设立标记，以明界限之所在。若因立标处所，或因北圻现在之界，稍有改正，以期两国公同有益，如彼此意见不合，应各请示于本国。"见王铁崖编：《中外旧约章汇编》第 1 册，生活·读书·新知三联书店 1957 年版，第 467 页。
　　② 萧德浩、黄铮主编：《中越边界历史资料选编》（下册），社会科学文献出版社 1993 年版，第 1039 页。
　　③ 王铁崖编：《中外旧约章汇编》第 1 册，生活·读书·新知三联书店 1957 年版，第 467—468 页。
　　④ 同上书，第 478 页。
　　⑤ 同上书，第 622 页。

新设督办大员一所"①。后来经中央政府同意，1897 年，河口、麻栗坡对汛督办改为河口、麻栗坡副督办，并设正督办于蒙自，由道尹兼任。由于中越边界线过长，单凭河口、麻栗坡副对汛督办难以达到有效的管理，因此，对汛督办下分区沿边设立对汛，即"那发、龙膊、河口、新店、老卡等五汛，归河口副督办管辖；茅坪、天保、攀枝花、董干、田蓬等五汛，归麻栗坡副督办管辖"。②

晚清河口、麻栗坡两对汛督办是云南边疆的一种全新的地方管理机构，设置的动机和目的，是"因其区域与法越接壤，时有国防、外交等种种问题发生，不能无高级长官就近控驭"。③ 其职权"在保护国界，查禁挟私，履行中法对汛章程办理沿边国防、外交、军事"。④ 因此，对汛督办设立之初，是属于中央派出的外交磋商机构和边防管控机构，对汛督办"主要是军事编制，其职责集中于军事和外交"⑤，可见，晚清政府加强滇南边疆的控制主要是以强化国防外交为突破口，担负着维护国家领土主权、巩固国家疆域的重要职责。但对汛督办缺乏行政职能，而是以军事、外交职能逐步介入行政，属于典型的准政区。民国年间，对汛督办实现了从国防、外交机构向行政区划的转变。

第二节　民国初期云南边疆特殊过渡型行政区划的设置

清代，我国地方行政区划推行省、府（直隶州、直隶厅）、县（州、厅）三级制，但在清末近代化改制运动中已经有了改革的趋势。辛亥革命之后，国家政局发生重大变动，废专制，行共和，加速了清末

① 萧德浩、黄铮主编：《中越边界历史资料选编》（下册），社会科学文献出版社 1993 年版，第 1040 页。
② 黄国安、萧德浩、杨立冰主编：《近代中越关系史资料选编》（中），广西人民出版社 1988 年版，第 675 页。
③ 《云南河口、麻栗坡对汛督办公署组织调查表》，云南民政厅印行：《云南民政月刊·册表》1935 年 1 月第 13 期。
④ 龙云修：《云南行政纪实·边务·河口麻栗坡两对汛督办》第 20 册，1943 年铅印本，第 1 页。
⑤ 陈元惠：《云南对汛督办：建立、发展、淬变》，博士学位论文，云南大学，2008 年，第 49 页。

以来地方行政区划改革的进程。鉴于革命初成后地方行政区划的混乱，北京政府划一了地方行政区划，实行省、道、县三级制。由于云南边疆地区在地理生态和社会环境、政府管控力度等方面有很大的特殊性，与内地存在极大的差异，因此，云南省政府在奉中央政府令调整地方行政区划时，设置和建设了对汛督办、弹压委员、普思沿边行政总（分）局等一系列特殊行政区划，从而形成了云南边疆地区多样性特殊过渡型行政区划分布带。

一　民国初期云南边疆"废府存县"后的政区格局

辛亥革命后，中央政府加大了地方行政区划的改革力度，于民国二年（1913）一月八日，公布实施了全国性行政区划改革方案和纲领性文件：《划一现行各省地方行政官厅组织令》、《划一现行各道地方行政官厅组织令》、《划一现行各县地方行政官厅组织令》等法令。其中《划一现行各县地方行政官厅组织令》共十条，第一条规定："各县地方行政长官，依现行之例，以知事为之。划一现设各县之名称如左：一、现设有直辖地方之府及直隶厅、州地方，该府、该道、直隶厅、州，名称均改为县。二、现设厅州地方，该厅、该州名称，均改为县"。可见，民国初期的行政区划改革首要任务是划一政区名称，把县作为基本的地方行政区划单位，而原为统县政区的府、直隶厅、直隶州以及与县同级的厅、州，都一律被改为县，以达到全国地方行政区划的划一。第三条规定："除现设各县外，其由有直辖地方之府，或直隶厅州，或厅、州，改称为县者，各以原管地方为其管辖区域。"对改县后的辖区范围做出了政策性规定。第七条规定："各县知事，由该省行政长官呈由国务总理、内务总长荐请任命。科长、科员、技士，由该省行政长官委任之。"① 很明显，改制后，各县行政长官的任命必须经由省政府呈由中央政府同意，充分说明了中央政府对县级政区建设的重视和对地方管控力度的加强，而县署官员则由省政府直接委任，说明县级政区直接置于省政府的管辖之下，从而减少了行政层级，提高了行政效率。

改革县政的命令在全国推行，掀起了全国性"废府存县"的行政

---

① 《划一现行各县地方行政官厅组织令》，中国第二历史档案馆编：《中华民国史档案资料汇编》第3辑，政治（1），江苏古籍出版社1991年版，第120—121页。

区划改革浪潮。改革后，直接由省辖县，虽然提高了行政效率，却导致了各省因辖县过多而增加了管理上的难度，实际上是不利于国家对地方的控制的，因此，省、县之间保留一级行政区划是有必要的。于是《划一现行各道地方行政官厅组织令》第一条规定："现设巡道各省份该道官名均改为观察使"。第二条规定："各道观察使之管理区域仍以该道原管之区域为准"。第三条规定："各道观察使依现行法规之例办理该道行政事务及该省行政长官委任之事务，仍受监督于该省行政长官"①。如此不仅保留了各省的道，还对各道的职能及其管辖区域进行了适当的调整，使道"成为一个完全意义上的行政层级"②，为隶属于省的一级行政区划。经过此次政区调整，形成了划一的省、道、县三级制政区体系。

宣统三年（1911）九月，云南光复，"各府、厅、州、县额缺，暂仍清制，以维现状。惟裁去倚郭县，即以知府兼摄县事"。③ 至民国二年（1913），云南省政府奉行中央政府行政改革《划一现行各县地方行政官厅组织令》，将本省所辖府、厅、州一并裁废，统改为县，于当年"四月，遵令实行。"④ 据内务部职方司第一科所编《各省区域沿革一览表》，亦可知云南省废府、厅、州置县的工作完成于 1913 年 4 月。⑤ 同时，奉中央令推动道制改革，逐一废除了粮储道、盐法道、巡警道、劝业道四守道，但保留了迤西道、迤东道、迤南道、临开广道四巡道，并改迤西道为滇西道，迤南道为滇南道，临开广道仍旧并称，迤东道为滇中道。至此，云南地方行政区划形成了省、道、县三级制。民国二年（1913）四月，云南省行政区划调整情况见表二：

① 陈瑞芳编辑：《北洋军阀史料·袁世凯卷（二）》，天津古籍出版社 1996 年版，第471—473 页。

② 傅林祥，郑宝恒：《中国行政区划通史·中华民国卷》，复旦大学出版社 2007 年版，第44 页。

③ （民国）云南通志馆编：《续云南通志长编》卷 32《内政三》（上册），云南省志编纂委员会办公室 1985 年版，第 1112 页。

④ 同上。

⑤ 内务部职方司第一科编：《各省区域沿革一览表》，1914 年 8 月，第 115—120 页。

表二　　　　　　　　　　　　　　　**云南省县级政区沿革表**

清代政区名	民国二年 (1913) 县名	今县名	备注
昆明县	昆明县	昆明市	旧为云南府附郭县，1913 年裁府留县，1953 年昆明县撤销，并入昆明市。
富民县	富民县	富民县	
宜良县	宜良县	宜良县	
呈贡县	呈贡县	呈贡县	1958 年裁入晋宁县，1965 年析昆明市复置。
罗次县	罗次县		1958 年裁入禄丰县。
禄丰县	禄丰县	禄丰县	
易门县	易门县	易门县	
嵩明州	嵩明县	嵩明县	1913 年改嵩明州为嵩明县，1958 年并入寻甸县，1961 年恢复设县。
晋宁州	晋宁县	晋宁县	1913 年改晋宁州为晋宁县。
安宁州	安宁县	安宁市	1913 年改安宁州为安宁县，1956 裁入昆明市，1960 年复置县，1995 年改置市。
昆阳州	昆阳县		1913 年改昆阳州为昆阳县，1958 年裁入晋宁县。
武定直隶州	武定县	武定县	1913 年改设武定县。
元谋县	元谋县	元谋县	
禄劝县	禄劝县	禄劝县	
南宁县	曲靖县	曲靖市	南宁县为旧曲靖府附郭首县，1913 年改设曲靖县，1983 年改置市。
平彝县	平彝县	富源县	1954 年改富源县。
宣威州	宣威县	宣威市	1913 年废州改县，1994 年置宣威市。
沾益州	沾益县	沾益县	1913 年废州改县。
马龙州	马龙县	马龙县	1913 年废州改县。
陆凉州	陆良县	陆良县	1913 年废州改县。
罗平州	罗平县	罗平县	1913 年废州改县。
寻甸州	寻甸县	寻甸县	1913 年废州改县。
巧家厅	巧家县	巧家县	1913 年废厅改县。
会泽县	会泽县	会泽县	东川府治，1913 年废府存县，设会泽县。
恩安县	昭通县	昭通市	昭通府治，1913 年废府存县，设昭通县，1983 年裁入昭通市。

续表

清代政区名	民国二年 （1913）县名	今县名	备注
永善县	永善县	永善县	
靖江县	靖江县	绥江县	因与江苏省靖江县重名，1914 年 1 月改绥江县。
鲁甸厅	鲁甸县	鲁甸县	1913 年废厅改县。
大关厅	大关县	大关县	1913 年废厅改县。
楚雄县	楚雄县	楚雄市	楚雄府治，1913 年废府存县，1983 年改置市。
定远县	定远县	牟定县	因与安徽、四川、陕西三省定远重名，1914 年 1 月改牟定县。
广通县	广通县		1958 年裁入禄丰县。
大姚县	大姚县	大姚县	
镇南州	镇南县	南华县	1913 年废州改县，1954 年改置南华县。
姚州	姚安县	姚安县	1913 年废州改县。
南安州	南安县	双柏县	1913 年废州改设南安县，因与福建省南安县重名，1914 年改名摩刍县，1929 年改名为双柏县。
	盐兴县		1913 年新设县，1958 年裁入广通县，4 月后，广通县裁入禄丰县。
	盐丰县		1913 年新设县，1958 年裁入大姚县。
河阳县	澂江县	澄江县	河阳县为澄江府治，1955 年改澄江县。
江川县	江川县	江川县	
新兴州	新兴县	玉溪市	1913 年废州改设新兴县，1914 年改为休纳县，1916 年改玉溪县，1983 年改设玉溪市。
路南州	路南县	石林县	1913 年废州改县，1978 年改置石林县。
镇雄直隶州	镇雄县	镇雄县	1913 年废州改县。
彝良县	彝良县	彝良县	
太和县	大理县	大理市	太和县为大理府治，1913 年废府改县，1983 年 9 月，下关市、大理县合置大理市。
云南县	云南县	祥云县	因与本省省名重复，1929 年 11 月改名祥云县。
浪穹县	洱源县	洱源县	1913 年改浪穹县为洱源县
赵州	赵县		1913 年改州置县，因与直隶省赵县重名，1914 年 1 月改为凤仪县。1958 年与下关市合并为大理市。
邓川州	邓川县		1913 年改州置县，1958 年裁入剑川县。
宾川州	宾川县	宾川县	1913 年改州置县。
云龙州	云龙县	云龙县	1913 年改州置县。

续表

清代政区名	民国二年 （1913）县名	今县名	备注
弥渡厅	弥渡县	弥渡县	1913 年改厅置县。
丽江县	丽江县	丽江市	丽江县为丽江府治，2002 年改设丽江市。
丽江县	蘭坪县	兰坪县	1913 年以丽江县蘭坪地方析置。
鹤庆州	鹤庆县	鹤庆县	1913 年 4 月改为鹤庆县。
剑川州	剑川县	剑川县	1913 年 4 月改剑州为剑川县。
维西厅	维西县	维西县	1913 年废厅置县。
维西厅	阿墩子县	德钦县	1913 年以维西厅属阿墩子地方析置。1935 年置设治局，1952 年改置德钦县藏族自治区，1957 年改县。
中甸厅	中甸县	香格里拉县	1913 年废厅置县，2001 年改名香格里拉。
保山县	永昌县	保山市	保山县为永昌府治，1913 年废府存县，1983 年改设保山市。
永平县	永平县	永平县	
永康州	永康县	镇康县	1913 年废州置永康县，1914 年改置镇康县。
腾越厅	腾冲县	腾冲县	1913 年废厅置县。
龙陵厅	龙陵县	龙陵县	1913 年废厅置县。
蒙化直隶厅	蒙化县	巍山县	1913 年废厅置县，1954 年改置巍山县。
蒙化直隶厅	漾濞县	漾濞县	1912 年从蒙化直隶厅析置。
永北直隶厅	永北县	永胜县	1913 年废厅置县，1934 年改置永胜县。
华坪县	华坪县	华坪县	
顺宁县	顺宁县	凤庆县	顺宁县为顺宁府治，1913 年废府存县，1954 年改置凤庆县。
云州	云县	云县	1913 年废州置县。
缅宁厅	缅宁县	临翔区	1913 年废厅置县，1954 年改置临沧县，2003 年改置临翔区。
宁洱县	普洱县	普洱市	宁洱县为普洱府治，1913 年废府存县。2007 年 10 月议设普洱。
思茅厅	思茅县	思茅市	1913 年废厅置县，1993 年置思茅市。
威远厅	威远县	景谷县	1913 年废厅置县。
他郎厅	他郎县	墨江县	1913 年废厅置县，1916 年改置墨江县。
元江直隶州	元江县	元江县	1913 年废州置县。
新平县	新平县	新平县	

续表

清代政区名	民国二年 (1913) 县名	今县名	备注
镇沅直隶厅	镇沅县	镇沅县	1913 年废厅置县。
景东直隶厅	景东县	景东县	1913 年废厅置县。
镇边直隶厅	澜沧县	澜沧县	1913 年废厅置县。
建水县	建水县	建水县	
蒙自县	蒙自县	蒙自市	2010 年置蒙自市。
通海县	通海县	通海县	
河西县	河西县		1956 年并入通海县。
嶍峨县	嶍峨县	峨山县	1929 年 11 月改名峨山县。
石屏州	石屏县	石屏县	1913 年废州置县。
阿迷州	阿迷县	开远市	1913 年废州置县，1981 年置开远市。
宁州	黎县	华宁县	1913 年废州置县，1932 年置华宁县。
个旧厅	个旧县	个旧市	1913 年废厅置县，1951 年置个旧市。
文山县	开化县	文山县	文山县为开化府治，1913 年废府存县。1914 年改为文山县。
安平厅	安平县	马关县	1913 年废厅置县。1914 年 1 月改为马关县。
宝宁县	广南县	广南县	宝宁县为旧广南府附郭首县，1913 年裁府存县，并改广南县。
富州厅	富州县	富宁县	1913 年废厅置县，1927 年置富宁县。
广西直隶州	广西县	泸西县	1913 年废州置县，1929 年置泸西县。
弥勒县	弥勒县	弥勒县	
师宗县	师宗县	师宗县	
邱北县	邱北县	邱北县	

【参考资料：1. 内务部职方司第一科编：《各省区域沿革一览表》，民国二年（1913）八月，第115—120页；2. 张在普编著：《中国近现代政区沿革表·云南省》，福建地图出版社2006年版；3. 中华人民共和国民政部编：《中华人民共和国行政区划简册·云南省》，中国社会出版社2011年版；4. 中央人民政府内务部编：《中华人民共和国行政区划简册·云南省》，人民出版社1954年版。】

在云南，"废府存县"的政区改制完成后，县级政区成为基本的施政单位，同时，减少了地方行政区划的层级和名称，体现了中央权力直接深入管理地方的要求。但事实上，中央的行政权力要真正深入落实到地方的管理上，还存在极大的困难，特别是在行政管控薄弱、正式县级政区设置疏散的边疆地区。因此，"废府存县"的政区改革导致了一个非常严峻的问题，即对云南边疆地区的行政管理，在原本较为薄弱的基础上进一步弱化。正如前文分析，云南边疆地区存在一个环弧形行政管控薄弱区，"废府存县"前，云南边疆置有十个府级政区①，能在一定程度上对沿边土司地区和行政管理薄弱区进行节制，即使是这样，对边疆的管控还是较为薄弱。"废府"之后，由迤西、迤南、临开广三道替代十个府级政区的边疆行政管理事务，辖区扩大，行政力量势必减弱，这无疑会加剧边疆管理的薄弱性。这是云南边疆地区的特殊性和边疆正式县级政区设置疏散的特点决定的，政区改革依然任重道远。

　　根据云南省县级政区沿革情况，作出民国初云南边疆"废府存县"后的正式县级政区分布格局示意图，见图七：

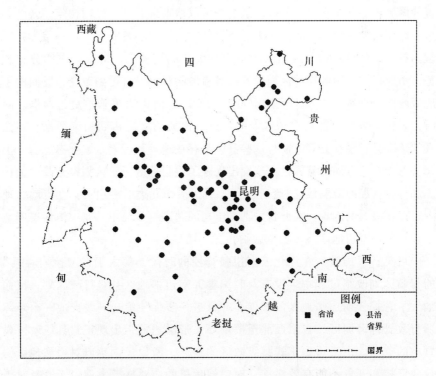

图七　民国初期云南省"废府存县"后正式县级政区分布格局示意图
【底图来源：谭其骧主编：《中国历史地图集》第八册，中国地图出版社 1987 年版，第48—49页。】

---

①　谭其骧主编：《中国历史地图集》第 8 册，中国地图出版社 1987 年版，第 48—49 页。

结合云南省县级政区沿革情况和民国初期云南省"废府存县"后的正式县级政区分布格局示意图分析，民国二年（1913）政区改制后，云南省共计97个县，其中只有盐兴县和盐丰县是新设置的，另有十个县是由府级政区直隶厅、直隶州改设而来的，其余各县则都是在原有各散厅、散州、县区域上的改设和沿袭。也就是说，在"废府存县"的政区改革过程中，云南并没有大规模增加县级政区的设置，特别是沿边设县情况并没有发生变化。据《中华人民共和国行政区划简册》统计，截至1953年12月底，云南省共计133个县及县级政区①，比民国初年的97个县多出36个县，多出的县占新中国成立初期云南县级政区总数的27%，也就是说，新中国成立初期云南有超过四分之一的县，在民国初年是没有设置的，而且这四分之一的县级政区设置薄弱区主要分布在边疆地区。从上图可以清晰地看到，民国初年，云南县级政区设置最密集的地区为今天曲靖、昆明、玉溪、楚雄、大理一带，并呈现出越往边疆越疏散，甚至出现正式县级政区设置空白的政区空间分布态势。由此可知，边疆行政区划设置极其疏散的状况没有得到改变，反而由于府级政区的撤废，更是形成边疆行政无管区，使得边疆管控更为薄弱。同时，云南沿边县大都具有辖区大的特点，比如前文分析到的维西厅、丽江县、建水县、蒙自县等，而且这些县区都存在地理环境复杂、生态恶劣、土司势力残存等方面的特殊性，这突出反映了边疆地区行政区划设置疏散的特点和行政管控的薄弱性。"废府存县"后，诸如此类的沿边大县在行政管理上也存在极大的困难。在此背景下，土司问题进一步突出，其中滇西德宏地区和车里宣慰司地区（今西双版纳）尤为明显。

可见，民国政府在强化云南边疆管控的时候，却由于在"废府存县"的行政区划改制过程中，没有及时调整云南边疆地区县级行政区划，反而加大了管控云南边疆地区的难度，并且进一步促使沿边一线形成一个半环形行政管理薄弱区，自滇西北至滇南环弧形沿边地带出现正式县级政区设置上的空白。由于边疆正式县级政区的缺乏，所以民国政府对边疆地区的行政管控和开发不能有效实施，对边疆危机的应对缺乏力度。无论是对内部边疆的治理，还是对外来侵略的抵御，都需要强化边地行政建设，而行政区划调整则是重中之重，因为政区作为分地域、分层级的行政管理体

----

① 中央人民政府内务部编：《中华人民共和国行政区划简册》，人民出版社1954年版，第90—93页。

系，是国家对行政区域的划分，本质上是国家对地方的行政管控，体现了政府控制地方和对外宣示国家主权的政治诉求。鉴于此，民国政府在"废府存县"之后对边疆县级政区进行了调整，针对边疆地区的不同具体情况，设置了一批特殊过渡型县级政区，以期逐渐过渡到县治。

二　民国初期强化沿边地区的行政管理

民国初年，"废府存县"加速了云南边疆行政区划的调整，在原有行政区划设置疏散区及辖境过大的县区大规模增设县级政区，"因滇省地面辽阔，一县区域，有面积至数百里者，乃添设县治"。① 鉴于云南边地社会的特殊性，边疆政区调整并没有直接设县，而是设置了特殊过渡型政区，推进边疆行政区划建置和建设，强化对边疆的管控，为云南边地将来设县做准备。首先是在西南边疆普思沿边正式政区设置薄弱区设立大量的行政委员区。

普思沿边，大致为今云南省西双版纳地区，民国二年（1913），云南省奉行中央政府"废府存县"后，普洱府裁撤，对车里宣慰司地区的行政管理出现了悬空状态。且英国侵占缅甸、法国侵占越南之后，车里地区处于两强邻逼处的境地，边疆危机骤增，土司政治无法应对这种形势的变化。因此，普思沿边之行政亟待改革。民国元年（1912），柯树勋以平定顶真之乱为契机，加紧了边地行政区划调整，他吸取了改设州县失败的教训，改变了治边策略，提出《治边十二条》作为指导思想，并于"民国二年（1913）正月（公历二月），开办普思沿边行政总局"，并为分区设治而进行户口调查，至"九月（公历十月），各区户口调查毕"，便在此基础上"划沿边为八区，分设行政"②。即设普思沿边行政总局，下设八个行政分局，每区分别派驻行政委员，分区管理版纳地区，掌理边政。

这一时期强化对边疆的管控还体现在将民国初年设置的弹压委员改设为行政委员。比如干崖、盏达、陇川、猛卯、遮放芒市五弹压委员设置后不久，都改设成了行政委员。"干崖、户撒两土司地，明清属腾冲，民国元年（1912）设弹压委员，八年（1919）改行政委员。""盏达土司地，属腾冲，民国元年（1912）设弹压委员，三年（1914），设盏达行政委

---

① 云南通志馆编纂：《续云南通志长编》卷1（上册），云南省志编纂委员会办公室1985年版，第19页。

② 柯树勋编辑：《普思沿边志略》，民国五年（1916）铅印本，第39页。

员。"陇川，为多姓土司地，民国元年（1912）设陇川弹压委员，兼交涉员，并辖户撒、腊撒两土司地，六年（1917）设行政委员，以户撒归干崖，腊撒归勐卯，取消兼衔。""勐卯古为麓川，明为闬姓土司地，清属腾越厅，仍为土司地，民国元年（1912），设弹压委员，四年（1915）设勐陇行政委员，陇川、勐卯并归节制，五年（1916），将陇川划出，设勐卯行政委员，腊撒仍归管辖。""芒市、遮放、勐板三土司地，民国元年（1912），设弹压委员，四年（1915），设芒遮板行政委员。"①

行政委员除了由弹压委员改设外，还有一定数量的新设置，如"永善县，所属井桧地方，民国初设分治员，旋改为井桧行政委员，后改为县佐"②。"盐津县，初名盐井渡，民国元年（1912）设行政委员，五年（1916），设盐津县。西畴县，民初设普兰行政委员，九年（1920），改设西畴县。曲溪县，原名曲江，民国初年设行政委员，十一年（1922），改设曲溪县。屏边县，民国二年（1913）设靖边行政委员，二十二年（1933），改设屏边县。金平县，原为临安府属之土司地，民国六年（1917）收刀李王三土司地，设金河行政委员，二十一年（1932）改为金河设治局，又收张土司地设猛丁行政委员，后改平河设治局，二十三年（1934）合并两设治局，改设金平县。威信县，民国设威信行政委员，隶滇中道，二十三年（1934），改设威信县。"③

民国初年，为了加强对怒江上游沿边地带的管理，有效应对边疆危机，迤西陆防军总司令李根源组建"怒俅殖边队"进驻怒江，武力"开辟"怒江上游沿边地区后，及时设官行政。至民国元年（1912）九月，怒江全区已被殖边队控制。同年底，云南督军府下令建立菖蒲桶、上帕、知子罗三个殖边公署，并在兰坪营盘设立"怒俅殖边总局"，对怒江边区直接行使军政管辖权。"民国三年（1914）设云南泸水行政区。"④民国五年（1916），殖边公署改设行政委员，"上帕，民国元年（1912），始以兵力开辟，设殖边队于上帕村，民国五年（1916），设上帕行政委员。民国

① 龙云修：《云南行政纪实·民政·建制》第2册，1943年铅印本，第6页。
② 云南通志馆编纂：《续云南通志长编》（上册）卷30，云南省志编纂委员会办公室1985年版，第1086页。
③ 龙云修：《云南行政纪实·民政·建制》第2册，1943年铅印本，第4—5页。
④ （近）段承钧纂修：《泸水志》，1964年云南大学图书馆传抄云南省图书馆藏1932年石印本，第19页；龙云修：《云南行政纪实·民政·建制》第2册，1943年铅印本，第6页。记载"民国二年（1913）设泸水行政委员"。

元年（1912），设边务副委员长于知子罗，五年（1916），设知子罗行政委员。菖蒲桶，民初设行政委员"。①

　　行政委员是民国初期云南边疆治理的重要行政措施，它是一种特殊过渡型行政区划，往往被称为"临时行政委员"，与县相当，目的是为了创造条件以实现边疆行政区划向县过渡。民国二十二年（1933）发行的《云南省各县区域全图》把各行政委员区域作为县级政区列入其中，从《云南省各县区域全图》可以清晰地看到，各行政委员拥有固定的行政治所，管辖一定的区域，有自身的幅员、边界，具备"掌土"的行政职能。② 行政委员区域编入《云南省各县区域全图》，足以说明行政委员在当时被视为县级政区。

　　行政委员设立之后，便划区行政，加强了对所辖地方的行政管理，并积极展开辖区内的户口调查和统计，以加强对边疆人口的管理，见表三：

表三　　　　云南省各行政委员户口民国八年（1919）统计表（政务厅汇编）

县别	户数	男丁数	女口数	丁口合计
威信行政委员	8966	20393	18655	39048
金河行政委员	4301	8802	9494	18296
靖边行政委员	10315	26770	22765	49535
勐丁行政委员	15426	29635	36547	66182
勐烈行政委员	4912	12620	10917	21537
干崖行政委员	6863	10883	9888	20751
盏达行政委员	3583	9012	7976	16988
陇川行政委员	3276	3698	5266	8964
勐卯行政委员	3131	6238	5339	11577
芒遮板行政委员	2345	4682	5139	9821
泸水行政委员	3986	11312	9876	21188
阿墩子行政委员	986	2463	2587	5050
上帕行政委员	3873	6126	4689	10815
知子罗行政委员	1779	3725	3201	6926
苴却行政委员	10683	48310	46224	94534
井桫行政委员	10322	19968	19398	39366

【资料来源：(民国) 云南通志馆编纂：《续云南通志长编》（中册）卷38，云南省志编纂委员会办公室1985年版，第113—116页。】

---

① 龙云修：《云南行政纪实·民政·建制》第2册，1943年铅印本，第6—7页。
② 见云南地志编辑处编纂：《云南省各县区域全图》，云南财政厅民国二十二年（1933）发行。

　　弹压委员存在的时间非常短，未来得及完成户口调查工作。行政委员通过户口统计，加强了对辖区内的户籍管理，从而实现了"治民"的行政职能，这是作为一个行政区划必须具备的最重要的内核要素。可见，弹压委员和行政委员具有行政区划的基本要素，且实现了"掌土治民"。但行政委员并不同于正式行政区划，首先是名称上的差别，民国时期实行省、道、县三级制，弹压委员、行政委员并非正式行政区划的称呼，而是带有行政过渡的特点，在当时的官方文献记载中还有"临时行政委员"一词。北京政府时期，县级行政委员只设置在云南，且集中在边疆地区，主要原因是边疆地区特殊的地理环境和边地社会发展程度不满足设县的条件，所以不得不采取一种特殊的过渡形式，作为设县的准备，在加强边疆的开发过程中实现边疆行政区划向正式行政区划的过渡。南京国民政府建立后，行政委员统一改设为设治局，最终在新中国成立后改设为县，可见，行政委员区处于云南边疆政区过渡过程中的早期阶段。

　　另外，辛亥革命后，云南省政府加大了河口、麻栗坡对汛督办的改革。改革中，对汛督办的外交职能逐渐分离出来，增加了行政司法管理权，并改设为对汛督办特别区，开始调查本区户口，加强对边疆人口的管理。由此，对汛督办逐渐向行政区划转变。

第三节　南京国民政府时期云南边疆行政区划改革的推进

　　民国十三年（1924），国民党一大公布《国民政府建国大纲》，宣布县为自治单位，地方行政建设被提到了一个新的高度。南京国民政府时期，全国实现了统一，为了实现孙中山先生地方自治的精神，中央政府进一步推动了地方政区的县制改革。在此背景之下，云南省政区改革主要体现在设治局的广泛设置，以及废道后，第一、第二殖边督办的设置上。

一　云南边疆设治局的全面设置

　　民国元年（1913）一月八日，中央政府公布实施了三个划一行政区划的《组织令》，在全国推行"废府存县"的政区改革。此次政区改革在需要设县但尚未设县，且设县条件不成熟或新开发的边远地区设置了一批设治局，设治局的名称正式出现[①]，是与县平级的地方行政区划。这一时

---

　　① 傅林祥：《中国行政区划通史·中华民国卷》，复旦大学出版社 2007 年版，第 101 页。

期，全国共设置了 44 个设治局，见表四：

表四　　　　　　　　　　民国初期各省设治局数目表

省别	设治局数目	省别	设治局数目
河北省	1	内蒙古自治区	16
吉林省	2	黑龙江省	22
四川省	1	甘肃省	1
新疆维吾尔自治区	1		

【资料来源：张在普：《中国近现代政区沿革表》相关省份，福建省地图出版社 2006 年版。】

　　民国初期，设治局的设置主要集中在东北、西北和北部边疆省份，南方地区只有四川省设置了 1 个，所占比重很小，云南省在这一阶段并没有设置设治局，这与北京政府对北方地区的控制力相对较强不无关系。北洋政府对南方地区的控制比较薄弱，地方政府在很大程度上各自为政，导致了行政区划的混乱，名目繁多，主要体现在县级政区的建置上，出现了各种与县级政区相当的特殊行政区划。例如，"云南等省之临时行政委员，新疆、贵州等省的分县，广东的化瑶局、化黎局，西南各省的土州、土县等等"。[①] 即使是在北洋政府控制较强的北方地区也存在名目不一的特殊政区，如"东北及西北各省的蒙旗、招垦局、屯田局、设治委员"[②]。可见，在北洋政府时期，云南边疆县级行政区划改革的重点是设置了一批行政委员，这些行政委员大多是由弹压委员改设而来的，为将来设县的准备，属于特殊过渡型行政区划。

　　广州革命政府成立后，意在统一国家的北伐运动兴起，国民党政府进一步加大了地方行政区划建设的力度。民国十三年（1924），国民党第一次代表大会发布了孙中山先生起草的《国民政府建国大纲》，大纲明确规定："对于国内之弱小民族，政府当扶植之，使之能自决自治。"而自决自治的基本单位为县一级行政单位，"县为自治之单位，省立于中央与县之间，以收联络之效"[③]。由此，县被定为国家的自治单位，县政建设被

①　内政部年鉴编辑委员会：《内政年鉴》，商务印书馆 1936 年四月初版，第（B）102 页。
②　同上。
③　荣孟源主编，孙彩霞编辑：《中国国民党历次代表大会及中央全会资料》（上册），光明日报出版社 1985 年版，第 35、36 页。

列为建国的最基本、最重要的决策而被提到了前所未有的高度，同时，"确定县为自治单位"① 被写入了国民党的政治纲领，反映了国民政府加强县政建设的决心。孙中山认为，"建设之事当始于一县，县与县联以成一国"、"三千县之民权，犹三千块之石础，础坚则五十层之崇楼不难建立"②。国民政府推行"重县轻省"的政区改革，重点强化县政建设，一改忽略地方的做法。而边疆地区县级政区的设置较为疏散，云南边疆地区虽有弹压委员之设，后改设行政委员，但权微势薄，行政管控极为薄弱，根本不能适应地方自治的决策和需要。因此，对云南边疆县级政区的调整和增设刻不容缓。

南京国民政府成立后，为了实现孙中山地方自治的精神，进一步加强了对地方行政区划的调整，全国统一推行省、县两级制行政区划体系。在县政建设方面，边远省份县级政区纷繁复杂，名目不一。辛亥革命后，推行省、县两级制，但在"边远省份，过去因沿袭历史上之习惯，每有相当于县治的特殊组织，例如云南等省之临时行政委员，新疆、贵州等省的分县，广东的化瑶局、化黎局，东北及西北各省的蒙旗招垦局、屯田局、设治委员，西南各省的土州、土县等等"③。这些特殊行政区划都各自有其存在的必要性，以致难以遽行废止，从而导致了边远省份行政区划体系的混乱。南京国民政府成立后，内政部"以其名目纷繁，觉有紊乱地方行政系统之嫌，自应统筹划一办法，以为逐渐改设县治的准备，爰于十九年（1930）三四月间，征询边远各省的意见，拟定《设治局组织条例》，呈奉国民政府，于二十年（1931）六月二日公布施行"④。从而掀起了新一轮设置设治局的高潮。

《设治局组织条例》第一条规定："各省尚未设置县治地方，得依本条例之规定，暂置设治局，至相当时期，应改设县治。"此规定是针对未设县治的地方，主要集中在县级政区设置疏散且混乱的边疆地区，是划一边疆政区改革的重要措施。第二条规定："设治局之废置及其区域之划

---

① 《第一次全国人民代表大会宣言·国民党之政纲》民国十三年（1924）一月二十三日，荣孟源主编，孙彩霞编辑：《中国国民党历次代表大会及中央全会资料》（上册），光明日报出版社 1985 年版，第 21 页。

② 刘振东：《中国县政概论·序》，载程方：《中国县政概论》，商务印书馆 1939 年版，第 1 页。

③ 内政部年鉴编辑委员会：《内政年鉴》，商务印书馆 1936 年版，第（B）102 页。

④ 程方：《中国县政概论》，商务印书馆 1939 年版，第 110 页。

分，应由省政府拟具图说咨请内政部呈由行政院转请国民政府核准公布。"第八条规定："设治局关防，经内政部制定之式样，由省政府刊发。"可见，设治局直接归省政府管辖，属于县级政区。设治局的设置主要是出于边疆地区的特殊性，最终是为将来设县做准备，具有过渡性特点。第九条规定："设治局管辖区域促进自治之办法，由内政部定之。"①这充分说明了设治局的设置具有推进边疆地区实现自治的目的。《设治局组织条例》公布实施后，在全国范围内掀起了新一轮设置设治局的政区改革，自南京国民政府成立以来，全国共设置了79个设治局，其中云南省先后设置了21个设治局，约占设治局总数的27%，四分之一，是这一时期设置设治局最多的省份，见表五：

表五 南京国民政府时期各省设治局数目表

省别	设治局数目	省别	设治局数目
河北省	4	内蒙古自治区	3
广西壮族自治区	1	黑龙江省	8
四川省	12	甘肃省	3
新疆维吾尔自治区	18	重庆市	2
贵州省	1	云南省	19（笔者注：当为21个）
陕西省	2	宁夏回族自治区	1
青海省	3		

【张在普编著：《中国近现代政区沿革表》相关省份，福建省地图出版社2006年版。】

很明显，在南京国民政府时期，南方地区的设治局数量大为增加，而云南省是新设设治局最多的省份。云南省政府奉行中央政府行政区划改革的命令，将沿边各行政委员和部分县佐改设为设治局，前后共设置了21个设治局，即德钦、贡山、福贡、碧江、泸水、宁蒗、梁河、盈江、莲山、陇川、瑞丽、潞西、耿马、沧源、宁江、龙武、金河、平河、靖边、砚山、威信等设治局。同时，云南省政府还根据内政部公布实施的《设治局组织条例》，制定《云南省设治局组织规程》，使云南设治局在边疆

① 中国第二历史档案馆编：《国民党政府政治制度档案史料选编》（下册），安徽教育出版社1994年版，第534页。

全面设置的同时进一步制度化。

　　云南设治局的设置集中在二十世纪三十年代，是继弹压委员和行政委员之后的又一特殊过渡型行政区划，实际上是在行政委员基础上进一步向县过渡，所以设治局有"准县治"之称。从地理区位看，云南设治局主要位于边疆地带，这些地方少数民族杂居，地广人稀，交通不便，社会经济发展滞后，土司势力强大，正式县级行政区划设置极为疏散，缺乏建立县治的条件。因此，设治局延续了弹压委员和行政委员等行政区划的过渡职能，并在新中国成立后完成了向县的过渡，即德钦、贡山、福贡、碧江、泸水、宁蒗、梁河、盈江、莲山、陇川、瑞丽、潞西、耿马、沧源、宁江、龙武、金平、屏边、砚山、威信等县。

二　殖边督办的设置

　　民国初年，云南奉行中央行政区划改革的统一规定，全省实行省、道、县三级制。清代云南共设八道，其中包括四个守道，即粮储道兼分巡云南府、武定直隶州，盐法道，巡警道，劝业道；四个巡道，即迤西道、迤东道、迤南道、临开广道。重九起义成功后，云南独立，四守道被逐一裁撤，留下四巡道，并改置为滇中、蒙自、普洱、腾越四道。南京国民政府成立后，全国实现统一，为了实践孙中山先生的"县为自治之单位，省立于中央与县之间，以收联络之效"[1] 之精神，要求实行省、县两级制，以加强县政建设，于是再一次掀起了地方行政区划改革，加大了撤道的力度，"民国十九年（1930）三月，中央政治会议始议决废除道制，定地方行政区域为省县二级"[2]。1929 年，云南省奉国民政府通令，实行省县两级制，并经省政府会议议决，遵照中央通制实行废道，"到民国十八年（1929）十一月底为止，将各道道尹一律裁撤"[3]。云南地方行政区划实行了省、县两级制。

　　云南各道兼管边防、关务、外交等特殊任务，道制废除后，云南边

---

　　① 荣孟源主编，孙彩霞编辑：《中国国民党历次代表大会及中央全会资料》（上册），光明日报出版社 1985 年版，第 36 页。

　　② 内政部年鉴编辑委员会编：《内政年鉴》第 1 册《民政篇》，商务印书馆 1936 年版，第（B）244 页。

　　③ （民国）云南通志馆编：《续云南通志长编》（上册）卷 32《内政三》，云南省志编纂委员会办公室 1985 年版，第 1113 页。

疆地区的行政管理出现了诸多不便，因此，云南特设立了第一、第二殖边督办，以加强边疆管理。"民国十八年（1929）九月三日第一百零八次省务会议，提出实行废道一案议，决查照成案，将各道实行裁废，其有殖边任务者，另案筹设殖边机关。"① 同年十月，省政府经过第一百一十四次会议议决："于本省西北、西南沿边，分设第一、第二殖边总局，第一殖边总局之驻在地为腾冲，第二殖边总局之驻在地为车里。"后来改置为"第一、第二殖边督办公署，而第二殖边督办公署则暂驻于宁洱焉"②。至此，殖边督办公署作为高级殖边机关接替了道的职责，实现了边疆军事、行政管控上的过渡。殖边督办作为边疆准统县政区，直辖于省政府，是云南特有的政区形式，构成了省、殖边督办、县三级制行政区划体系。

第四节　清末民国年间云南边疆特殊过渡型政区演进特点

清末近代化改制运动兴起，加之边疆危机日益严重，清朝政府更为重视边疆治理，加强边地行政区划的调整。鉴于云南边疆在地理、民族、社会发展等方面存在的特殊性，晚清政府在云南沿边设立弹压委员和对汛督办，进行了设置特殊过渡型行政区划的尝试。民国成立后，划一全国行政区划，"废府存县"，全国统一实行省、道、县三级制行政区划体制。云南"废府存县"使边疆行政管理因边缘县辖区过大、土司行政管控悬空、边疆正式县级政区设置疏散的政治态势而变得更为薄弱。为了加强边疆管理，云南军政府在沿边土司地区设立弹压委员，作为设县的准备，随即改设为行政委员，加强边地开发，进一步创造向县级行政区划过渡的条件。车里宣慰司地方的行政区划调整，则是设立普思沿边行政总局及八个行政分局，从行政上打破了车里宣慰司的土司政治结构，从地域上打破了十二版纳的土司政区区域结构，为向正式县级行政区划过渡提供了条件。南京国民政府遵循孙中山先生的建国思想，推行地方自治，进一步改革地方行政区划。云

---

① 禄国藩等辑：《第二殖边督办公署查报云南通志初稿》，1931 年钤云南第二殖边督办公署关防钞本。

② 同上。

南省政府奉中央政府令，改革行政区划，首先，将普思沿边行政总局及各分局提升为县；其次，废除道制的同时，设置第一、第二殖边督办作为边疆准统县政区，实现在边地行政管理上的过渡；再次，将沿边各行政委员和部分县佐改设为设治局，新中国成立后，设治局改设为县，成功实现了行政区划的过渡。清末以来，云南边疆地区设置了一系列特殊过渡型行政区划，并或早或晚地过渡到了县。云南特殊过渡型行政区划的设置，是边疆地区行政区划变迁的突出表现，完成了云南边地行政区划的全面密集设置，增强了边地民族的国家认同感，极大程度地改变了边疆行政管理薄弱的局面，这为抗日战争时期云南成为抗战大后方奠定了基础。新中国成立后，边地特殊过渡型行政区划都被改设为县，从而使云南边疆地区形成了统一的县区，实现了边地政区与内地正式政区的一体化发展。

　　根据前文关于清末民国云南边疆特殊过渡型行政区划演进情况的分析，将云南边疆行政管理薄弱区的行政区划变迁情况列表如下，见表六：

表六　　　　　　　　清末至新中国成立云南沿边地带政区演进表

清末		北洋政府时期 （1912—1927 年）	南京政府时期 （1927—1949 年 4 月）	中华人民共和国时期 （1949 年至今）
开化府	文山县	文山县	文山县	文山县
			砚山设治局（砚山县）	砚山县
	安平厅	安平县（马关县）	马关县	马关县
	麻栗坡对汛督办 （1896 年）	麻栗坡对汛督办区	麻栗坡对汛督办区	麻栗坡市、麻栗坡县
		靖边行政区	靖边设治局（屏边县）	屏边苗族自治县
	河口对汛督办 （1897 年）	河口对汛督办区	河口对汛督办区	河口市、河口瑶族自治县
临安府	蒙自县	蒙自县	蒙自县	蒙自县
		金河行政区	金河设治局（金平县）	金平苗族瑶族傣族自治县
		平河行政区	平河设治局（金平县）	金平苗族瑶族傣族自治县
	石屏州	石屏县	石屏县	石屏县
			龙武设治局	龙武县（后裁入石屏县）

续表

		清末	北洋政府时期 （1912—1927 年）	南京政府时期 （1927—1949 年 4 月）	中华人民共和国时期 （1949 年至今）
普洱府	车里宣慰司		普思沿边行政总局， 兼管第一行政区	车里县	1958 年设景洪县 1993 年设景洪市
			第二行政区	五福县（南峤县）	1959 年裁入勐海县
			第三行政区	佛海县	勐海县
			第四行政区	临江行政委员 （后改设临江设治局）	勐海县
			第五行政区	镇越县	勐腊县
			第六行政区	象明县（1929 年 划归镇越、普文、 江城三县）	
			第七行政区	普文县（1933 年 并入思茅县）	
			第八行政区	庐山县（六顺县）	1953 年裁入思茅县
顺宁府	耿马土司			沧源设治局	沧源县
			耿马土司	耿马设治局	耿马县
永昌府	龙陵厅		龙陵县	龙陵县	龙陵县
			芒遮板弹压委员 芒遮板行政委员	潞西设治局	潞西县
	腾越厅		腾冲县	腾冲县	腾冲县
			南甸土司	梁河设治局	梁河县
			陇川弹压委员 陇川行政委员	陇川设治局	陇川县
			干崖弹压委员 干崖行政委员	盈江设治局	盈江县
			勐卯弹压委员 勐卯行政委员	瑞丽设治局	瑞丽县
			盏达弹压委员 盏达行政委员	莲山设治局	莲山县
大理府	云龙州		云龙县	云龙县	云龙县
			泸水行政区	泸水设治局	泸水县

续表

清末		北洋政府时期 （1912—1927 年）	南京政府时期 （1927—1949 年 4 月）	中华人民共和国时期 （1949 年至今）
丽江府	维西厅	维西县	维西县	维西傈僳族自治县
		阿墩子弹压委员 阿墩子行政区	阿墩子设治局 德钦设治局	德钦县
		菖蒲桶行政委员	贡山设治局	贡山县
	丽江县	丽江县	丽江县	丽江县
		上帕殖边公署 上帕行政委员	康乐设治局 福贡设治局	福贡县
		知子罗殖边公署 知子罗行政委员	碧江设治局	碧江县

【注：参考中央人民政府内务部编：《中华人民共和国行政区划简册》，人民出版社 1954 年版，第 90—93 页；张在普编著：《中国近现代政区沿革表·云南省》，福建省地图出版社 2006 年版。】

　　据上表，云南边疆特殊过渡型行政区划主要是弹压委员、行政委员、对汛督办区、行政总局及分局、设治局、殖边督办等，除准统县政区殖边督办外，其余最终都过渡到了县。相比于清末云南边疆县级行政区划，民国年间边地行政区划设置数量大为增加，其中，原腾龙（腾越厅、龙陵厅）边区增设了 6 个县级政区，车里宣慰司则增加了 8 个县级政区，维西厅、丽江县边地增加了 4 个县级政区，云龙州增加了 1 个县级政区，原顺宁府增加了 2 个县级政区，临安府边地增加了 3 个县级政区，开化府边地增加了 4 个县级政区，总共增加了 28 个。边疆地区增设的行政区划，起先是弹压委员、行政委员、对汛督办、沿边行政总局及分局、设治局等特殊行政区划，后来都过渡到了县治。因此，可以认为：民国时期，云南省政府在边疆地区设置了一批特殊过渡型行政区划，最终都在新中国成立后成功地向县治进行了过渡。为了直观显示，现将云南沿边地区特殊过渡型行政区划的地理分布情况作如下示意图，见图八：

图八 民国年间云南边疆特殊过渡型行政区划分布示意图

【底图来源:李春龙、牛鸿斌点校:《新纂云南通志》(第一册)卷九《现行设治区域图》,云南人民出版社 2007 年版,第 75 页。】

从上图可以清晰地看到,民国年间云南行政区划改革过程中所设特殊过渡型行政区划,几乎全部集中在自滇西北至滇东南的半环形边疆地带。这一地带山高谷深,地理环境复杂,交通不便,生态环境恶劣,属于典型的重瘴区。直至清末,这一区域的土司势力仍十分强大,正式行政区划设置极为疏散,行政管理极为薄弱,民国初年"废府存县"的行政区划改革后,边疆行政管理进一步弱化。由此观之,民国时期云南特殊过渡型行政区划的设置,就是"改土归流"和加强边疆管理的过程。

民国二年（1913）四月，云南完成"废府存县"的行政区划改革时，全省共设 97 个县，基本上是对清代行政区划的承袭和改设。据民国三十六年（1947）内政部对全国行政区划的统计可知，云南全省共设县级政区 129 个（见附录一：《中华民国行政区划简表·云南省》），因为其中没有包括河口、麻栗坡对汛督办区，所以，当时应当设有 131 个县级政区。那么，至民国末年，全省增加了 34 个县级政区。从上图可以看出，民国年间，云南沿边地区设置的特殊过渡型行政区划就达到 28 个之多，占全省增设县级行政区划总量的 82%。因此，可以得出结论：第一，云南省县级行政区划改革在民国时期已经基本完成，奠定了云南省现行行政区划的基础；第二，民国时期，云南省县级行政区划改革和设置主要集中在边疆行政管理薄弱区和土司政区分布区。民国云南行政区划改革极大地克服了边地正式县级行政区划设置疏散的弊端，转向密集设置，也改变了边地行政管理薄弱的政治态势，推动边疆行政区划设置走上与内地正式政区体系一体化发展的道路。

总之，国民政府在云南边疆行政划建设上付出了巨大的努力，在加强边疆的治理，加速边地开发和建设，增强民族认同感和国家认同感，应对边疆危机，维护国家领土主权等方面发挥了重大的积极作用，特别是为云南成为抗日战争大后方奠定了基础，也为新中国成立后全国统一行政奠定了基础，意义非常重大。对国民政府作出的努力和贡献应该充分肯定，下文将分章就各种特殊过渡型行政区划进行专门论述。

小　结

在近代政区改革过程中，县级政区改革被提到了重要的地位。边疆县级政区建置和建设作为近代应对边疆危机的主要手段，从清末改制到民国政区调整，成为西南边疆政区改革的主要特点。鉴于边疆的特殊性，民国时期云南边疆政区改革表现为特殊过渡型行政区划的设置，作为设县的准备。

清末，为了加强边疆的控制，应对边疆危机，清政府在云南边疆设置了弹压委员，从现有资料唯一可考的弹压委员夏瑚经营怒江的情况看，弹压委员的设置主要是为边疆地区设置正式行政区划做准备，由于清朝政府的覆灭，弹压委员的作用还来不及发挥就宣告终结，所以，弹压委员是清末云南边疆特殊过渡型行政区划建置的尝试，这种尝试延续到了民国初年。中法战争后，清朝政府不败而败，西南边疆危机日益严重，中法界务、商务等外交事务日益增多，大量反法力量滞留在中越边境，成为散兵游勇，扰乱边疆社会秩序，这需要建立一种外交、边防磋商机构来应对这些变化。由此，清政府在滇南边疆设置了河口、麻栗坡对汛督办，作为专门处理此事的边防外交机构。

辛亥革命后，民国政府推行了"废府存县"的地方行政区划改革，民国二年（1913）四月，云南省遵照中央通令完成了地方政区改革。改革后，并没有及时调整边疆地区县级行政区划，云南县级政区设置最密集的地区为今天曲靖、昆明、玉溪、楚雄、大理一带，并呈现出越往边疆越疏散的政区空间分布态势。边疆行政管控薄弱的局面没有改变，由于府级政区的撤废，更是形成边疆行政无管区，使得边疆管控更为薄弱。而此时正值英法帝国主义窥视和侵略云南，边疆危机严重，国家领土主权遭受前所未有的挑战，形成内外交困的局面。因此，无论是对内部边疆的治理，还是对外来侵略的抵御，都需要强化边地行政建设，而行政区划调整则成为边疆管控的重中之重。

鉴于此，民国年间，中央政府加强了云南边疆地区的政区改革，在车里宣慰司地区创设了普思沿边行政总局及分局，河口、麻栗坡对汛督办在改革中向行政区划转变，滇西北及滇西地区则在设置行政委员的基础上改设了大量设治局，这些政区形态都具有特殊过渡型的特点，作为将来设县的准备。由此可见，民国时期在云南的政区改革，可以得出以下结论：第一，云南省县级行政区划改革在民国时期已经基本完成，奠定了云南省现行行政区划的基础；第二，民国时期，云南省县级行政区划改革和设置主要集中在边疆行政管理薄弱区。可见，国民政府在云南边疆行政区划建设上付出了巨大的努力，在加强边疆的管理，加速边地开发和建设，增强民族认同感和国家认同感，应对边疆危机，维护国家领土主权等方面起到了重大的作用，特别是为云南成为抗日战争大后方奠定了基础，也为新中国成立后全国统一行政奠定了基础。

第三章 对汛督办区向准县级特别区演变

中法战争之后，越南沦为法国的殖民地，我国西南地区的国际关系和地缘政治也随之发生了重大转变。应法国的要求，清朝政府在中越边境设置了河口和麻栗坡两对汛督办作为国防外交机构，主要处理中越边境的国防、外交事务。民国年间，鉴于河口、麻栗坡两地在行政管理上的需要和不便，云南省政府划定了河口、麻栗坡两对汛督办的行政区域，增加对汛督办的行政管辖权，改河口、麻栗坡对汛督办为河口、麻栗坡对汛督办特别区。这使河口、麻栗坡两对汛督办完成了从国防外交机构向准县级行政区的转变，并最终在新中国成立后过渡到了县。对汛督办特别区是民国时期滇南政区改革过程中的重要内容，随着这一政区改革的深入，政府强化了对滇南沿边地区的管控。

第一节 清末对汛督办设置的背景

清末云南设置对汛督办机构的地区在云南南部中越边境地带，在清代为临安府和开化府辖地，约为今云南省红河哈尼族彝族自治州的河口县，及金平县、屏边县部分地区，文山壮族苗族自治州的麻栗坡县及马关县、西畴县部分地区。滇南接壤越南，国防地位十分重要，特别是法国入侵越南之后，国防地位更为突出，临安府"南连交趾，北抵澄江，西连楚雄，为滇南之上阃，作边陲之保障"。[①] 开化府境"万山林立，带水萦回，控交趾之上游，为滇南之屏障"。[②] 滇南地区地形极为复杂，重峦叠嶂，河谷深切，交通不便，且瘴疠横行，生态环境恶劣，直到民国年间，也没有

---

① （清）藩锡恩等撰：《嘉庆重修一统志》卷479《临安府》，四部丛刊本。
② （清）藩锡恩等撰：《嘉庆重修一统志》卷488《开化府》，四部丛刊本。

得到较大改观。比如今河口地区"为著名瘴区，春夏之交，瘴疠发生，百病迭出，初发时尚能救治，稍久不治则有危险之虞"，"河口素号瘴区"。① "麻栗坡第一区，多属高山穷谷，道途纷歧，虽递年修葺，尚未实力平治，交通尤多不便。茅坪第二区，属高山箐林，道路狭窄，交通困难，只与马关、麻栗坡通往来。玉皇阁第三区，均属高山大箐，道路纷歧，交通不便。天保第四区，均系大山石岩长谷，由麻栗坡通河阳要道，然皆鸟道崎岖。攀枝花第五区，概属高山大坡，有八步大河间隔，遇夏秋水涨，行人裹足，交通不便。董幹第六区，均属石岩大山断绝道途崎岖，交通不便。田蓬第七区，均属崇山峻岭，道途崎岖，交通不便。"② "天保汛为著名烟瘴之区，烟瘴发现时期多于夏秋之间，受害者类多瘴疟。"③ "麻栗坡素称极边瘴乡，天保对汛区计高海面一千许英尺，为炎热带极边瘴乡，攀枝花对汛区稍有瘴毒。"④ 复杂不便的地理环境和恶劣的生态环境，极大地加重了政府的行政成本，严重阻碍了滇南边疆地区设官建置，并逐渐形成尾大不掉的行政态势。

清代滇南边疆地区是少数民族聚居地，生活在河口督办区的少数民族有"苦冲、沙人、侬人、摆夷、苗子、撲拉、阿伲、红头瑶等"。⑤ 而麻栗坡督办区"僻处南服，归化未久，散处其间者，除汉人外，类皆古昔九黎三苗之裔"。⑥ 民族繁多，除汉族外，还有"侬人、苗人、瑶人、罗倮、土僚、沙人、那儌人等不下十余种"，直到民国时期，汉人也只是占"十分之四"⑦，少数民族极少读书，受汉文化影响比较小，保持了自身的文化和习俗。历史上，这些地区大都为土司控制区，清朝政府在边疆地区虽有"改土归流"，但土司势力尚存，政府行政权力难以下达。直到清末，滇南边疆地区正式县级行政区划设置极为疏散，导致边县因辖区过大

① 陆锦先等辑：《云南河口对汛督办公署造报地志资料细目清册》，1924 年钤河口对汛督办关防钞本。
② （近）陈钟书等修，邓昌麟纂：《新编麻栗坡地志资料》（下卷），1964 年云南大学复抄云南省图书馆藏传抄 1947 年稿本。
③ 《云南麻栗坡对汛特别区地志资料细目》，1919 年钞本。
④ （近）陈钟书等修，邓昌麟纂：《新编麻栗坡地志资料》（下卷），1964 年云南大学复抄云南省图书馆藏传抄 1947 年稿本。
⑤ 陆锦先等辑：《云南河口对汛督办公署造报地志资料细目清册》，1924 年钞本。
⑥ 《云南麻栗坡对汛特别区地志资料细目》，1919 年钤麻栗坡对汛督办之关防钞本。
⑦ （近）陈钟书等修，邓昌麟纂：《新编麻栗坡地志资料》（中卷），1964 年云南大学复抄云南省图书馆藏传抄 1947 年稿本。

而管控不力，形成政府行政管控薄弱区。

历史上，越南与我国的关系极为紧密，"越南有两千多年可考的信史，其中约一千余年曾是中国封建王朝直接治下的郡县；约一千余年它是独立的封建国家，作为中国封建帝国的'藩属'而存在"。[①] 正是由于封建政府对滇南边疆行政管控的薄弱，不利于国家领土的保护，有清一代，越南不断蚕食我国领土，"设开化府后，安南（越南）仍以入侵我国之意图而与清廷争议，引来界务交涉，长期未决"。[②] 中越双方就领土问题纷争不断。特别是法国对越南的入侵，并进一步窥视和蚕食云南，使云南的地缘政治发生了重大改变，并出现了前所未有的边疆危机。

法国侵占越南后，即刻着手发动侵略中国的战争，以实现掠夺我国西南财富，建立"法兰西东方帝国"的企图。在此背景下，1883年，中法战争爆发，并以清政府不败而败告终，1885年6月9日签订了《中法会订越南条约》，条约规定："自此次订约画押之后起，限六个月期内，应由中、法两国各派官员，亲赴中国与北圻交界处所，会同勘定界限；边界勘定之后，凡有法国人及法国所保护人民与别国居住北圻人等，欲行过界入中国者，须俟法国官员请中国边界官员发给护照，方得执持前往。至有中国人民欲从陆路由中国入北圻者，应由中国官请法国官发给护照，以便执持前往。"[③] 法国侵犯越南之前，中越之间一直保持着宗藩关系，长期以来，封建王朝皆视越南同中国为一家，在处理边疆事务时大有不分彼此之趋势，在疆土问题上，甚至认为："要地归藩，原系守在四夷之义，不必拘定撤回。"[④] 但《中法会订越南条约》中关于勘定边界、出入境者须持护照等规定，充分体现了以国家主权观为核心的近代国际关系的基本原则。法国挑起了中越界务问题，试图蚕食我国滇南领土。

越南沦为法国的殖民地之后，中越关系变为中法关系，即中国和法属越南之间的关系。此时，中国面临的是一个具有近代国家观念、企图染指云南的帝国主义国家，因此，边地之国防、外交变得复杂而重要，云南边

---

①　郭振铎、张笑梅主编：《越南通史》，中国人民大学出版社2001年版，第1页。

②　方国瑜：《安南勘界案·概说》，载方国瑜主编《云南史料丛刊》第8卷，云南大学出版社2001年版，第491页。

③　王铁崖编：《中外旧约章汇编》第1册，生活·读书·新知三联书店1957年版，第467—468页。

④　《岑毓英奏稿》卷25《请仍以大赌咒河划分滇越界限片》光绪十一年（1885）九月二十二日，载方国瑜主编《云南史料丛刊》卷9，云南大学出版社2001年版，第599页。

地的地缘政治格局开始从传统型向近代型转变。

法国对云南的侵略主要是经济侵略和领土蚕食。1886年4月25日，中法签订《越南边界通商章程》，正式指定两通商处所，"一在保胜以上某处，一在凉山以北某处"，中国在这两处设关通商，并"允许法国即在此两处设立领事馆"①。由此，滇南边界地区开始有边务和外交问题，需特别机构处理。根据条约，法国还取得了其他特权，比如法国商民前来中国边界通商处，中国应予以优待；法国人可以在中国地方置地建屋、开设行栈；法人可以进入中国境界通商处所，还可以离开通商处外出游历，并且在五十里范围内，不用请照；出口中国的商品只需支付很低的关税，且免征内地税等②。法国还积极筹划修建通往云南的铁路，以求更为方便地掠夺云南的资源，滇越铁路直达昆明就是其中的典型代表。频繁的商贸活动，使得中国和法越之间的交涉事宜骤然增加。在一些地区更是与土司势力勾结，制造民族矛盾，挑起民族纠纷，扰乱我边地社会。另外，边界勘定之后，领土的丧失，使得原属我国之边民，被人为地划属中越两国，但他们的紧密关系和日常生活事务却并不能因政治边界的划分而决然分开。因此，"双方群众进行贸易、耕种及探亲访友，往来日益频繁"③，人员的流动使中越之边务交涉事宜在边疆危机中骤增起来。

中法战争期间及之后的一段时间里，边界一带人民反法斗争此起彼伏，在越南一方，"1885年张廷绘和阮自如在广治起义，黎宁和萌武在河清起义，1886年枚春、裴佃和阮德润在平定起义，陈文玞和阮维敨在广南起义，阮范遵和黎直在广平起义，阮常春和黎允迓在义安和清化起义，范澎、丁功壮和何文旄在巴亭起义，谢光现在太平起义，1885—1889年阮善述在荻林起义，1892年宋维新和高田在雄岭起义，1885—1896年潘廷逢在河静、义安起义"④。越南人民始终坚持反法斗争，给法帝国主义者以沉重的打击。"其越民多避居三猛、十洲各山头，越官阮光碧等，尚率越义民屯扎夏和、清波等县地方，法亦仅踞兴、宣各城，不能进占一

① 王铁崖编：《中外旧约章汇编》第1册，生活·读书·新知三联书店1957年版，第478页。

② 同上书，第478—479页。

③ 萧德浩、黄铮主编：《中越边界历史资料选编》（下册），社会科学文献出版社1993年版，第1039页。

④ 陈元惠：《云南对汛督办：建立、发展、淬变》，博士学位论文，云南大学，2008年，第31页。

步。自兴、宣至滇界各处千有余里，中间义民屯扎甚广，法即欲入滇通商，偿其贪欲，亦恐非旦夕之间所能料理。"① 可见，越南人民反法斗争坚决，反法势力强大，不仅影响到了法国对越南的控制，还成为法国进入云南的巨大障碍。

同时，在中国滇南边界地带，法国侵略势力遭到了云南总督岑毓英率领的滇军和云南边疆人民的沉重打击，较为著名的有刘永福统领的黑旗军。刘永福曾经是天地会的领导人，天地会起义失败以后，转战进入越南，并于"1867 年在越南正式创建了黑旗军"。当法国殖民者大规模进攻越北时，刘永福所率的黑旗军给法国侵略者以重创，"在中法战争爆发之前，黑旗军始终是越北抗击法国侵略军的主力"。② 1885 年中法战争结束以后，援越抗法的滇军和刘永福率领的黑旗军才奉命回国，回国后，大部分驻扎在中越边境，"总兵覃修纲督率保忠等字各营于五月十一、十二等日入扎滇界墉洒汛、石头汛各地方；都司何元凤督率元田等字各营于五月十六、十七等日入扎滇界河口汛、南坪寨各地方；游击张世荣、梁松生等督率安边等营于五月十五、十六等日入扎滇界船头、天堡、交趾城各地方；提督刘永福一军亦于五月十三日迁入滇界南溪地方，距越保胜六十里"。③ 此等兵员驻扎沿边各汛，极大地增强了云南边地的军事力量，他们继续坚持抵抗法国的入侵，给法国势力深入云南制造了巨大障碍。同时，大量人员的进驻，加快了边地的开发，使得昔日的不毛之地逐渐发展成为村市，加速了边地社会经济的发展。

滇军和黑旗军除了大部撤回国境之外，仍有一批援越抗法的军队滞留在越南边境，继续抗法斗争。"刘永福迁入滇界，其部下黄俊芳、梁茂林、叶成林等不愿相随，尚率五六百人居扎越地"，清廷怕他们在境外滋生事端，后来"皆招抚扎入滇境，编列成营"④。他们配合越南人民和驻越华人，继续开展抗法斗争。

逗留在中越边境的抗法力量，后来成为散兵游勇，他们配合中、越两

---

① 《岑毓英奏稿》卷 24 《查探滇越边情片》光绪十一年（1885）七月初二日，载方国瑜主编：《云南史料丛刊》卷 9，云南大学出版社 2001 年版，第 587—588 页。

② 郭振铎、张笑梅主编：《越南通史》，中国人民大学出版社 2001 年版，第 616、617 页。

③ 《岑毓英奏稿》卷 24 《关外各军及刘永福所部一律撤抵滇界摺》光绪十一年（1885）六月初八日，载方国瑜主编：《云南史料丛刊》卷 9，云南大学出版社 2001 年版，第 584 页。

④ 《岑毓英奏稿》卷 24 《查探滇越边情片》光绪十一年（1885）七月初二日，载方国瑜主编：《云南史料丛刊》卷 9，云南大学出版社 2001 年版，第 587 页。

国人民积极开展抗法斗争，他们几乎成为法国侵略势力眼中的"匪党"、"叛匪"，是法国侵略势力心中难以消除的一块心病。"散军溃勇分踞越边，四处窜扰，法人剿抚俱穷，无可为计"[1]，出现这种情况的主要原因是"总督岑毓英由安南班师，裁撤营勇，未加安置，遂啸聚滇越边界"[2]。大量散兵游勇在武力反击法国侵略势力的同时，也扰乱了中越边疆地区的社会安定，危害了边地人民的生产、生活环境。直到 1909 年，法方还会同清廷签订《中越交界禁匪章程》，专门处理类似事件，这足以说明中法战争后，中越边境的事态十分严重。对于法帝国主义者来说，中越边境社会的不稳定，使得法国对云南的侵略多有掣肘，这增加了法国的侵略成本，完全不符合法国的利益。对于清王朝来说，地方的不稳定，中越边境的冲突不断，严重影响到了边疆的治理和管控。为了改变这种社会状况，法国要求清朝政府在中越边境互设专门的机构，以资管控，对汛督办就是在这样的背景之下建立的，主要承担国防、外交职能。

第二节　滇越交界地区外交边防机构对汛督办的建立

云南南部边疆的行政区划设置较为疏散，政府行政管控不力，越南力图侵占我领土，引起界务问题，致使中越间领土纷争不断。法国吞并越南之后，云南的地缘政治发生根本性变化，随之，中法界务交涉增多，通商事务频繁，云南边疆涉外事务随之增多，国防安全也日益重要。法国入侵，引起了中越两国人民激烈而持续的反击，一方面，使中越边境社会动荡不安，另一方面，严重妨碍了法国的侵略行为和在华利益的夺取。法国政府不得不要求清政府对中越边境地带进行协同治理，配合其维护中越边疆的稳定。而清廷亦有加强边疆管理的急切需要，所以在法方要求之下，中法会商决定在中越边境互设机构管理边防、外交事务，即对汛督办。

1885 年 6 月 9 日，法国会同清政府签订了《中法会订越南条约》，就界务、商务，及协同处理中越边境事务等问题进行了交涉。因此，云南的

---

① 《关于各殖边事宜·外交部驻滇特派员办事处 王占祺为划拨边区，设置对汛事函复云南民政厅（1931 年 4 月 4 日）》，云南省档案馆藏档案，档号：11—8—3。

② （民国）张自明修，王富臣等纂：《马关县志》卷 5《兵略志之五·军事绪言》，成文出版社据 1932 年石印本影印，1967 年，第 519 页。

国防外交事务骤然增多。光绪二十二年三月二十五日（1896 年 5 月 7
日），法国会同清政府在北京签订了《边界会巡章程》，该章程要求清政
府与法国政府在中越边境互设对汛机构，以资协同管控，共同维护中法双
方在中越边境地区的安定。根据中法《边界会巡章程》之规定：两国派
员会同巡查中越边界。两国应会同巡查的中越边界，分三段，第一段为广
东省与越南接壤的边界，第二段为广西省与越南接壤的边界，第三段为云
南省与越南接壤的边界。各由中、法两国选派一大员，会同督办巡查事
宜。法国的督办大员，第一段驻扎芒街，第二段驻扎谅山，第三段驻扎保
胜；中国督办大员，第一段驻扎东兴，第二段驻扎凭祥，第三段驻扎河
口。此等督办大员皆受省督抚的节制，但有关所管地段之内的各种事务，
督办可以责令该省的文武官员办理。为了联络方便，每段中法两督办大员
所驻之处，都以德律风或电线相接，以便随时通信，力求提高协同办事的
效率。督办大员下辖对汛，其设置方式皆以法国设一汛，中国相对设一
汛，并规定每处对汛均在中越边界通衢，中、越两边能够相望之处设立，
如果有的地方的地势不适宜扎营，则在左边，或者右边之地设立，斜角遥
对亦可，总之，就是期望两边能相望，达到声气可通的目的。此时，并没
有议定在第三段（滇越边界段）设立对汛，只是在第一段和第二段中越
边界处设立十处对汛，即芒街与东兴、北市与里接、横模与洽洞、越南崎
马与中国崎马、同登与南关、越南平而与中国平而、那爛与布局、驮龙与
水口关、越南里板与中国里板、朔江与平孟。[1]《会巡章程》没有议定滇
越边界所设对汛，但基本确定了对汛设立的原则、督办大员及对汛之职
责，以及对汛官员的管理等方面的事宜，标志着对汛督办机构的设置基本
完成。

　　光绪二十三年（1897）法国公使施阿兰照会清政府，"该章程业已施
办，而与彼此边界永平妥安关系极美"。[2] 可见，中越《边界会巡章程》
的施办取得了一定的效果，为了进一步营造和巩固这种"永平妥安"，法
国政府要求增设督办和对汛，认为"由广西至保胜边界之线绵长，务须

---

　　①　参见王铁崖编《中外旧约章汇编》第 1 册，生活·读书·新知三联书店 1957 年版，第
644—645 页。
　　②　黄国安、萧德浩、杨立冰主编：《近代中越关系史资料选编》（中），广西人民出版社
1988 年版，第 668 页。

除保胜与河口督办大员一所外，应在河阳与麻栗坡新设督办大员一所"。①
在滇越边境重新议定设立对汛，经中法勘界大员会定，从红河西边漫念贡
与那发至滇粤两省边界上蓬与田蓬街，共设立对汛十八处，对边界及边界
地区分段管控，对汛情况见表七：

表七　　　　　　　　　　　中越初设对汛情形表

中方		越方	中方		越方
那发汛	↔	漫念贡汛	新寨汛	↔	依底汛
湾塘街汛	↔	龙膊汛	田蓬汛	↔	呈祥汛
坝洒汛	↔	坝洒汛	河口汛	↔	保胜汛
老卡汛	↔	那录汛	新店汛	↔	上马汛
老卡汛	↔	飞龙汛	都竜汛	↔	箐门汛
保良街汛	↔	漫美汛	猛峒中村汛	↔	老寨汛
天堡汛	↔	清水汛	潘子花汛	↔	崖脚街汛
茅山卡汛	↔	新街汛	董干汛	↔	普捧汛
龙卡汛	↔	龙古寨汛	田蓬街汛	↔	上蓬汛

【资料来源：黄国安、萧德浩、杨立冰主编：《近代中越关系史资料选编》（中），广西人民
出版社1988年版，第670—671页。】

这实为滇越边界初设对汛之情形。对汛的设置进一步完善了中越边境
管理机构，对中越边境的管理发挥了重要的作用。"如此则我两国边界会
同巡查，较为妥密，用昭效验，而敦安谧和睦，并期友谊巩固无毁之证
据也。"②

为了加强滇越边境交涉事务的统一管理，清廷通过赋予临开广道部分
外交职权的方式，统筹兼管中法交涉事务，因此，特设正督办于蒙自，由
道尹兼任。"光绪二十四年（1898）二月十二日，经总理各国事务衙门批
准，云贵总督菘蕃任命临安开广道道尹邹馨兰兼任对汛督办，驻蒙自，遥

---

① 萧德浩、黄铮主编：《中越边界历史资料选编》（下册），社会科学文献出版社1993年
版，第1040页。
② 同上书，第1042页。

控指挥。"① 对汛督办直接由专办外交事务的中央机构——总理各国事务衙门批准任命，第一，正督办实际上属于中央政府派出的外交机构；第二，在处理外交事务这一层面上，蒙自正督办直接归中央节制。河口、麻栗坡两处则由督办降为副督办，并归临开广道节制，正副督办由此构成了上下级统属关系，"盖清时及民初，河、麻两区仅设副督办两员，归临开广兼蒙自关监督，直接督促办理防务而称为正督办也"。②

河口、麻栗坡副督办下辖对汛，中法双方就滇越边界设立对汛一事进一步商议，决定将原定的十八汛裁减为十汛，即"那发、龙膊、河口、新店、老卡等五汛，归河口副督办管辖；茅坪、天保、攀枝花、董干、田蓬等五汛，归麻栗坡副督办管辖"，并约定于光绪二十三年（1897）十一月内安设好相关事宜，后将所议各节上奏中央政府，得到了"应即照办"③的批示。之后又有逐步调整，"清光绪三十二年（1906）法汛龙膊移驻壩洒"，宣统二年（1910）云贵总督认为，法汛龙膊移驻壩洒"系属暂时权宜，今原稿请将滇汛龙膊亦移驻壩洒。查国际河流以龙膊为止，该处为滇属红河门户，上距那发即拿筏计程七站，下距河口计程二站，道阻且长，一经改移，则那发更形窎远，应请法国将龙膊一汛照旧规复，而我界壩洒亦设汛相对"④。根据相关资料分析，事实上法方并没有恢复龙膊对汛，但中方不仅增设了壩洒汛，而且保留了龙膊汛作为壩洒汛的分汛。⑤ 河口对汛于"光绪三十三年（1907）裁撤，归副督办代办"⑥。至此，河口副督办共辖那发、龙膊、壩洒、新店、老卡等五对汛。时至

　①　陈元惠：《云南对汛督办：建立、发展、淬变》，博士学位论文，云南大学，2008年，第36页。
　②　云南民政厅印行，《云南民政月刊》1935年1月第13期。
　③　黄国安、萧德浩、杨立冰主编：《近代中越关系史资料选编》（中），广西人民出版社1988年版，第675页。
　④　同上书，第689页。
　⑤　据龙云修：《云南行政纪实·民政》（第2册，1943年铅印本）所载《云南行政区域概况表》显示，惟独龙膊汛之法方对汛为空缺；云南民政厅1935年1月印行的《云南民政月刊》第13期，所载云南河口、麻栗坡对汛督办公署组织调查表（1934年造）显示，壩洒尚设置了龙膊分汛；《云南河口对汛督办公署造报地志资料细目清册》（陆锦先等辑，1924年钤河口对汛督办关防钞本）所载《云南河口各对汛官署表》显示，只有壩洒汛多了一分汛长，当为龙膊分汛长；龙云修：《云南行政纪实·边务》（1943年铅印本）载河口对汛督办下辖四对汛、一分汛、即壩洒对汛附龙膊分汛、那发对汛、老卡对汛、新店对汛。
　⑥　（民国）张自明修，王富臣等纂：《马关县志》卷5《兵略志之三·附督办对汛之设》，成文出版社据1932年石印本影印，1967年，第483页。

"宣统元年（1909），添设玉皇阁对汛，均归麻栗坡副督办节制"，[①] 麻栗坡副督办共辖茅坪、天保、攀枝花、董干、田蓬、玉皇阁等六对汛。中方对汛督办机构体系，见图九：

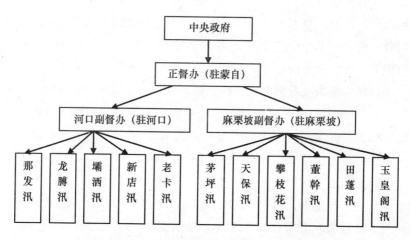

图九　中方对汛督办机构框架示意图

河口、麻栗坡对汛督办及所辖各对汛设立之初，尚属于国防、外交机构。其职能偏重国防、外交和部分行政管理。对汛督办设置的动机和目的，是"因其区域与法越接壤，时有国防、外交等种种问题发生，不能无高级长官就近控驭"。[②] 其职权"在保护国界，查禁挟私，履行中法对汛章程办理沿边国防、外交、军事"。[③] 军事、国防、外交特点极为突出。

在军事国防职能方面，据《边界会巡章程》对边界巡查方法的规定，"巡查边界以对汛各驻本国官兵。中法各对汛至少驻官兵三十名，各有军械，每汛以一弁管带"[④]。有不少汛直接由清代军事建置改设而来，比如麻栗坡所辖六对汛中，其中茅坪、天保、攀枝花、董干、田蓬五汛直接由

---

①　（近）陈钟书等修，邓昌麟纂：《新编麻栗坡地志资料》第 3 卷，1964 年云南大学复抄云南省图书馆藏传抄 1947 年稿本。

②　《云南河口、麻栗坡对汛督办公署组织调查表》，云南民政厅印行：《云南民政月刊·册表》1935 年 1 月第 13 期。

③　龙云修：《云南行政纪实·边务·河口麻栗坡对汛督办》第 20 册，1943 年铅印本，第 1 页。

④　王铁崖编：《中外旧约章汇编》第 1 册，生活·读书·新知三联书店 1957 年版，第 645 页。

茅坪、天保、攀枝花、董幹、田蓬五哨改设。河、麻两对汛督办及各汛所驻兵员主要来源于绿营兵，其中"道尹为正督办兼辖营务处总务，统率巡防军六营。河麻两督办分率三营，每营四队。河口、麻栗坡各常驻一营，余二营分驻各汛"。[1]"河口副督办统领忠字后营，麻栗坡副督办统领怀远前营，每营二百五十名，每汛汛弁一名，每汛驻兵三十名，副督办署驻兵各一百名。"[2] 各汛驻兵主要是为了处理"聚众生事并股匪执械"等边防事务，维护边境的稳定，按规定，"越南界内报有股匪聚会，一经闻信，法国汛弁即当飞行转知该对汛中国汛弁，并禀明该段边界法国督办大员"。"中国界内报有股匪聚会，一经闻信，中国汛弁即当飞行转知该对汛法国汛弁，并禀明该段边界中国都办大员。""凡有匪徒在越南境内被法军追迫国界入中国者，即由就近法国对汛知照中国对汛，或由追匪之法军管带知照就近中国军兵管带，俾中国军兵迅速接追捕获。遇有匪徒在中国境内过界入越南者，即由中国对汛或剿匪之中国军兵管带，速即知照法国对汛或就近法军管带，俾法军即行接追捕获。"[3] 中法战争后，大量反法力量屯驻在中越边境，时出为乱，对汛督办设立的初始目的就是为了镇压这些所谓的"流匪"，防卫边疆的稳定，中法双方协作处理边境事务，亦具有明显的外交特点。因此，清末至民国初年，河口、麻栗坡历任副督办主要出身于军官，以麻栗坡副督办为例，见表八：

表八　　　　　　　　　清末麻栗坡历任副督办及其事略表

姓名	职衔及出身	任期
张贵祚	清副将	1898 年 2 月至 7 月
周炯	清同知	1898 年 7 月至 1907 年 7 月
杨宗墀	前清副将	1899 年 7 月至 1907 年 7 月
张贵祚	清副将	1907 年 8 月至 1908 年 6 月
李朝兴	清参将	1908 年 7 月至 1909 年 6 月

---

① 龙云修：《云南行政纪实·边务·河口麻栗坡对汛督办》第 20 册，1943 年铅印本，第 1 页。

② 陈元惠：《云南对汛督办：建立、发展、淬变》，博士学位论文，云南大学，2008 年，第 38 页。

③ 王铁崖编：《中外旧约章汇编》第 1 册，生活·读书·新知三联书店 1957 年版，第 646—647 页。

续表

姓名	职衔及出身	任期
周行广	清山东候补知县	1909 年 7 月至 1911 年 6 月
嵇祖佑	四川警务出身，调滇创办警政者	1911 年 7 月至 1912 年 2 月
张宗靖	清末充马白随营学堂教员，后充白马第十九营管带，民国元年莅任督办兼开广国民军统领	1912 年 3 月至 12 月

【资料来源：1. （近）陈钟书等修，邓昌麟纂：《新编麻栗坡地志资料》第 3 卷，1964 年云南大学复抄云南省图书馆藏传抄 1947 年稿本。2. 任职时间资料摘自云南省麻栗坡县地方志编纂委员会编：《麻栗坡县志》，云南民族出版社 2000 年版，第 632—634 页。】

其中八任副督办中有五任出身军官，一任出身警务，所占比例达 75%，军人驻守边疆，边防职能极为明显。

在外交职能方面，据《边界会巡章程》规定，各副督办和汛弁驻守边疆，职掌"巡查中越边界"，维护国家领土主权，掌管着向出入境的人们发放和查验护照的权力，"凡有法国人民及法国所保护人民与别国居住北圻人等欲行过界入中国者，须俟法国官员请中国边界官员发给护照，方得执持前往。有中国人民欲从陆路由中国入北圻者，应由中国官请法国官发给护照，以便执持前往"[1]。外交职能极为明显，"清光绪二十三年（1897）十月，奉命改组交涉副督办，职司内地军事，办理外交"。[2] 因为对汛督办主要行使国防、外交职能，因此，内部组织系统较为简略，除了军事配备之外，还配备了外交人员，"清末时期河口麻栗坡对汛副督办署大概应包括如下文职人员：书记（或文案）、翻译、管档、收支、缮校等员"。[3] 其中，书记官"撰拟文牍；督办因公出境或有不得已事故得代照料其军事民事上之职务。"翻译的职责是"翻译外交往复公牍，摘译关系外交书报，督办接待或往谒外宾时通译其谈话，督办因公出境或有不得已

---

① 王铁崖编：《中外旧约章汇编》第 1 册，生活·读书·新知三联书店 1957 年版，第 645—646 页。

② （近）陈钟书等修，邓昌麟纂：《新编麻栗坡地志资料》（中卷），1964 年云南大学复抄云南省图书馆藏传抄 1947 年稿本。

③ 陈元惠：《云南对汛督办：建立、发展、淬变》，博士学位论文，云南大学，2008 年，第 39 页。

事故时得代其照料外交上之事务"。① 从对汛督办公署内部组织系统来看，地方行政管理职能并不健全，主要职责在对外交涉事务的处理上，凸显了它的外交职能。

河口、麻栗坡副督办虽为国防、外交机构，但事实上，除了国防、外交职能外，对汛督办还有一定的地方管理和开发的职能。主要体现在边疆开发和设立学校，推广教育等方面，据《马关县志》载，河口学校起始于清末河口副督办的经营，"清末，督办许德芬接任，师管子遗法，而学堂、警察、民团诸要政备焉，商务因之发达"。麻栗坡学校之建设，"初街众仅以屠捐开办，就寿佛寺设置，督办周行广又以船头渡捐及南温河渡捐办一学校，学生两班，均不足额，设置亦未完备"。② 另据记载，麻栗坡第一任副督办张贵祚"修建督办营房，与民关系良好，办事勤勉"，第六任副督办周行广"改良对汛，创办公办小学。"③ 但是督办初设之时，隶属于临开广道（蒙自道），"因该两区地面，原日均属开化府（今文山县），当时既无完备组织"。④ 督办署基本上是在沿边地区设立一个专门机构，没有固定的行政管理区，"河口汛，地隶安平厅（今云南省马关县），龙膊汛地隶文山县，那发汛地隶临安府建水县，新店汛地隶安平厅，老卡汛地隶安平厅，麻栗坡汛地隶安平厅，附近茅坪设立一汛，天保汛亦名偏保，地隶安平厅，攀枝花汛地隶安平厅，董幹汛地隶安平厅，田蓬汛为广南府地"。⑤ 因此，各汛的行政事务也归周边各县管理。可见，河口、麻栗坡副督办实际上兼有地方行政管理职能，但极不完善。

总之，法国入侵越南，致使云南的地缘政治发生了重大变化，对外交涉事务也日益繁多。法国通过勘划边界蚕食中国西南边疆领土，迫使清政府开放商埠通商，对云南进行经济侵略，传教士打着文化的幌子行侵略云

---

① 束于德：《拟订云南边界外交军警办事章程》，云南省档案馆藏档案，卷宗号：11—7—78。

② （民国）张自明修，王富臣等纂：《马关县志》卷4《文教志》，成文出版社据1932年石印本影印，1967年，第419页。

③ （近）陈钟书等修，邓昌麟纂：《新编麻栗坡地志资料》（中卷），1964年云南大学复抄云南省图书馆藏传抄1947年稿本。

④ 叶桐：《河口麻栗坡两特别区概况》，《云南边地问题研究》（下卷），云南省立昆华民众教育馆1933年版，第383页。

⑤ （清）王文韶修，唐炯纂：光绪《续云南通志稿》卷71《边防一》，光绪二十七年（1901）刻本。

南之实。这引起了中越人民的坚决反抗，中法战争结束后，大量反法势力滞留在中越边境，成为所谓的"流匪"，严重扰乱了中越边境社会的安定，既不符合法国的侵略利益，也不符合清朝政府加强边疆管控的需要，所以直观地看来，按法方意志设立对汛主要为了法方的利益，所谓"其利在彼，而不在我"，但是"我方沿边一带地方辽阔，自设汛分守后，对于边民之保障，内政之推行，外交之应付，莫不同受其益"①。因此，河口、麻栗坡对汛督办作为国防、外交机构的设立，是晚清政府在云南地缘政治变化背景下强化边疆管理的积极应对措施。

第三节　对汛督办向县级行政区划的演变

行政区划是国家按照既定的政治目的和地方行政管理的需要对行政区域的划分，形成行政区划需要满足它的充分必要条件，"必要条件是一个行政区划必须有一定的地域范围，有一定数量的人口，存在一个行政机构；充分条件是这个行政区划一般都处于一定的层级之中，有相对明确的边界，有一个行政中心，有时有等第之别，也有司法机构"。② 在此基础上，周振鹤先生提出了行政区划的基本要素，即"层级：是历代行政区划的核心要素。幅员：指政区的面积大小。层级与幅员一起形成了行政区划的基本结构。边界：指两个政区之间的界线。形状：政区的形状是指其在地图上的平面投影。地理区位：任何政区都处于一定的地理区位上，政区与外界的联系受区位的深刻影响"。③ 辛亥革命后，中越边境的国防、外交管理，沿袭了清朝末年设立的对汛督办制度。但在民国时期行政区划改革和边疆管控强化的形势下，云南省政府加大了边疆建设的力度，积极推动边疆行政区划改革。河口、麻栗坡对汛督办在改革中逐步满足了行政区划的条件和基本要素，从而实现了从国防、外交机构向县级政区的过渡。

一　对汛督办行政职能的强化

云南光复后建立军政府，蔡锷主滇。鉴于对汛督办行政权的缺失，不

---

① 《关于各殖边事宜·外交部驻滇特派员办事处 王占祺为划拨边区，设置对汛事函复云南民政厅（1931 年 4 月 4 日）》，云南省档案馆藏档案，档号：11—8—3。

② 周振鹤：《中国行政区划通史·总论》，复旦大学出版社 2009 年版，第 9 页。

③ 同上书，第 9—11 页。

利于边疆的管理，早在蔡锷时代就有改革对汛督办的主张。民国元年（1912）八月和十月，麻栗坡对汛副督办束于德曾经两次呈云南军都督府，提出"改对汛为外交军警"，建立乡村警察体制，并认为"整顿边务须举办乡团警察并改练新军"①。改设外交军警，建立警察组织，加强边民和边地的管理，就是在国防、外交职能之外，初步增加对汛督办的行政职能。虽然此次改革并没有落实，但可以认为建立警察体制的改革措施是增加对汛督办行政权的尝试。

民国二年（1913）四月，云南完成了"废府存县"的行政区划改革，但边地政区建设并没有完成。民国三年（1914），云南巡按使任可澄以"对汛虽为国防而设，而沿边一带，穷乡僻壤之区，瘴疠不毛之地，多有为各地方行政官吏所难周，权力所不及者"②为由，建议改良对汛督办，并由特派交涉员与法方反复交涉，议定《改良对汛办事章程》三十四条，并于民国六年（1917）公布实施。根据该章程，"督办在云南段内共设二员，一驻河口，一驻麻栗坡，直隶于督军省长"。对汛副督办改为对汛督办，权力有所增加。第十六、十七、十八条规定："对汛督办得受理本管段内民刑诉讼，其权限与兼理司法之县知事同；对汛汛长各于本管段内受理违警事件，并得受理民刑诉讼；在汛长审判范围内之民刑诉讼，该管督办认为有必要时，仍得自行审理，其在范围之外者，汛长得分别民刑及案情轻重，取确证备录案情或意见，并同人证呈送该管督办审理。"③据此，督办及各汛长开始掌有地方行政司法权，至民国二十三年（1934），规定"河麻两区之司法区域与其行政区域同"④，河口、麻栗坡两区的司法和行政在同一个空间范围内推行，具有明显的地域特征，表明河口、麻栗坡两区将逐渐从仅有一个驻地发展到拥有自身的辖区，同时，对地方的行政管理也将得到进一步强化，为对汛督办向行政区划演变奠定了政策基础。

---

① 陈元惠：《云南对汛督办：建立、发展、淬变》，博士学位论文，云南大学，2008年，第78—79页。

② 龙云编：《云南行政纪实·边务·河口麻栗坡对汛督办》第20册，1942铅印本，第1页。

③ 云南省档案馆藏档案：《修改对汛办事章程》中华民国六年（1917）六月七日，档号：11—7—78。

④ 《改订云南省河麻两对汛督办及所属对汛组织暨办事暂行规程》，云南民政厅印行：《云南民政月刊》1934年5月第5期，第14页。

　　《改良对汛办事章程》三十四条，对督办的外交事务并没有做出明确的规定，这说明了对汛督办的外交职能开始弱化，后来规定督办所办理事务凡涉及军事、外交者，"应分呈总指挥部暨外交部驻滇特派员核办"①，外交部驻滇特派交涉员在很大程度上分离了对汛督办的对外交涉权。可见，对汛督办的行政管理权在强化的同时，外交特点在逐渐弱化。特别是勘划行政区域之后，对汛督办的行政权力更为突出，比如民国六年（1917）六月，云南省府委派马子骧为划界分区委员，将麻栗坡督办及所属六对汛划编为特别七区后，辖区内"一切教育、团务、建设、司法、行政均归督办同各汛直接治理，与马关、广南、西畴三县有关系者，仅粮赋一种。由是麻栗坡对汛特别区俨然独立，与邻封各县不相统辖"。② 这改变了在对汛督办建立初期行政权归邻封各县行使的政治局面，预示着两对汛督办向具有一定辖区的独立行政实体发展，政区特征日益明显。

　　河口、麻栗坡对汛督办公署分别驻河口、麻栗坡，该两地成为对汛督办的行政中心，即政区治所。由于管理职能的变化，河口、麻栗坡对汛督办公署的组织机构有所变化，民国六年（1917年）施行的《修改对汛办事章程》规定："对汛督办署以督办一员，勤务督察二三员，科员三四员，翻译、检验、吏录事二三员。对汛以汛长副汛长各一员，书记一二员，汛兵三十名以上组织成之。"③ 据此，河口对汛督办调整了组织机构，民国十年（1921），"督办公署设督办1员、参军（后改秘书）1员，下设行政、财政、司法、总务四科和翻译、检查、督察等室"。其中"行政科系贯彻执行国家政策法令，推行地方施政措施等；财政科主管全区内的田粮赋税及备直属单位的经费收支等；司法科办理刑事、民事案件和诉讼等"。④ 至民国二十三年（1934），河口、麻栗坡督办署内设秘书、第一科（行政）、第二科（财政）、第三科（司法）、第四科（总务）、检查长、侦探长、督察长、翻译员等科室。后来又增设田粮科、户籍室、建设科、

---

　　① 《改订云南省河麻两对汛督办及所属对汛组织暨办事暂行规程》，云南民政厅印行：《云南民政月刊》1934年5月第5期，第14页。
　　② （近）陈钟书等修，邓昌麟纂：《新编麻栗坡地志资料》（中卷），1964年云南大学复抄云南省图书馆藏传抄1947年稿本。
　　③ 《修改对汛办事章程》中华民国六年（1917）六月七日，云南省档案馆藏档案，档号：ll—7—78。
　　④ 黄日雄：《河口对汛督办简介》，《河口文史资料》1989年第2辑，第129—130页。

军事科等。① 至此，河口、麻栗坡对汛督办建立了一套行政机构和司法机构，行使行政职能和司法职能。

二　掌土：对汛督办行政区域的勘划

"民国六年（1917）勘划对汛督办区域作为特别区"② 是民国初期对汛督办改革的重要举措，是对汛督办向行政区划演进的重要步骤，也是确定督办行使行政司法权的具体行政地域的过程，但是当时并没有实现明确的勘划。对汛督办区域的勘划经历了一个复杂的过程，充分显示了不同政治实体之间的政治博弈过程。从《改良对汛办事章程》的条款看，对汛督办所管辖的段内，究竟以何处、何地为界限，各汛长驻在地周围三十里之界址也没有详明的划分。③ 此后，省府先后命令河口、麻栗坡两督办会同邻封各县长认真妥当地勘划清楚相互间的界线，但勘划事务一直没有真正落到实处，遂致因循搁置。

各行政区之间界线的不明晰，造成了行政管理上的不便和混乱，导致在对汛与相邻各县行使职权时，常常发生争执事件。政府的本意是要使对汛与各地方官能够"和衷共济，通力合作，以收联络便利之效"。④ 但最终还是因为各行政区域没有确定，致使权限不清，政令纷歧，从而无法达到通力合作之政治意愿。

督办、汛长之职权，初仅办理汛区内之军事、外交，对于行政、司法、粮赋等项，仍由各原管地方官办理。但是汛地为沿边一带穷乡僻壤之地，且瘴疠横行，是历史上典型的不毛之区。而各县属驻地离汛地过于遥远，且交通极为不便，因此存在管理上的极大困难，往往形成尾大不掉之势。各原管地方官，"或因县治遥远，鞭长莫及；或因遇事敷衍，放弃权责"。可见，原管各属对汛地的行政管理是极为缺失的，由此带来了边疆

---

① 参考陈元惠：《云南对汛督办：建立、发展、淬变》，博士学位论文，云南大学，2008年，第87页。

② 《云南麻栗坡对汛特别区地志资料细目》，1919年钤麻栗坡对汛督办之关防钞本。

③ 《对汛办事章程》就对汛督办的隶属关系、汛官选任的资格要求及委任机构、汛官之组织及职务范围和行使职权的原则要求、提高俸禄的原则、汛兵之编制等方面的内容有详细的规定。但并没有提到具体的划界问题。见云南省麻栗坡县地方志编纂委员会：《麻栗坡县志》附《对汛办事章程》，云南民族出版社2000年版，第1126—1128页。

④ 龙云修：《云南行政纪实·边务·河口麻栗坡对汛督办》第20册，1943年铅印本，第1页。

治理上的不便，同时，"各汛长中遂有乘机揽权，任意措施，或汛区民众自图便利，对于诉讼教育团务等事，自请汛长主持，相习已久，已成积重难返之势"。显而易见，各汛长虽无行使行政权力之名，却有了行使行政权力之实。而且从中可以看出，河、麻两对汛地区行政权力的变化是汛官和当地民众的共同需要。加之"在过去之滇因军事屡兴，政府对此穷僻边陲，一时兼顾不到。"如此一来，就造成了汛长与原管各地方官因行使职权而纠纷、争执不绝的事实。另一方面，对汛和县之间的区域并没有明确划分，致使汛官和县官在行政上的矛盾日益凸显，往往是职权不明，极易造成地方行政的冲突和资源浪费。对汛区的民众来说，也不知道自己该归谁管辖，"事齐事楚，无所适从，遇有门户负担，双方均必摊派，形成两重政府"。此种现状给当地人民带来的是无穷的痛苦，有不少人因为"不堪此重累而迁入越界"，[①] 这对边疆的稳定、国防的巩固有百害而无一利，也不利于行政效率的提高。可见，重新勘划界定对汛及各县之区域与边界的需要日趋紧迫。

1933 年 2 月，云南省民政厅派出专员前往各汛办理勘察工作，并会同马关、屏边、广南、西畴等县县长及金河设治局长一起会勘，拟订了划界的方案，即：

> 拟将马关县与河口督办所属之新店、老卡两对汛，及与麻栗坡督办所属之玉皇阁、天保两对汛素来争执最烈之桥头街、小坝子、都竜、猛洞等处仍分别划入汛区办理，尚无不合，又河口督办所属那发对汛，向来管辖系与金河设治局同一范围，而那发与壩洒对汛中间，因屏边县所属之西区八里横亘于中，致两汛间交通要道不能贯通联系，自应将西区八里划入汛区，但屏边为新近改设之县治（系以靖边设治局改县），若将改县所属西区八里划出，则土地、人口减少，于县治不无妨碍。

并提出了两套具体的解决措施：

---

① 叶桐：《河口麻栗坡两特别区概况》，《云南边地问题研究》（下卷），云南省立昆华民众教育馆 1933 年版，第 385、386 页。

第一项，就金河区天然形势，由该区内分水岭起，沿王布田河至茨桶嶂止，划为那发对汛区域所辖，金平区域则归并勐丁设治区，改治后改为金平县，再就勐丁区内划出比较接近屏边之地面一部分与屏边西区八里互换，即将八里划入嶂洒汛区，以期得失相当；第二项，屏边县西区八里仍划入汛区，可将蒙自县属之蓬春岭全部划出，以接近屏边之一部分土地划归屏边，其余之地划归金河。[1]

以上划界方案，充分考虑了方便行政、设县的条件、自然形便、就近管理，以及平息地方争端等方面的要求和原则。这些方案得到了云南省府的同意，经提出第三五二次省府会议议决，如呈照准，嶂洒、那发两汛区与屏边、金河各地划分，应照第一项办法办理，其他事项并准。但相关地方政府出于自身的利益要求，并没有切实贯彻执行省府的要求，导致边界勘划仍然得不到解决。但此次勘划工作是对汛督办区进一步向县级行政区划演进的重要标志性举措。

对于上述划界方案，屏边、金平两地官绅并不情愿。他们反复提出自己的理由，对于应该按照方案划归河口对汛管辖的各个地方，则延不划拨，导致划界一事产生极端争执，纠纷甚大。河口对汛一方，为了扩充自己的统辖区域，极力主张多所划拨，但县府一方，则恐怕划界后管辖区域缩小，精华丧失，影响本县财政收入，从而妨碍一切行政，所以必然会尽力相争。为了兼顾国防和县治之行政起见，经省府同意，1938 年，民政厅委派钟瑞为勘划专员前往河口、屏边、金平三区切实履勘，以避免永久纠纷。此次履勘结果是：

以河口汛区在事实上既不能照屏边县所请，由越南界起划中里三十里归汛区管辖，而屏边县划拨西区八里后，又不能照叶专员前拟第一项办法，以勐丁区域与之互换（因勐丁与屏边中间尚隔有金平县之土地），该钟委员所拟将西区八里中之第一、第二两段，及第三段地面之近十一甲一部地方，与第五段内接于十一甲之阿得、博雷、打树等寨划归嶂洒对汛所属，以达两汛间联贯之目的。其屏边县南区各

<hr />

[1]　龙云修：《云南行政纪实·边务·河口麻栗坡的对汛督办》第 20 册，1943 年铅印本，第 3—4 页。

地，仍照现管界限依旧管理，俾免纷更，无须另觅抵补区域与之互换，自为解决悬案，便利执行之主张。又金平方面，除分水岭之卡房，河口陈督办已有声明情愿放弃，仍归金平外，其十一甲地方，钟委拟本纵分，原则上由河头一甲起，以河头后山之山沟顺白马河至十里村分界，下沿大竹山甲之山后顺滥漂冲河分界，划归那发对汛，那黄街等寨，现为汛署驻地，绝难归还金平，即请一并划归那发管辖，亦系双方兼顾之策，在各对汛方面，地区既能联系，在各县治方面，亦无重大困难。[1]

此次勘界对此前的勘界方案进行了修改，工作非常细致，明确了各行政区之间的边界，划定了各行政区的幅员。

河口对汛督办及各对汛实现了"掌土"职能，具备了作为行政区划的充分条件。经省府二十七年（1938）四月十五日第542次会议议决，准照这一区划方案办理，并令河口督办及屏边、金平两县长遵办此事。但各县属官绅仍然表现出了固守之心，他们"或以界线不明，或以清丈耕地、编查保甲户口等各要政尚未办竣，先后呈请暂行照旧管理，缓期移交"，而"马关县应行划归新店对汛管辖之忧吉、白果、腻坡等地，屡经限期交收，循延不报，均经民厅核示驳斥，迄未办理"。[2]

云南河口对汛督办与周边各县之行政区域的厘定，是多方政治力量相互博弈的政治过程。首先，由于疆界混淆不清，地方各属都从自身利益出发而引发争端，相互间在疆土问题上就如同"敌国"，报有寸土不让的决心，并在相互争夺过程中形成了地方行政管理上的重叠性。其次，在划界过程中利益"损失"较大的县份，与省府之关系也处在博弈过程中，各地方政府总是想方设法，或抵制，或逃避，或借故延迟。省府在与边地各地方政府进行政治博弈的过程中，也不得不考虑边疆地区的特殊性，认为"边地民智固蔽，历史习惯难打破，只能循循宣导，不宜强制执行，故界务交收一事，尚需相当时日也"[3]，以避免过于激烈。鉴于边疆地区的特

---

① 龙云修：《云南行政纪实·边务·河口麻栗坡对汛督办》第20册，1943年铅印本，第6页。

② 同上。

③ 同上。

殊性，云南省府不得不在勘界事务中做出一定程度的让步。因此，河口对
汛督办特别区的边界并没有进行严格明确的划定，但河口对汛督办区的范
围已定是没有问题的，即"东界麻栗坡，南界越南，西界金平，北界金
平、蒙自、屏边、马关，东南界越南，西南界越南，西北界金平，东北界
麻栗坡"。① 由民国云南地志编纂处编绘，民国二十二年（1933）出版的
《云南省各县区域全图》将河口对汛督办作为县级政区编入其中，但有些
地段并无明确的边界线，充分体现了勘界过程的复杂性。

麻栗坡对汛督办行政区域的形成。麻栗坡对汛督办设立之初，主要是
出于管理国防、外交事务的需要，下辖六对汛，但并没有划定督办的管辖
区域，六个对汛的行政、司法及粮赋等事务，均归周边马关、西畴、广南
等县管理，统辖关系较为混乱。"玉（皇阁）、茅（坪）、天（保）三汛
地，原归马关地面；攀（枝花）、董（幹）两汛及督属，原系东安里地
面；田蓬汛属原在广南地方。"② 据前文研究可知，东安里地面即后来之
西畴县区域。但是马关、西畴、广南等县距离麻栗坡及各对汛所在之边地
太远，鞭长莫及，边地治理难以周全。为了解决行政管理上的不便，民国
六年（1917）六月，省府派出划界分区委员，将督办及所属六对汛划编
为特别七区：即"督办署所属东安里之南油半甲、磨山半甲、马达半甲
为特别第一区；茅坪汛所属马关之归仁里聚义甲为特别第二区；玉皇阁对
汛所属之聚隆甲为特别第三区；天保对汛所属之奋武甲为特别第四区；攀
枝花对汛所属之东油半甲及胡迭半甲为特别第五区；董幹对汛所属之马桑
甲、普元甲为特别第六区；田蓬对汛所属之普梅营郎恒营木央营为特别第
七区"③。划定区域后，麻栗坡对汛督办的行政辖区为"东界广南，南界
越南，西界河口，北界马关、西畴、广西、富州，东南界越南，西南界越
南，西北界马关，东北界富州"。④ 所有的教育、团务、建设、司法、行
政都由督办及各汛治理。"民国二十二年（1933），督办陈钟书呈省核准
对汛督办管辖区域改为行政区建置，汛区内一切行政事务统归督办公署办

　　① 龙云修：《云南行政纪实·民政·建制》第 2 册，1943 年铅印本，第 6 页。
　　② （近）陈钟书等修，邓昌麟纂：《新编麻栗坡地志资料》（中卷），1964 年云南大学复抄
云南省图书馆藏传抄 1947 年稿本。
　　③ 同上。
　　④ 龙云修：《云南行政纪实·民政·建制》第 2 册，1943 年铅印本，第 6 页。

理。对汛督办机构除履行督办职权外，奉命比照内地一等县设置。"① 麻栗坡对汛特别区在区域上和行政事务上有了很大的独立性和自主性，与周边各县不再互相统辖。由此，麻栗坡对汛督办区具备了逐渐转变成具有县级政区特点的一个特殊过渡型政区的地理空间基础。（见表九）

表九　　　　　　　麻栗坡副督办区统辖各区疆界和面积表

对汛区	区域疆界	面积
麻栗坡第一区	东与攀汛区马安山为界；南与天保汛区伙山为界；西与马关县属南温河为界；北与西畴凉水井山脉为界。	东西八十里，南北五十五里，约二千二百余方里。
茅坪第二区	东与玉皇阁都竜大山为界；南与法越为界；西与河口督办属之老卡山脉为界；北与马关属之京竹坪为界。	东西五十五里，南北四十里，共一千一百余方里。
玉皇阁第三区	东与天保汛老君山脉为界；南与法越为界；西与茅坪汛马拷水头为界；北至京竹林为界。	东西七十五里，南北二十六里，共一千零五十余方里。
天保第四区	东与攀汛绿水河为界；南与法越为界；西与玉皇阁汛属老君山脉为界；北与马关县为界。	东西一百二十里，南北二十五里，共一千余方里。
攀枝花第五区	东与董汛属关稿大山梁为界；南与法越为界；西与天保汛绿水河了口为界；北与西畴竜沟山岭为界。	东西一百四十里，南北三十里，共计二千一百余方里。
董幹第六区	东与广南县南利河为界；南与法越大卡山脉为界；西与攀汛关稿山脉为界；北至苦竹坝山脉为界，原为普光马桑两甲。	东西一百三十五里，南北六十里，共四千零五十余方里。
田蓬第七区	东与广西镇边县属白屯山为界；南与法属越南为界；西与西畴普梅河为界；北与宝宁属木仑营山脉为界。	（笔者注：不见记载）

【注：（近）陈钟书等修，邓昌麟纂：《新编麻栗坡地志资料》（中卷），1964年云南大学复抄云南省图书馆藏传抄1947年稿本。】

---

① 云南省麻栗坡县地方志编纂委员会编：《麻栗坡县志》，云南民族出版社2000年版，第631页。

　　随着区域的勘划,河、麻对汛督办的行政区划特点逐渐明晰。河、麻对汛督办地处滇南极边,行政改革后,河、麻对汛督办有明确的边界,拥有一定的地域范围,即政区幅员,督办直隶省政府,具备了层级要素。更重要的是,河、麻两督办具备了"掌土"职能,掌管了一定地域范围的行政事务。"查河口、麻栗坡两属管辖区域,原由附近之西畴、广南、马关、金平、屏边等县拨入,于民国二十二年(1933)以后,即已兼摄司法行政,形成一行政单位。"① 在向地方行政区划演变的过程中划定行政辖区后,各对汛督办建立了乡镇保甲制度,进一步建立和完善了基层行政组织。见表十

表十　云南省民国二十七年（1938）河口、麻栗坡具报区乡镇保甲数目表

属别	区	乡	镇	保数	甲数
河口	5	19	5	80	694
麻栗坡	7	39	2	212	1865

　　【资料来源:龙云修:《云南行政纪实·民政·户籍·云南省民国二十七年份各属具报区乡镇保甲 户口数目表》第2册,1943年铅印本,第5页。】

三　治民：对汛督办区的户口调查

　　因为"户口乃施政标准,为社会上各种事业之分配,又为计划一切政务之对象,故各地户口不明,则庶政漫无依据"②,所以对汛督办在所辖行政区域勘定之后,即刻着手对本区域人口进行了调查统计,作为行政的依据。据云南省政务厅汇编的《云南省各属户口民国八年(1919)统计表》统计,"麻栗坡对汛督办,17194户,男丁数为40226,女口数为35959,总人口数为76185",该统计表还重点说明,"本届户口调查内有麻栗坡一属,系因该处于民国七年(1918)呈准作为特别区,据其直接查报"③。可见,麻栗坡对汛督办改设特别区,具备了行政区划特征和职能后,才开始直接管理辖区内人口。

　　但据云南省内务司汇编的《云南省各属户口民国十三年(1924)统

――――――――――

　　① 《云南省政府咨送滇越边区对汛督办公署划设新县治图集组织规程情》,云南省档案馆藏档案,档号:11—1—962。

　　② 龙云:《云南行政纪实·民政·户籍》第3册,1943年铅印本,第1页。

　　③ (民国)云南通志馆编纂:《续云南通志长编》(中册)卷38,云南省志编纂委员会办公室1985年版,第116页。

计表》分析，并没有发现河口、麻栗坡对汛督办特别区的人口统计，该户口统计表明确地说明了其中的原因，即"本届户口调查，麻栗坡特别区已奉明令由原管之马关县查报"① 之后，云南省民政厅汇编的《云南省各属户口民国二十一年（1932）统计表》，也不见河口、麻栗坡对汛督办区的人口统计。这充分说明了对汛督办从国防外交机构向地方行政区划演进的过程是十分复杂的，存在着权力和利益的调整和分配。更重要的是在这一时期，河口、麻栗坡对汛督办区和相邻各县局存在行政辖区上的纠纷，云南省政府正在进行边界勘划工作，所以河口、麻栗坡对汛督办的行政区域没有最终划定，还处于向行政区划过渡的转型时期。

据前文研究，民国二十二年（1933）以后，河口、麻栗坡对汛督办形成一行政单位，直到民国二十七年（1938），才划定了河口、麻栗坡两对汛区与邻县的界线，最终确定了两对汛区的行政区域。由此，户口管理权归于督办，所以自民国二十七年（1938）之后，云南省政府进行的三次户口调查，都有河口、麻栗坡对汛督办的人口数呈报，见表十一、十二、十三：

表十一　《云南省各对汛督办户口民国二十七年（1938）统计表》（民政厅汇编）

属别	户数	人口数	
		男	女
河口	7357	16233	15347
麻栗坡	22585	63488	62006

【资料来源：（民国）云南通志馆编纂：《续云南通志长编》（中册）卷38，云南省志编纂委员会办公室1985年版，第134页。】

表十二　《云南省各对汛督办户口民国二十八年（1939）统计表》（民政厅审编）

属别	户数	人口数	
		男	女
河口对汛督办	7627	15843	15214
麻栗坡对汛督办	23002	61941	62597

【资料来源：（民国）云南通志馆编纂：《续云南通志长编》（中册）卷38，云南省志编纂委员会办公室1985年版，第143页。】

---

① （民国）云南通志馆编纂：《续云南通志长编》（中册）卷38，云南省志编纂委员会办公室1985年版，第121页。

表十三　《云南省各对汛督办户口民国三十二年（1943）统计表》（民政厅汇编）

属别	户数			合计人口数		本国口数		外国口数	
	合计	本国	外国	男	女	男	女	男	女
河口督办公署	6571	6545	26	14515	15159	14471	15105	47	54
麻栗坡督办公署	22647	22644	3	61165	61514	61154	61504	11	10

【资料来源：（民国）云南通志馆编纂：《续云南通志长编》（中册）卷 38，云南省志编纂委员会办公室 1985 年版，第 152 页。】

首先，河口、麻栗坡对汛督办与其他县一起被云南省民政厅纳入云南省各属户口统计范围，说明河口、麻栗坡对汛督办区已经过渡到了县级政区，不再是一个国防、外交机构。但是在名称上与县还存在极大的差异，这正是对汛督办区的特殊性所在。其次，河口、麻栗坡对汛督办对本辖区内的人口进行了统计，职掌了本行政辖区内的户籍和赋税管理权，并为此增设了专门的管理机构，"民国二十三年（1934）增设田粮科和户籍室"。① 由此，河、麻对汛督办区的行政权落实到了对人口的管理上，实现了真正的"治民"，为对汛督办区过渡到行政区提供了必要的条件。

总之，辛亥革命后，中央政府大力推行以"废府存县"为核心的行政区划改革。为了响应中央政府的号召，也为强化边疆管控，云南省政府推动了河、麻对汛督办的改革。经过改革，对汛督办逐渐拥有了司法行政权，建立了一套特殊的行政管理机构，河口、麻栗坡则是行政中心所在地。与此同时，省政府派出勘界专员，划定河口、麻栗坡对汛督办的行政区域，明确各行政区划之间的边界线，对汛督办从此具备了"掌土"职能，对汛督办逐步具备了行政区划必要的地理条件。为了成功施政，有效开发边疆，在行政区域划定后，对汛督办公署积极开展区内户口调查，实现了对当地人口和赋税的有效管理，真正实现了"治民"。因此，经过改革，对汛督办已经具备了成为行政区划的条件和基本要素，对汛督办已经从设置初期的国防、外交机构演变成了地方行政区划。

---

① 黄日雄：《河口对汛督办简介》，河口县政协文史资料委员会编：《河口文史资料》1989 年第 2 辑，第 130 页。

第四节　对汛督办特别区考释

一　河口对汛督办区

清光绪二十二年（1896），中法会订《中越边界会巡章程》，根据章程规定，中越边界分为三段，每段由中法两国各派督办一员管辖其下各对汛，云南居中越边界第三段，原定法国督办驻老街，中国督办驻河口。因为河口督办由蒙自道兼任，所以设副督办代行职务①，并于"光绪二十三年（1897）与法人设立对汛，设副督办二员"，② 正式设立河口副督办。1914 年改副督办为督办，1926 年置河口特别行政区③。

"盖清时及民初，河、麻两区仅设副督办两员，归临开广兼蒙自关监督，直接督促办理防务而称为正督办也。"④ 可见，河口副督办在设立之初隶属蒙自道尹兼任的正督办。"民国三年（1914）遂改设对汛督办，不再由蒙自道尹遥兼，重其事也。"⑤ 此时，河口对汛督办直隶于省。然据《对汛办事章程》第一条之规定，"在云南段内共设督办二员，一驻河口，一驻麻栗坡，直隶督军省长。但在蒙自道尹职权之内务行政及交涉事项，须详情该道尹核办，若关于统一全省外交行政事项，则详请外交部特派云南交涉员核办。该特派员应于每月终将该督办等办理交涉情形详明省长并咨明该道尹，亦应于月终将该督办办事情形分门别类，详晰呈报，若遇交涉事项兼须报告该特派员。"河口对汛督办除隶属于省府外，仍归道尹和外交部特派云南交涉员节制，至"民国十八年（1929），道制取消，河麻两督办即直隶省府"。⑥ 从省、道、对汛督办三级制转变为省、对汛督办两级制。

---

①　陆锦先等辑：《云南河口对汛督办公署造报地志资料细目清册》，1924 年钤河口对汛督办关防钞本。

②　（清）王文韶修，唐炯纂：光绪《续云南通志稿》卷 74《边防四·临开广三府对汛图》，光绪二十七年（1901）刻本。

③　河口瑶族自治县地方志编纂委员会编：《河口县志》，生活·读书·新知三联书店 1994年版，第 1 页。

④　云南民政厅印行：《云南民政月刊》1935 年 1 月第 13 期。

⑤　陆锦先等辑：《云南河口对汛督办公署造报地志资料细目清册》，1924 年钤河口对汛督办关防钞本。

⑥　龙云修：《云南行政纪实·边务·河口麻栗坡对汛督办》第 20 册，1943 年铅印本，第 2 页。

"副督办二员，一驻河口"①，"中国督办驻河口"②，河口对汛督办驻地在河口，即今云南省红河哈尼族彝族自治州河口县的河口镇。

河口之得名主要与河流有关，"现在对汛督办驻在地，适当红河、南溪两水会流出口之处，故名河口"③。河口"旧名烂泥塘"，④ 突出反映了当时河口地区的破旧和落后。河口虽然曾为不毛之地，但地处边陲，与法属越南仅红河一水之隔，为云南第一重门户，"河口一地，不仅为云南唯一咽喉，亦且为我国国防外交之要冲"。⑤ 中法签订《中法越南条款》时，就开辟河口为通商口岸。滇越交涉骤增以后，"河口竟握中外交通之枢机，为云南第一门户"⑥，地理位置十分重要。

河口对汛督办特别区下辖那发、龙膊、壩洒、新店、老卡五对汛，各对汛之驻地情况为：坝洒汛驻坝洒，龙膊汛驻龙膊，新店汛驻新店，老卡汛驻老卡，那发汛驻那发。⑦ 并分别划辖周围三十里之区域。

河口对汛督办特别区位于滇南极边，地处中越边境，其行政区域："在云南马关、靖边、金河、猛丁四属之南，与越南老街、莱州两省接界，在河口迤东为滇越边界第一段，其西为第五段，皆为河口督办辖区。"⑧ 河口对汛督办区域北部，是今天云南省文山壮族苗族自治州马关县、红河哈尼族彝族自治州金平苗族傣族自治县⑨、屏边县⑩辖地，南面则与越南接界。

---

① （清）王文韶修，唐炯纂：光绪《续云南通志稿》卷74《边防四·临开广三府对汛图》，光绪二十七年（1901）刻本。

② 陆锦先等辑：《云南河口对汛督办公署造报地志资料细目清册》，1924年钤河口对汛督办关防钞本。

③ 同上。

④ 国家民委《民族问题五种丛书》编辑委员会编：《中国民族问题资料·档案集成》第45册《中国少数民族自治地方概况丛书·河口瑶族自治县概况》，中央民族大学出版社2005年版，第179页。

⑤ 甘汝棠：《云南河口边情一瞥》，云南省立昆华民众教育馆：《云南边地问题研究》（下卷），云南省立昆华民众教育馆1933年版，第294页。

⑥ 陆锦先等辑：《云南河口对汛督办公署造报地志资料细目清册》，1924年钤河口对汛督办关防钞本。

⑦ （民国）张自明修，王富臣等纂：《马关县志》卷1《地理志·滇越边界对汛村落对照表》，成文出版社据1932年石印本影印，1967年，第101—106页。

⑧ 陆锦先等辑：《云南河口对汛督办公署造报地志资料细目清册》，1924年钤河口对汛督办关防钞本。

⑨ 1917年设勐丁行政委员，1932年改设平河设治局。1917年设金河行政委员，1932年改设金河设治局。1934年，两设治局合并设县，名金平。见金平苗族傣族自治县地方志编纂委员会编：《金平县志》，生活·读书·新知三联书店1994年版，第49—50页。

⑩ 1913年，设置靖边行政区，1933年，靖边改为屏边县。1959年，撤销河口县和屏边县，合并建河口瑶族苗族自治县，1962年，恢复分设河口县和屏边县。见云南省屏边县地方志编纂委员会编：《屏边苗族自治县志》，新华出版社1999年版，第45页。

另有记载：河口对汛督办特别区东面与法属越南之花竜、猛康、田鸡塘、老街接壤，南面与法属越南之者兰、偏岩、猛蚌、弱坡毗连，东北接滇境麻栗坡之茅坪汛境界，西北与滇省境内之马关、靖边、蒙自、猛丁接界。[①] 其区域范围见图十：

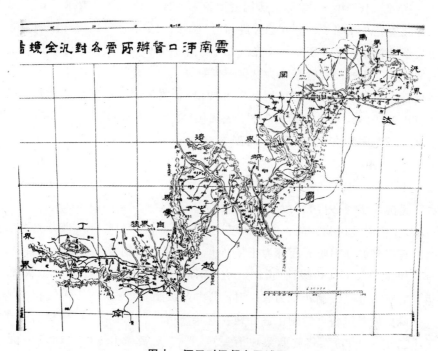

图十　河口对汛督办区域图

【地图来源：云南地志编纂处：《云南省各县区域全图》，云南财政厅发行，中华民国二十二年（1933）四月。】

据《云南行政纪实》记载，河口对汛督办区之行政区域：东界麻栗坡，南界越南，西界金平，北界金平、蒙自、屏边、马关，东南界越南，西南界越南，西北界金平，东北界麻栗坡。距省程站为陆程十五站。坝洒汛，距省程站，十六站；龙膊汛，距省程站，十七站；新店汛，距省程站，十八站；老卡汛，距省程站，十九站；那发汛，距省程站，二十一站。[②] 从今

---

① 甘汝棠：《云南河口边情一瞥》，云南省立昆华民众教育馆：《云南边地问题研究》（下卷），云南省立昆华民众教育馆1933年版，第297—298页。

② 龙云修：《云南行政纪实·民政·云南省现行行政区域概况》第2册，1943年铅印本，第6页。

天的行政区划看，大致相当于今天云南省河口瑶族自治县，及金平、屏边、马关三县的部分地区。①

二　麻栗坡对汛督办区

光绪二十三年（1897），法国公使施阿兰照会清政府，要求"由广西至保胜边界之线绵长，务须除保胜与河口督办大员一所外，应在河阳与麻栗坡新设督办大员一所"。②"光绪二十三年（1897），张贵祚管带怀远前营驻，即以怀远前营管带改为麻栗坡副督办。"③"光绪二十三年（1897），设副督办于麻栗坡。"④"民国元年（1912），改为麻栗坡交涉副督办。民国三年（1914）八月，奉前省长唐令奉中央规定麻栗坡副督办改为对汛督办。至民国四年（1915），徐副督之琛莅麻呈准副督办改为对汛督办。"⑤"民国六年（1917），勘划对汛督办区域作为特别区。"⑥可见，光绪二十三年（1897）设麻栗坡副督办，民国三年（1914），改设对汛督办，民国六年（1917），改设麻栗坡督办特别区。

"盖清时及民初，河、麻两区仅设副督办两员，归临开广兼蒙自关监督，直接督促办理防务而称为正督办也。"⑦麻栗坡副督办隶属于蒙自道。至"民国十八年（1929），道制取消，河麻两督办即直隶省府"⑧。从省、道、对汛督办三级制转变为省、对汛督办两级制。

麻栗坡对汛督办特别区驻在地在麻栗坡街，"驻麻栗坡岜亮村（光绪三十二年（1906），移驻麻栗坡街头）"。⑨"光绪二十三年（1897）秋，

---

① 据《河口县志》载，"民国三十八年（1949）一月，云南省政府通知将那发汛（第二区）划归金平县。1954年，第四区（原桥靖卡区）划归金平县。第三区的独甸、牛塘、梁子三个乡划归屏边县。1959年，第四区划（桥靖卡区）归马关县。"见河口瑶族自治县地方志编纂委员会编：《河口县志》，生活·读书·新知三联书店1994年版，第34—35页。

② 萧德浩主编：《中越边界历史资料选编》（下册），社会科学文献出版社1993年版，第1040页。

③ （近）陈钟书等修，邓昌麟纂：《新编麻栗坡地志资料》（中卷），1964年云南大学复抄云南省图书馆藏传抄1947年稿本。

④ 《云南麻栗坡对汛特别区地志资料细目》，1919年钤麻栗坡对汛督办之关防钞本。

⑤ （近）陈钟书等修，邓昌麟纂：《新编麻栗坡地志资料》（中卷），1964年云南大学复抄云南省图书馆藏传抄1947年稿本。

⑥ 《云南麻栗坡对汛特别区地志资料细目》，1919年钤麻栗坡对汛督办之关防钞本。

⑦ 云南民政厅印行：《云南民政月刊》1935年1月第13期。

⑧ 龙云修：《云南行政纪实·边务·河口麻栗坡对汛督办》第20册，1943年铅印本，第2页。

⑨ 云南省麻栗坡县地方志编纂委员会：《麻栗坡县志》，云南民族出版社2000年版，第59页。

于麻栗坡街尾之岜亮寨建设督办营。"① 即今云南省文山壮族苗族自治州麻栗坡县治所在地。

麻栗坡之命名，"以附近产麻栗树，而街市适建于山坡，得名"②。麻栗坡原名新草房街，"麻栗坡，清乾隆时（1736—1795 年）曾名新草房，嘉庆元年（1796），粤、湘、川、黔客商纷纷来此经商，遂置麻栗坡街，因四面诸山均有麻栗树以名之，麻栗坡一名始见此时"。③ 麻栗坡地处滇南边隅之地，随着滇边地缘政治的变化，面对强邻的觊觎，麻栗坡跟河口一样成为滇南的重要门户。清政府曾在此初设汛兵时，主要是以资震慑地方，外交事务并不明显。法侵越南之后，边疆危机日益严重，麻栗坡的国防战略地位大为提高。麻栗坡"对内与文（山）、西（畴）、马（关）各县及河口督办唇齿相依，对外有山川之连带，西南之屏藩，边疆之重镇也"。④ 麻栗坡不仅紧接法越，而且处于从河口对汛和越南保胜对汛至广西段之间区域的中间位置，"故以麻为适中与法越河阳法四花大员对守"，以此地为对汛督办驻地，可以起到居中控制的效果，实为滇南国防、外交的重镇。

麻栗坡对汛督办特别区下辖六对汛，其驻所情况：田蓬对汛驻田蓬、董幹对汛驻董幹街、攀枝花对汛驻攀枝花、玉皇阁对汛驻玉皇阁、茅坪对汛驻茅坪、天保对汛驻船头。⑤ 天保对汛开始驻天保，中法勘界时，"以箐门换船头，故今天保对汛改驻船头"。⑥ 从地理位置上看，船头比天保更靠近中越边境，更便于中越边境的管控。"民国二十七年（1938），天保对汛署迁至猛董。"⑦

麻栗坡对汛督办特别区地处滇南极边，与法属越南的河阳对汛接壤，

---

① （近）陈钟书等修，邓昌麟纂：《新编麻栗坡地志资料》（中卷），1964 年云南大学复抄云南省图书馆藏传抄 1947 年稿本。

② 《云南麻栗坡对汛特别区地志资料细目》，1919 年钤麻栗坡对汛督办之关防钞本。

③ 麻栗坡人民政府编：《麻栗坡县地名志》，麻栗坡人民政府 1990 年出版，第 6 页。

④ （近）陈钟书等修，邓昌麟纂：《新编麻栗坡地志资料》（中卷），1964 年云南大学复抄云南省图书馆藏传抄 1947 年稿本。

⑤ （民国）张自明修，王富臣等纂：《马关县志》卷 1《地理志·滇越边界对汛村落对照表》，成文出版社据 1932 年石印本影印，1967 年，第 101—106 页。

⑥ （民国）张自明修，王富臣等纂：《马关县志》卷 5《兵略志之三·绿营兵》，成文出版社据 1932 年石印本影印，1967 年，第 101—106 页。

⑦ 云南省麻栗坡县地方志编纂委员会编：《麻栗坡县志》，云南民族出版社 2000 年版，第 59 页。

"东西最广处约三百八十余里，南北最广处约九十余里"①。其行政区域：

> "麻栗坡特别区位于云南之东南隅，南与法属越南接壤；东与广西镇边县毗连；北接富州、西畴；西接马关、河口；东西三百余里，南北阔三十余里，全区面积总计九千余方里。"②
>
> "南方及东南方与法属越南河阳军区毗连；东方与广西省镇边县接界；北方与富州、广南、普兰三县接界；西北方与马关县接界；西方与河口督办属老卡汛地接界。"③
>
> "麻栗坡督办境界：东界广南，南界越南，西界河口，北界马关、西畴、广南、富州，东南界越南，西南界越南，西北界马关，东北界富州。距省程站：陆程十四站。攀枝花汛，距省程站，十六站。天保汛，距省程站，十六站。玉皇阁汛，距省程站，十六站。茅坪汛，距省程站，十六站。田蓬汛，距省程站，十九站。董干汛，距省程站，三十三站。"④

以上三则记载显示，麻栗坡对汛督办北部界线，在不同时段分别出现了普兰和西畴两个不同的地名，其实，普兰县与西畴县为同一地，"民国四年（1915），于西洒设一行政委员，更其名曰东安里行政委员，民国四年改为普兰行政委员，民国九年（1920）三月，改设西畴县治"。⑤而督办北部之富州县就是今天之富宁县，"民国二年（1913），富州厅改富县，十三年（1924），改富州县，至民国二十六年（1937），改富宁"。⑥ 可见，麻栗坡对汛督办之区域为东界广西镇边县，南界越南，西界河口、马关，北界马关、西畴、富州，西北界马关，西南界越南，东北界富州，东

---

① 《云南麻栗坡对汛特别区地志资料细目》，1919 年钤麻栗坡对汛督办之关防钞本。

② （近）陈钟书等修，邓昌麟纂：《新编麻栗坡地志资料》（中卷），1964 年云南大学复抄云南省图书馆藏传抄 1947 年稿本。

③ 《云南麻栗坡对汛特别区地志资料细目》，1919 年钤麻栗坡对汛督办之关防钞本。

④ 龙云修：《云南行政纪实·民政·云南省现行行政区域概况》第 2 册，1943 年铅印本，第 6 页。

⑤ （近）陈钟书等修，邓昌麟纂：《新编麻栗坡地志资料》（中卷），1964 年云南大学复抄云南省图书馆藏传抄 1947 年稿本。

⑥ 云南省富宁县地方志编纂委员会编：《富宁县志》，云南民族出版社 1997 年版，第 529 页。

南界越南。从今天的行政区划看，大致相当于云南省麻栗坡县，及富宁县、西畴县、马关县的部分地区。① 麻栗坡对汛督办区域见图十一：

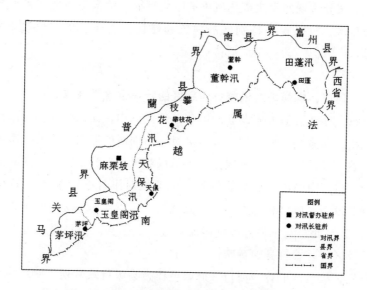

图十一　麻栗坡对汛督办区域示意图
【底图来源：云南地志编纂处：《云南省各县区域全图》，云南财政厅发行，民国二十二年（1933）四月。】

第五节　对汛督办的行政区划特点分析

河口、麻栗坡对汛督办是在西南边疆危机背景下设立在滇南沿边地带的机构，它经历了从国防、外交机构向行政区划转变的过程。对汛督办没有直接改设为县，而是演变成为对汛督办特别区这样的"似县非县"的

---

① 新中国成立后，在政区的调整过程中，麻栗坡县有部分地区划给了马关、西畴、富宁等县。大致情况是："1957 年，麻栗坡县田蓬区划归富宁。"见云南省富宁县地方志编纂委员会编：《富宁县志》，云南民族出版社 1997 年版，第 529 页。"1957 年，将麻栗坡县的芹菜塘、牛马榔、水头、光坎 4 个乡划给马关县。1958 年，将麻栗坡县的都龙、大寨、坝堡、东瓜林、岩头、金厂、银厂、堡梁街、猛洞、坝子等划归马关县。"见云南省马关县地方志编纂委员会编：《马关县志》，生活·读书·新知三联书店 1996 年版，第 48 页。"1961 年 10 月 9 日，将麻栗坡县的上石盆、下石盆、茶林、干冲、菖蒲塘、杉树坪、麻栗箐、魁甲、擂香坪、大岩子、大弯子、田湾等 12 个自然村划归西畴县辖。"见云南省西畴县志编纂委员会编纂：《西畴县志》，云南人民出版社 1996 年版，第 52 页。

行政实体，从名称到内设机构都体现出了特殊过渡性特征。从辖区的空间特征来看，对汛督办特别区呈狭长带状沿中越边境分布，属于典型的沿边型政区，充分体现西南边疆危机下的时代特征。滇南沿边地带属于典型的土司分布区，对汛督办特别区的建置和建设，实质上也是"改土归流"的过程。

一　河口、麻栗坡对汛督办特别区的特殊过渡性特点

对汛督办是清朝末年设立的国防、外交机构，民国时期，对汛督办逐渐向行政区划演变，只不过是以对汛督办特别区的形式出现的，实际上是因为边疆地区设县的条件不成熟，于是以对汛督办特别区作为向县演进的过渡政区。新中国成立之后，河口、麻栗坡对汛督办特别区于1950年5月分别改设为河口市和麻栗坡市，接着在1955年1月改设为河口县和麻栗坡县①，至此，对汛督办特别区成功过渡到了县。对汛督办特别区作为过渡型政区，有着自身的特殊性。

首先，从名称上看，河口、麻栗坡作为县级行政区划，使用的政区通名却是"对汛督办特别区"，与内地正式县级政区存在极大的差异性。民国三年（1914），云南省民政厅曾"令行麻栗坡段副督办永清将麻栗坡督办署改为县治"，从后来的事实看，设县一事并没有成功实施，说明对汛区改设县治的条件还不成熟。后于"民国四年（1915），徐督办之琛奉云南将军兼巡按使唐令转奉中央命规定，河口、麻栗坡两督办及所属各汛地，一律改为特别区域，兼理司法职权，民国四年（1915）九月一日，宣布实行特别区域兼理司法"。②"对汛督办"是对清末建制的一种承袭，反映的是设县的条件不成熟，而"特别区"则反映出了河口、麻栗坡两地的行政区划特点——特殊过渡型，从层级上看，民国年间政区表，均将其作为县级政区同列。如前文所论，河口、麻栗坡对汛督办在民国年间已作为县级政区进行统计户口，再如云南地志编纂处编绘，民国二十二年（1933）出版的《云南省各县区域全图》将河口、麻栗坡对汛督办作为县

① 张在普：《中国近现代政区沿革表》，福建省地图出版社2006年版，第227页。

② （近）陈钟书等修，邓昌麟纂：《新编麻栗坡地志资料》（中卷），1964年云南大学复抄云南省图书馆藏传抄1947年稿本。

级政区编入其中①。对汛督办被看作是县级政区列入民国时期的云南县区地图册，这足以说明对汛督办的县级政区性质。从地图看，对汛督办拥有行政区划的基本要素。

其次，河口、麻栗坡对汛督办特别区建立了自己的行政机构，行政中心为对汛督办署，督办署常驻河口、麻栗坡两地，该两地便成为对汛督办区的行政治所。行政机构是形成行政区划的一个必要条件，与正式政区的行政机构相比，督办行政机构存在一定的差异。从行政首长看，对汛督办区最高行政长官为督办，而非县令，从行政机构组成来看，民国二十三年（1934），河口、麻栗坡督办署内设秘书、第一科（行政）、第二科（财政）、第三科（司法）、第四科（总务）、检查长、侦探长、督察长、翻译员、田粮科、户籍室，后来增设了建设科、军事科等。据民国十八年（1929）六月公布的《县组织法》的规定，县政府设县长一名、秘书一人，依县之繁简设置一科或者两科，另设公安局、财政局、建设局、教育局、卫生局、土地局、社会局、粮食管理局等。河口、麻栗坡对汛督办行政机构基本上与县制相似的，但也存在差别，督办公署之下设立了军事科和翻译科，"军事科：办理兵源征集，壮丁训练等事务。检查科：办理、稽查出入口货物，招待来往要人，并检查违禁物品和所谓的不良分子。翻译科：办理护照，翻译外交文件，并招待外宾"②，可以代表政府办理涉外事务和警卫疆界的职责，这是对汛督办行政编制的特殊性所在，从而成为一个"似县非县"③的行政实体。

再次，河口、麻栗坡对汛督办特别区的政区幅员形态极为特殊，具有沿中越边境呈狭长带状空间分布的特点，属于典型的沿边型政区。"河口、麻栗坡两特别区，为中法两国之国界边线"，④河口、麻栗坡两对汛督办特别区的辖区是沿中越边境线延展的狭长带状体，基本上没有纵深的腹地可言。麻栗坡督办区"东西最广处约三百八十余里，南北最广处约

---

①　云南地志编纂处：《云南省各县区域全图》，云南财政厅发行，民国二十二年（1933）四月。

②　陈元惠：《云南对汛督办：建立、发展、淬变》，博士学位论文，云南大学，2008年，第89页。

③　中国人民政治协商会议河口区委员会文史资料委员会：《河口文史资料》第2辑，1989年，第128页。

④　龙云修：《云南行政纪实·民政·建制》，1943年铅印本，第2页。

九十余里，面积约二万五千余方里，并无插花地"①。东西长为南北宽的
四倍。另据资料记载："东西长三百余里，南北阔三十余里，全区面积总
计九千余方里"，② 与前面记载中的差异当是政区调整后的结果，全境呈
自东北斜向西南之狭长形，东西广而南北狭，该区之东西长是南北宽的十
倍左右。"河口督办辖区横宽约五百余里，纵长三五十里不等。"③ 该区之
东西长度同样是南北宽度的十倍左右。这种政区形态的形成与中越边界的
走势直接相关，同时与中法对汛的设置有密切关系。

根据《中法会巡边界章程》，"每处对汛，以法国一汛，中国一汛，
住边界通衢，中、越两边相望之处而设"，④ 为了达到中法两边能互相对
望，以互通声气的初设之意图，从而实现共同管理边境治安的目的，对汛
督办下辖各对汛驻地，无一不是靠近中越边界，并且严格规定不能随意迁
驻内地。"各对汛原驻之地，均接边界，不准擅迁内地"，曾经有对汛驻
地内迁的事情发生，也被强令要求迁回原驻地，"如近来天保汛之迁驻猛
洞、玉皇阁汛之迁驻都竜，皆属不合，应令先行一律迁回原地，以重国防
而符合名实"⑤。所谓"名实"，就是沿边对设，以资管理之事实。总之，
河口、麻栗坡对汛督办区的政区形态是督办初设时专司军事、国防、外交
等职能在地理上的反映，这彰显出了对汛督办特别区强烈的外向型治边职
责的内在特质。

二　对汛督办向政区演化中的"改土归流"

清康熙、雍正时，曾在云南开展了大规模"改土归流"的政治运动，
但考虑到云南边地社会的特殊性，对云南边地土司地区的改流并不彻底，
大都采取渐进的方式进行，要么是土流并治，要么是完整地保留了原有的
土司政治，致使云南边地土司制度一直延续到民国时期。事实上，有不少

---

① 《云南麻栗坡对汛特别区地志资料细目》，1919 年钤麻栗坡对汛督办之关防钞本。
② （近）陈钟书等修，邓昌麟纂：《新编麻栗坡地志资料》（中卷），1964 年云南大学复抄
云南省图书馆藏传抄 1947 年稿本。
③ 叶桐：《河口麻栗坡两特别区概况》，载《云南边地问题研究》（下卷），云南省立昆华
民众教育馆 1933 年版，第 382 页。
④ 萧德浩、黄铮主编：《中越边界历史资料选编》（下册），社会科学文献出版社 1993 年
版，第 644 页。
⑤ 龙云修：《云南行政纪实·边务·河口麻栗坡对汛督办》第 2 册，1943 年铅印本，第 2
页。

土司直到新中国成立以后才得以真正地废除。

河口、麻栗坡对汛督办区地处滇南极边，清时隶属于临安府和开化府安平厅，是典型的土司控制区。红河以南的临安府属大小"二十八土司"无一被废除。设置开化府之前，"所有清治开化府属八里土司，官僚均隶于阿迷州管辖，上粮纳税悉由各处土司官僚收缴。阿迷州各里原系土司属地，并无朝廷命官治理"。① 后于"康熙四年（1665），置开化府"②，在滇南进行了大规模的改土归流，但改土归流并不彻底，基层社会仍为土司控制，开化府内"教化、王弄、安南三长官司地暨牛羊、新现、八寨、枯木、维摩、陆龙等处编为八里。皆以土司苗裔催征该里钱粮，赴府完纳"。③ 八里为八土司改设，即"清雍正八年（1730），鄂尔泰请清帝允准将牛羊司改为东安里，古木司改为逢春里，那更司改为永平里，教化司改为开化本城里，江那司改为江那里，安南司改为安南里，旺弄司江外改为旺弄里，乐竜司改为乐竜里，八里均归开化通判治理"。④ 清乾隆十二年（1747），开化通判改为文山县，所有八属土司上粮纳税，都归文山县管理。"嘉庆四年（1799），清廷以一县（文山县）而属八里土司之地，地方辽阔，恒有鞭长莫及，治理不周，复添设安平同知，即为安平厅，分治东安、逢春、永平三里，安平厅署侨寄府城。"⑤ 可见，清初改土归流后的河口、麻栗坡地区，流官势力还局限于府城，不能深入边疆，致使边地土司政治仍得以保存下来。

民国成立后，中央政府推行地方自治，而县级政区则为实施地方自治的基本单位，所以民国以来，边疆民族地区的"改土归流"尚多。国民政府内政部认为"土司制度，不特不合现时行政组织，亦且违反现代潮流"。⑥ 可见，土司制度的存在严重阻碍了民国时期的政治发展，并且土

---

① （近）陈钟书等修，邓昌麟纂：《新编麻栗坡地志资料》（中卷），1964年云南大学复抄云南省图书馆藏传抄1947年稿本。

② （清）汤大宾修，赵震纂：乾隆《开化府志》卷2《建置·沿革》，传抄故宫博物院图书馆藏清乾隆二十三年（1758）刻本。

③ 同上。

④ （近）陈钟书等修，邓昌麟纂：《新编麻栗坡地志资料》（中卷），1964年云南大学复抄云南省图书馆藏传抄1947年稿本。

⑤ 同上。

⑥ 内政部年鉴编辑委员会：《内政年鉴·民政篇》第1册，商务印书馆民国二十五年（1936）四月版，第（B）251页。

司往往是坐享厚糈，剥削人民，欺压平民，这也不符合民国时期的民主政治发展的需要。因此，边疆地区的改土归流工作亟待实行，以期政治之一体化。

河口、麻栗坡对汛督办的设立，加强了该两区的军事驻防，为改土归流提供了强大的军事后盾。勘划区域并增加督办的行政管辖权，河口、麻栗坡对汛督办向地方行政区划转变，这一过程就是改土归流的过程。云南省政府核准对汛督办区域改为行政区建置，一切行政大权归对汛督办特别区，并比照内地县级行政区进行设置，这样一来，就改变了原属各邻县之流官势力鞭长莫及的局面。对汛督办特别区划区行政，调查户口，落实管理民刑事件，在很大程度上打破了土司政治的行政构架，冲击了土司势力，建立比同于内地的县级行政区，使河口、麻栗坡督办区走上了与内地行政一体化发展的道路。

方国瑜先生认为："土官政权的存在和消灭有一定的社会基础，不是统治者的主观意图所能任意摆布的。"① 河口、麻栗坡地处边荒，为重峦叠嶂、山高谷深之地，该地交通不便，瘴疠尤为厉害，实为人迹罕至的不毛之地，致使"两区情况，国人少所明瞭"。② 在这种环境下被保存下来的土司势力，必将努力维护着自身的社会结构。比如河口督办区的"寨老制度是瑶族原始社会末期形成的一种政治、经济、军事、文化四位一体的特有产物。凡是民族群体的要事，均须通过古老的民主方式，由公众讨论做出决定，再由寨老监督执行"③，而权力最终都是集中在土司手里。这就决定了边地的行政改革不能采取过于激进的方式。况且"各土司辖境，多在沿边地方与安南交界，风气锢蔽，夷民对于土司，拥戴甚深"，如果厉行裁撤的话，"恐酿边衅，操切之嫌，将不可免，更恐因此引起外人觊觎之心，或且影响国家领土"④，所以边地之行政建设不得不从长计议。加之，对汛督办区"面积狭小，无足称述"⑤，且大多为人迹罕至、开发滞后、民智未开的不毛之地，所以不能采取过激的"改土归流"

---

① 方国瑜：《中国西南历史地理考释》，中华书局1987年版，第1028页。

② 叶桐：《河口麻栗坡两特别区概况》，载《云南边地问题研究》（下卷），云南省立昆华民众教育馆1933年版，第381页。

③ 河口瑶族自治县地方志编纂委员会编：《河口县志》，生活·读书·新知三联书店1994年版，第93页。

④ 内政部年鉴编辑委员会编：《内政年鉴》，商务印书馆1936年版，第（B）255页。

⑤ 《云南麻栗坡对汛特别区地志资料细目》，1919年钤麻栗坡对汛督办之关防钞本。

措施。

小　结

清王朝对滇南边疆的管控十分薄弱，清末，云南地缘政治发生重大变化，边疆危机日益严重。中法战争后，大量反法力量滞留边疆成为"散军溃勇"，法方认为"非两方置戍稽查不为功"，于是"向我提议订立会巡章程，于滇粤桂各边互设对汛"①，以资协同管控中越边境之事务。在此背景下，河口、麻栗坡两对汛督办得以建立，专管军事、国防、外交事务。直到"民国初元，特别区内之河口对汛督办，麻栗坡对汛督办所辖地段，尚不在县区内"②，还属于国防、外交机构。

民国成立后，云南省政府加大了边疆行政区划改革的力度，对汛督办在改革中逐步向行政区划演进。经过改革，对汛督办改设为对汛督办特别区，增加了行政司法权，军事、外交权则在很大程度上弱化。督办公署建立了一套行政机构，直属省政府，驻地在河口、麻栗坡，从而拥有了固定的行政治所。改对汛督办特别区后，省政府多次派员勘划督办及相关县治的行政区域，划定边界，使对汛督办区的行政辖区逐渐明晰起来，形成了固定的政区幅员，实现了"掌土"职能。行政区域划定后，对汛督办积极开展户口调查和管理，作为施政的基础，并设立户籍室和田粮科，实现真正意义上的"治民"。至此，河口、麻栗坡两对汛督办区在改革中彻底实现了"掌土治民"。因此，督办区具备了形成行政区划的必要条件和重要内核，完成了从国防、外交机构向行政区划的转变。所以，云南省政府亦视河口、麻栗坡两对汛区为"一县或一设治局，实质上为一行政区域"③，并被作为县级政区列入当时的县行政区域图。

对汛督办并没有直接演进为县，而是以对汛督办特别区作为县治的过渡，并在新中国成立后成功过渡到了县。作为过渡型政区，对汛督办特别区在名称、行政机构和政区形态等方面有较大的特殊性。从名称上看，"对汛督办"是对清末建制的一种承袭，反映的是设县条件的不成熟，而

---

① 《关于各殖边事宜·外交部驻滇特派员办事处 王占祺为划拨边区设置对汛事函复云南民政厅（1931年4月4日）》，云南省档案馆藏档案，档号：11—8—3。

② 云南省民政厅：《云南民政概况·沿革》1936年12月，第1页。

③ 《河麻两督办公署合并改组》，云南省档案馆藏档案，档号：11—1—962。

"特别区"则反映出了河口、麻栗坡两地的行政区划特点。河口、麻栗坡对汛督办从国防、外交机构逐步演变为地方行政区的过程，就是在河口、麻栗坡边地打破旧有土司政治格局，构建新的比同于内地的行政建置的"改土归流"过程。由于河、麻边地社会的特殊情况，此次"改土归流"依然表现为渐进的方式。这种特殊的行政实体实质上就是边疆地区特殊的过渡型行政区划，加速了河口、麻栗坡边地社会走上与内地一体化发展的道路。

第四章 普思沿边行政总局与
分局的设置

　　普思沿边地处云南西南边疆，清代属车里宣慰司统辖区域。车里宣慰司有一套特殊的土司行政管理模式，它以封建领主经济为经济基础，以十二版纳为地域基础，以傣族自身的宗教和文化为精神纽带，构成了一个强大的边疆政治实体。由于复杂的地理环境和恶劣的生态环境，汉人的足迹不得不以思茅为界，极少有敢涉足思茅以南地区者，因此，车里地区很少受到汉文化的影响。这些因素极大地增加了政府管理普思沿边的行政成本，导致中央政府对该区域的行政管控力十分薄弱。各族人民只认土司，不认政府的现象时有出现。清末民初，中国社会发生了重大转型，边疆危机亦日趋严重，政府更为重视边疆管控。清末，勐遮、顶真土司叛乱平定。民国初年，柯树勋提出普思沿边行政改革的纲领性文件——《治边十二条》，创设普思沿边行政总局，将十二版纳划设八个行政分局，作为县政建设的过渡，并在南京国民政府时期都过渡到了县。这一过程打破了土司行政构架及其政区地域结构，使普思沿边走上与内地正式政区一体化发展的道路，在边疆历史政治地理格局演变过程中扮演了重要的角色；同时，在加强西南边疆的管理和开发、增强民族认同和国家认同、宣示和维护国家领土主权、应对边疆危机的过程中也发挥了重要作用。

第一节　普思沿边的地域与社会结构

一　普思沿边的区域特点

　　普思沿边为滇南极边之地，东南界法属越南，西南界英属缅甸，国防地位极为重要。关于普思沿边的具体区域，有文献记载，"北起思茅，南尽镇越，东自江城，西至佛海，东西袤约二百五十公里，面积约五万五千方公里有奇，人口总数约五万九千四百余户，二十六万五千余人"①。据此数据计算，普思沿边地区的人口密度为平均每平方公里约五人，实为一地广人稀之区，这无疑给地方划区行政带来了诸多不便。上述区域的主体大致就是清代十二版纳所属之区域，即清代车里宣慰司地，按今天的行政区划来看，普思沿边地区大致相当于云南省西双版纳州全部区域范围及思茅部分区域、江城县部分区域。清代普洱府辖车里宣慰司，宣慰司下辖十二版纳，宣慰使称为"召片领"，意为广大土地之主，是世袭统辖十二版纳区域的最高行政领袖。"版纳"既是地域单位，也是赋税征收的区划单位。"版之义为区域，纳之义为田，亦可作田赋解"，具体来说，"我国所云版纳，则系以每一土千总或一土把总地为一版纳计"。② 十二版纳的广大地区，都是由各勐土司治理，"勐"意为平坝或区域，各勐封建领主称为召勐，意为地方之主，代表召片领掌握土地。关于十二版纳区域，历史文献上有多种不同的表述。比如，《清高宗实录》记载：普腾、六困、整董、勐旺、乌得、勐乌、勐腊、勐阿、勐遮、倚邦、易武、勐笼、是为十二土司，加以宣慰司为十三版纳③。《车里》记载：车里向称十三版纳，实十二版纳。版之义为区域，纳之义为田，亦可作田赋解；盖昔时车里分配上纳中、缅田赋区划之名称也。有乾折版纳，乾朵版纳之分；对中者为乾折版纳，凡一十有二，对缅者因缅人例外之苛索，必得析车里宣慰使驻在地另为一版纳，而为十三份，是为乾朵版纳，爰名十三版纳以此。至我国所云十三版纳，则系以每一土千总或一土把总地为一版纳计，车里宣慰司在昔辖有六顺土千总，倚邦土把总，易武土把总，勐腊土把总，橄榄坝

① 陈碧笙：《开发云南边地方案》，《边政论丛》（第1集），战国丛书社1940年12月版，第226页。关于普思沿边的区域，另有详细记载："区域范围，乃指旧普洱府、思茅厅管辖之边境，南段未定界南境之南卡江起，至澜沧江边，为中英滇缅之南段已定界。自澜沧江至李仙江边，为中法滇越边界之西段，澜沧江以西，俗称江外，澜沧江以东，俗称江内，合全区言之，即旧英国退让之孟连、江洪二地，因其地土司本同向中缅两朝进贡也。孟连明封为宣抚使地，清属镇边厅，今划隶澜沧县；江洪明本车里宣慰使封地，清属普洱府，今将内外分析车里、佛海、南峤、镇越、六顺、江城六县及宁江设治局，普思沿边各县曾设殖边督办以统辖之。"见严德一：《云南边疆地理》（下），载《边政公论》，边政公论印书社，1945年3月第4卷第2、3期合刊，第30页。"普思沿边版图，经线自西十五度起，至十八度止；纬线自南二十度起，至二十二度止。东南界法越，西南界英缅，西北界澜沧县，北界景谷、思茅县，东北界普洱、他郎、元江。沿边东、南、西面与外界毗连者，曲折千四百余里；内界东、西相距千里，南、北相距七百余里。"见柯树勋：《普思沿边志略·普思沿边版图图说附记》，民国五年（1916）铅印本。

② 李拂一：《车里》，商务印书馆1933年版，第145页。

③ 《清高宗实录》卷八百十一，乾隆三十三年（1768）五月甲辰。

土把总，勐遮土千总，勐阿土把总，勐笼土把总，普藤土千总，勐旺土把总，整董土把总，勐乌土把总，乌得土把总等十三土司地，故曰十三版纳①。另外《清续文献通考》、《泐史》等还有不同的记载。可见，历史时期对于十二版纳区域范围的说法不一，以版纳为地域的表述存在多样性，这说明了历代政府对这一地区的认识十分的粗浅，缺乏一个统一而确定的空间范围，从中反映出来的是历代王朝在十二版纳地区的行政区划的设置极为稀疏，政府的行政管控力度十分薄弱。民国时期的李拂一先生是距今较近的历史人物，且早年曾参与版纳地区的治理，对十二版纳地区的认识较为清晰可考，所以本书以李拂一先生在《十二版纳纪年》所作"十二版纳图"为依据作版纳区域示意图，见图十二：

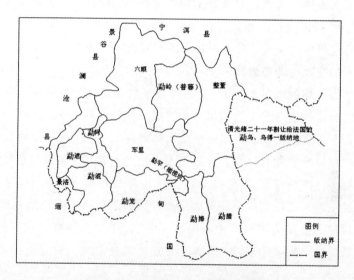

图十二　普思沿边十二版纳示意图

【底图来源：李拂一编著：《十二版纳纪年》，复仁书屋1983年版。】

二　普思沿边的民族社会结构

普思沿边为少数民族聚居地，据江应樑先生研究，聚居在十二版纳地区的民族达二十八种之多，计有"摆夷、阿卡、濮曼、汉人、倮黑、瑶人、本人、乡壇、窝泥、奇地、攸乐、西摸罗、后路老卡、腊迷、苦葱、

---

① 李拂一：《车里》，商务印书馆1933年版，第145页。

阿客、三达、麻黑、补角、苗人、补龙、茶蛮、补夏、沙人、大头、伈人、卡瓦、老品。①"其中，摆夷，即傣族占绝对主体地位，以 1938 年的车里县为例，"傣族人口占总人口的 71.2%，聚居于各区的坝子"②。而其他少数民族则主要生活在山区，长期以来，保持着严格的地域界限。

清代版纳社会发展还停留在封建领主经济发展阶段，江应樑先生认为"十五世纪是西双版纳进入封建领主制度的时代"③。在这种经济制度之下，田土公有，任何耕种人都不得买卖和转让土地，只拥有土地的使用权。"一切田地，均属官民公有，自无买卖事情。沿边数万户人家，无一有田地契约者。"④"十二版纳，田土公有，不能买卖，凡属人民，非自耕自食不可，而耕者即有其田。"⑤ 土地分配以村寨为单位，"土地，包括耕地、宅地、山地、荒地，是分属于每个村寨的，即是每一个村寨各有固定的区域"⑥。村民分得土地后可以世代耕种，如要离开村寨就得无条件放弃自己曾经耕种的土地，非本村寨人不得耕种本寨土地，由此保证了村寨在地域上的完整性和稳固性。

村寨为各勐的地域基础，"勐"意为平坝或区域，各勐土司就是各该管区域的封建领主。十二版纳由各勐组成，宣慰司则是十二版纳的最高统治机构，车里宣慰使就是十二版纳最大的封建领主。"西双版纳最大的封建领主，在傣族中称召片领，意为广大土地之主。其下各勐封建领主称为召勐，意为地方之主。"⑦ 可以看出，召片领是版纳土地的最高所有者。村民耕种土地，无论是坝子还是山区的百姓都必须向土司交纳税收，"领有土地耕种的便要负担村寨中的纳税义务"，税种主要有"政府的赋税、土司的赡养费，头人的薪酬"，纳税的方式则是"某一村寨应摊派若干，

① 江应樑：《摆夷的经济生活》，岭南大学西南社会经济研究所 1950 年版，第 13—15 页。
② 国家民委《民族问题五种丛书》编辑委员会编：《中国民族问题资料·档案集成》第 86 册《中国少数民族社会历史调查资料丛刊·傣族社会历史调查》，中央民族大学出版社 2005 年版，第 6—7 页。
③ 江应樑：《傣族史》，四川民族出版社 1983 年版，第 268 页。
④ 李文林：《到普思沿边去》，《云南边地问题研究》下卷，云南省立昆华民众教育馆 1933 年版，第 93 页。
⑤ 李拂一：《车里》，商务印书馆 1933 年版，第 140 页。
⑥ 江应樑：《摆夷的经济生活》，岭南大学西南社会经济研究所 1950 年版，第 34 页。
⑦ 国家民委《民族问题五种丛书》编辑委员会编：《中国民族问题资料·档案集成》卷 86《中国少数民族社会历史调查资料丛刊·傣族社会历史调查》，中央民族大学出版社 2005 年版，第 127 页。

便由头人分派给村民，有的费用是按户平均分摊，有的便按照领田的多少摊派"①。

除了用于分配给村民耕种的公田之外，"宣慰使土司又有宣慰土司之专田，而由民众于大众农事完毕时随带耕植"②。且宣慰使土司田地都是地理位置优越的良田，如下表：

4	宣慰	宣慰	1
5	使之	使之	2
6	田	田	3

【注：一、1、2、3、4、5、6为民田，中为宣慰使田。二、资料出自李拂一：《车里》，商务印书馆1933年6月初版，第140页。】

除了宣慰使之外，各勐土司亦有自己的专属土地，是"特别划属土司所有，可以世袭占领"，宣慰司议事庭的头人及各勐的头人也拥有一部分田地，大都为薪俸田，此种田地不得世袭，"当享有者离开头人职位时，这份田便转移给新的头人享受"，还有专作某一事项使用开支（例如赕佛）的"特种需用田地"。③可见，版纳地区的土地分配有四种不同的情况：土司专有之土地、村寨公有供分配使用的土地、头人的薪俸田地、特殊用途之土地。

建立在版纳地区封建领主经济基础上的是以车里宣慰司为首的土司制度。历史上，清王朝曾在普思沿边地区多次展开大规模"改土归流"活动，"雍正七年（1729），始分车里宣慰司所辖江内六版纳地置普洱府，又增置思茅厅"。④"乾隆元年（1736），增置宁洱县，以普藤土千总、勐旺土把总、整董土把总、勐乌土把总、乌得土把总五土司地及竜得土便委等土目地隶宁洱县。以车里宣慰使及六顺土把总、倚邦土把总、易武土把总、勐腊土把总、勐遮土千总、勐阿土把总、勐笼土把总、橄榄坝土把总等九土司地及勐捧、勐丰、勐仑、补角、打洛、勐混、勐海、顶真、勐

---

① 江应樑：《摆夷的经济生活》，岭南大学西南社会经济研究所1950年版，第34—35页。
② 李拂一：《车里》，商务印书馆1933年版，第140页。
③ 江应樑：《摆夷的经济生活》，岭南大学西南社会经济研究所1950年版，第35页。
④ 《清朝文献通考》舆地21。

海、勐亢、勐往等十一土便委，攸乐二土目地隶思茅厅。"① 清乾隆三十八年（1773），"清王朝曾正式撤销了车里宣慰司，并派军进驻车里，以求一劳永逸地解决对车里的控制。但这一努力仅仅在四年之后即归于失败，清政府不得不撤回驻军，重新恢复了车里宣慰司"。② 可见，清王朝要深入控制车里宣慰司地尚存在极大的困难，这与车里地区特殊的政治、经济状况和恶劣生态环境方面的障碍有着极大的关系。

"改土归流"后，版纳地区的土司制度仍被保留了下来，并最终形成了"土流并治"的局面，"普思沿边整个地区，前清时代系归思茅厅管辖，无事则听各勐土司在车里宣慰司统属下各自为理，聊示羁縻；有事则报经普洱镇道，派员弹压抚绥，形同瓯脱"。③ 流官虽设，但"满清之世，不过遥为节制而已"④。普思沿边仍以土司政治为主，中央王朝的行政管控则极为薄弱。

车里土司制度在封建领主经济基础上形成了一套严密的、等级森严的，且极具稳定性的行政管理系统。宣慰使为最高行政领袖，司署有一套独立运行的组织系统，宣慰使袭职惯例为嫡亲长子制，宣慰使之弟可以委任为"司署的重要官员，受封为各勐的土司或派为代办"。司署大臣有三个，并各司其职，"地位最高、职权最大的是怀郎曼洼，位在宣慰使一人之下，职掌十二版纳的行政、财政、税收大权。另两个一是怀郎曼轰，执掌司法户籍，一是怀郎庄往，执掌粮政"。宣慰司署内设有议事庭，其议事范围主要包括"有关十二版纳的重要事项；各勐土司不能自行解决和发生争执的事件；关于十二版纳旧制度的变更、新制度的制定；宣慰使及各勐土司的袭职或废立；宣慰使司署及宣慰府中之重大事项；各勐土司或百姓提请解决事项；宣慰使交议事件等"⑤。议事庭是十二版纳的最高政

---

① 李拂一：《车里》，商务印书馆1933年版，第3页。

② 杨煜达：《环境、成本与边疆控制——乾隆朝车里改流研究》，未刊稿。

③ 孙天霖：《柯树勋治理普思沿边少数民族地区始末》，载国家民委《民族问题五种丛书》编辑委员会编：《中国民族问题资料·档案集成》第88册《中国少数民族社会历史调查资料丛刊·傣族社会历史调查》，中央民族大学出版社2005年版，第198页。

④ 李文林：《到普思沿边去》，《云南边地问题研究》下卷，云南省立昆华民众教育馆1933年版，第109页。

⑤ 国家民委《民族问题五种丛书》编辑委员会编：《中国民族问题资料·档案集成》第86册《中国少数民族社会历史调查资料丛刊·傣族社会历史调查》，中央民族大学出版社2005年版，第13—14页。

事机关。各勐土司亦有一套严密而完整的政治体系，土司署设有三至四大官员，"首要称'叭诰'，总理全勐大小事务，其次有大叭、二叭和三叭，分别执掌行政、财政、总务、文书等，司署中还有分别职掌传达命令、联络、总务、招待的小吏。"另有由"召贯和四大叭，以及村寨'火西'、'哈麻'等基层组织驻议事庭的代表组成议事庭"①。此议事庭为地方的最高政事机关。土司之下则为村寨一级基层组织，由土司委任之头人直接管理。

简言之，车里宣慰使是十二版纳的最高土官，宣慰使之下为各勐土司，土司之下则为严密的村寨组织，由各大小头人分掌各村寨的地方事务。宣慰司、土司、村寨及其各自内部的政治组织系统，共同构成了普思沿边地区特殊的土司行政构架，这种行政构架建立在以十二版纳为地理单元的土司特殊政区之上。一方面，由于土地为村寨公有，不能买卖和转让，更不能随意地划出，所以各行政单位的区域范围具有很强的稳定性。另一方面，由于交通不便，瘴疠肆虐，土司势力强大，致使汉人极少进入版纳地区，流官势力也难以渗入车里地区，所以沿边地区的土司行政构架难以被打破，其固有的行政区域也难以被打破。时至清末民初，在边地管控上依然存在极大的困难，治理普思沿边卓有成效的柯树勋先生也不得不发出"以数千年荒远之地，数十万野蛮之民，一旦置我范围，不知几费经营矣！"②的感叹。

总之，普思沿边地处滇南极边，与内地存在极大的差异。社会经济发展还停留在封建领主经济发展阶段，并以此为经济基础，形成了一套严密的、等级森严的土司行政管理系统。清朝政府虽在车里地区进行了多次"改土归流"，但土司制度并未彻底废除，政府行政管控仍十分薄弱，普思沿边县级政区设置极为疏散。晚清，云南地缘政治发生了变化，国家主权遭到侵犯，在边疆危机深化的情况下，清廷治边政策的弊端和隐患被快速地无限放大，土司政治无法应对此形势之变化。而普思沿边为滇南之门户，边地不保，则危及腹地，形势十分严峻，"云南居中国之西南，向称边要。迤南又居云南之南，距省垣十八站。普思沿边十二版纳，与英属之

---

① 国家民委《民族问题五种丛书》编辑委员会编：《中国民族问题资料·档案集成》第86册《中国少数民族社会历史调查资料丛刊·傣族社会历史调查》，中央民族大学出版社2005年版，第16页。

② 柯树勋编辑：《普思沿边志略·自叙》，民国五年（1916）铅印本。

缅甸、法属之越南接壤，则又居迤南之南，为思普之屏蔽焉"。[1] 加强普思沿边的治理、加强国防、维护国家主权刻不容缓，所以英法侵吞缅甸、越南之后，"中国对于沿边，以国防关系，始加以重视"[2]。边疆治理应有对内、对外之分，对内主要是加强对边疆地区的行政管控，加速边地社会经济发展，加快边地行政区划的设置；对外的核心是宣示主权，抵御外敌入侵，维护国家领土安全。在土司的长期统治下，当地少数民族只认土司，不认政府，长期以来"缺乏国家观念，自无御侮之方"[3]。所以，必须强化政府对边疆的治理。宣统二年（1910），清政府出兵平定勐遮土司叛乱之后，曾"拟设一直隶州、三县"[4]，强化边地行政区划改革，但由于边地的特殊性，设州县的决策最终没有实施。辛亥革命后，柯树勋审时度势，创设普思沿边行政总局，划十二版纳为八区，设八个行政分局，作为设县的准备。普思沿边行政区划改革在边疆危机和寸土必争的国家主权观念之下拉开了序幕。

第二节　普思沿边行政总局与分局的设置

英国侵占缅甸、法国侵占越南，车里地区从此处于两强相逼的危险境地，我国滇南边疆的领土安全受到了严重的威胁和侵犯。民国时人认为"国家要素，土地居一，藩篱不固，浸及堂奥，沿边政务，又乌可以瓯脱视哉?"[5] 普思沿边的行政事务的推行，无论是在稳定边疆社会，还是在维护国家领土主权等方面，都显得异常必要，因此，推动沿边行政改革，加强边疆管控刻不容缓。有鉴于此，柯树勋以平定勐遮、顶真土司之乱为契机，于"民国二年（1913）正月，开办普思沿边行政总局，划沿边为八区，分设行政"[6]，开始了边疆危机背景下的政区改革。此后，车里地区由普思沿边行政总局管辖，下辖八个行政分局，并都于民国十七年

---

①　柯树勋编辑：《普思沿边志略·自叙》，民国五年（1916）铅印本。

②　李文林：《到普思沿边去》，《云南边地问题研究》下卷，云南省立昆华民众教育馆1933年版，第83页。

③　陈碧笙：《开发云南边地方案》，《边政论丛》（第1集），战国丛书社1940年版，第230页。

④　李拂一：《车里》，商务印书馆1933年版，第3页。

⑤　柳家骧：《〈普思沿边志略〉叙言》，载柯树勋编辑：《普思沿边志略》，1916年铅印本。

⑥　柯树勋编辑：《普思沿边志略》，民国五年（1916）铅印本，第37、39页。

（1928）改设为县。

一　顶真之乱：普思沿边政区改革的契机

车里宣慰使依照严格的权力等级系统统治整个版纳地区的各勐土司。随着历史的发展，各勐土司区出现了土司后代争袭权力的斗争，且愈演愈烈，其中"在勐海、勐遮、顶真地域发生的叛乱多年成为震撼滇南普思沿边地区一大乱事"①。清末民初之际，柯树勋平定此次纷争之后，考虑到普思沿边重要的国防战略地位，便以此为契机对十二版纳进行重新划区设治，拉开了普思沿边土司地区行政区划改革的序幕。

清朝末年，勐海土司诏雅洪病故，其长子诏雅合从小吸毒，次子少小病故，三子诏腊乃不理政事之花花公子，均非贤才，不符合土司承袭之要求，故众人推选诏雅洪之弟袭土司职，违背了土司承袭重长（长子、长孙）者的历史惯例。在好事之人的挑拨之下，叔侄之间的矛盾迅速扩大，时值意图夺宣慰之权的六顺土千总派人前往勐遮鼓动勐遮土司刀正经反车里，而刀正经早已和车里宣慰使刀承恩有隔阂。光绪十四年（1888）十月，勐遮有扫来、扫竜两甲，原系承恩私庄，刀正经称强，霸食不还，故承恩率土兵驻顶真，与正经战，大败之。刀正经求英援助，勒令承恩罢兵。二十三年（1897）三月，勐遮夷民行窃勐混牛只，混弁召麻哈捧捕贼杀之。刀正经向讲人命，勐混惧，求承恩助。承恩于是率领勐混、勐捧及车里各土兵攻勐遮，不胜自退；所约之镇边勐滨土目罕定国兵焚遮属蛮品寨，亦经刀正经击败。二十六年（公元1900年）五月，车里所属勐宋叭目因事被革，不服，遂串刀正经攻车里，驻兵架董一带。承恩率车里兵夹击，大败之，杀勐宋叭于流沙河。勐遮兵甫到勐宋，闻败即回。思茅厅丞许之载禀请总兵高德元率兵到勐海，传集两造申斥，谕令具结敦好，以后不准滋事，勐遮和车里之矛盾日深。

为了达到夺宣慰之权的目的，刀正经便与外甥诏雅合及诏腊密谋夺勐海土司职，意图控制勐海区域，从而削弱车里宣慰使势力。宣统元年（1909）二月，勐海土弁刀柱国与其侄召雅合，因争袭土司职互相攻打。召雅合勾通勐遮刀正经，行刺刀柱国不成，柱国奔勐混，招集土练复仇。

---

① 侯祖荣编著：《西双版纳现代历史人物（柯树勋传、李拂一先生与西双版纳）》，远方出版社2002年版，第9页。

召雅合与刀正经及其子刀忠良、头目叭康亮等大举攻勐海，焚毁场市及各夷寨，杀汉商李闰廷、杨宪章并川客多名，掳其财货万余金。宣慰刀承恩与商民张棠阶等同时禀报镇道，委员李孔训、思茅厅丞费从光先后到勐海查办此事。总兵谢有功始派正哨黄殿英、杨华堂、副哨谢万兴等部粤勇两哨，分扎勐海、勐混弹压。

宣统二年（1910）正月，黎肇元率巡检陈钺到勐遮，以诱骗的方法擒拿匪首叭康亮，但没有成功。叭康亮踞蛮肺扎营抗命官军，官军奉命剿办，三月初九日，派黄殿英、刀柱国由勐混进，杨华堂及车里叭目发号、幕友李梦弼由顶真进。自晨至暮，奋力攻击，夺匪巢穴蛮肺，并分兵把守。叭康亮逃匿，刀正经则率伙匪李张国、召雅合、叭乌提、勐阿土弁等踞守顶真城，恃险抗命。四月，官军攻顶真失利。八月，管带柯树勋应调，率队抵达顶真，连战数昼夜，擒获刀正经，并斩之。余匪李张国、召雅合、叭乌提、勐阿土弁等同时遭斩获，遮顶乱平。[①]

遮顶之乱平定后，黎肇元受命署思茅厅兼副营务处，负责办理善后。宣统三年（1911），黎肇元重点督办版纳地区的"改土归流"。澜沧江自北而南，将整个版纳地区截成江内、江外，江外土司政权在明清封建王朝的改土归流过程中几乎没有被触及，所以黎肇元主张"将江外傣族比重占绝大多数之五勐（勐真、勐遮、勐混、勐海、勐阿）地方，进行设流，以从事开拓"[②]，计划按照清朝政区体制将十二版纳改设为一州三县，当时，云南省军都督府已经批准十二版纳改设县治的建议。黎肇元于是派遣人员清查版纳户口，以便作为设县之参考。但这一改设州县的措施因遭到土司强烈的集体反对而没能实施，"查沿边未分区设局以前，名曰十二版纳，分为内八勐，外十三勐。宣统二年（1910）乱平，黎前营务处寿昌办理后事，请将十二版纳改设一州三县，终以窒碍甚多，夷民不服，未克

---

① 勐遮之乱及平定过程，参考柯树勋编辑：《普思沿边志略》，民国五年（1916）铅印本，第31—33页；李拂一编著：《十二版纳纪年》，复仁书屋1983年版，第384—387页；侯祖荣编著：《西双版纳现代历史人物（柯树勋传、李拂一先生与西双版纳）》，远方出版社2002年版，第9—25页。

② 孙天霖：《柯树勋治理普思沿边少数民族地区始末》，载国家民委《民族问题五种丛书》编辑委员会编：《中国民族问题资料·档案集成》第88册《中国少数民族社会历史调查资料丛刊·傣族社会历史调查》，中央民族大学出版社2005年版，第198页。

实行"①。土司反对版纳改设县治就是极力维护自身权力的过程，体现了政府与地方政治势力的博弈。很明显，在此次权力博弈过程中，土司占据了上风，直接改县失败，这充分说明了普思沿边地区直接改设县的条件还不成熟。

二　柯树勋《治边十二条陈》：普思沿边政区改革的纲领性文件

柯树勋，广西人，进入普思沿边地区之前，为云南河口巡防营管带，宣统二年（1910）八月，因镇压顶真土司叛乱的需要，应调率兵前往车里宣慰司。顶真叛乱镇压之后，正值辛亥革命后民国初立，鉴于边地不稳，土司叛乱的伏患未除，需要有威信者震慑，所以迤南道方宏纶、巡按使刘钧电禀都督蔡（锷）复命树勋督办遮顶五勐善后，督带边防各营，兼副营务处。柯树勋上任之后在车里设置了善后总局，并展开户口清查，因为车里地区土司势力强大，且历来缺乏县政的管理，所以柯树勋提出《治边十二条》，从经济、政治、司法、军事、外交、教育等方面制定了治边原则，并得到了滇南观察使的支持和云南民政司和司法司的批准，作出了"自是以后，办理一切，尤冀切实进行，方趋稳健。其不能急遽求全者，要宜以俯从民意为主"② 的指示。柯树勋在此思想基础上划区行政，设立普思沿边行政总局，及八个行政分局，建立特殊过渡型政区，作为设县的准备。《治边十二条》成为国家权力深入普思沿边和沿边行政区划改革的纲领性文件：

"一、改流。查原案拟设一直隶州、三县，设官分治各勐，应修城垣衙署各项开支，非有大宗巨款不行。况民国初立，滇省财政困难，达于极点，事更不易。兼查官叭及群夷之心，多有不服，终为他日之患。前据宣慰司刀承恩等合词公请暂缓改流，可设官保护十二版纳，愿如英人之于孟艮，将地方钱粮归于门户抽收办法。一切行政缉捕，伊等既鲜才能，又无力量，概求汉官担任保护。似此权操汉官，

---

① 《各土司代表反对骤改县治的建议（民国十六年九月二日）》，云南省档案馆藏，载国家民委《民族问题五种丛书》编辑委员会编：《中国民族问题资料·档案集成》第88册《中国少数民族社会历史调查资料丛刊·傣族社会历史调查·西双版纳民国时期设治档案资料辑录》，中央民族大学出版社2005年版，第697页。

② 柯树勋编辑：《普思沿边志略》，民国五年（1916）铅印本，第37页。

即属不改之改，事尚可行。此后若得贤良长官，善为抚循化导，悉泯猜嫌，长治久安，拭目可待。

二、筹款。万事以财为基础，无财即寸步不行。今拟略仿英人之于孟艮办法，从轻征输，不事重剥。夷俗分地耕种，不分贫富，除头目、赤贫免征外，每户年征二元。沿边约计二万余户，年可收五万余元。即以一半分给各该勐土弁叭目，作为办公薪津，禁革旧有一切苛派；一半提归公家，办理各勐应兴应创一切事件。其思茅厅每年应完之钱粮千余元，即于归公此一半中提出完纳，不再加征。是生财有道，取之不苛，用之有节，于民无扰，于公有济。

三、官守。车里为全版之中心点，设督办一员，表率各勐。将十二版纳划为八区，每区设行政委员一员，管理地方行政及一切应兴应革事务。其重要事件，仍禀由督办解决。如应转禀大宪请示者，均照案办理。总以整顿地方，改良风俗，作富强基础为宗旨。

四、诉讼。各勐距思十余站，遇有命盗各案，解赴思署报告；设有告到者，遣差拘捉，皆视为畏途，往往十无一返。现既设官行政，凡民间鼠牙雀角，随到随讯，随讯随结，扫除旧时衙门一切陋习，以培元气。其重要案件，拟于督办公署设刑件各二名，以凭录案填格。以后词讼繁多，再请设地方审判、检查各厅，以敷治理。

五、交涉。各勐界居英、法二国之间，与英、法管领地面犬牙相错，难免不无交涉事端。现在十二版纳既〔设〕汉官保护，与前清未设汉官时，事权自不相同。拟请饬由外交司照会英、法领事，转饬该两国之边界办事总理员知照，宣布十二版纳地方此时已设汉官治理保护，以便遇有交涉事件不致留拦，得以照约从权完结。设有重大事件，并可通详请示办理。

六、实业。各勐夷民男妇，惰农自安，但求一饱，从不研求他项工艺。其服饰大概购之英缅。所有田土，多系膏腴，气候亦极温和，甲于内地。每年栽种，专候天雨，不知凿渠灌溉；秋收后，其余小春、杂粮概不栽种。各处竹木茂盛，不知制造，废弃可惜。拟添募各种工匠，分往各勐，认真教习一切制造，逐渐推广实业，俾免利源外溢。数年而后，其发达必有可观。

七、国币。各勐行用锅片成色太坏，五六成、三四成不等，舍此非盐米不能交易。拟请转令造币局，借拨单、双铜元各拾万枚，单、双银毫各二万角，并同兵饷、银元，分布各勐行用，永禁锅片低银，并免英、法银元、铜元掺入，利权外溢。俟民国币制划一，将锅片全行易回化净，可期一手缴还借款，不致延欠。如此银元不足，辅以银毫；银毫不足，辅以铜元，汉夷交便，可臻久远，以维币政而尊国权。

八、通商。查版纳全图，西南通英缅，东南通法越，东达思、普，北达威、镇，实为商务辐辏之区。至各勐所产，以花茶为大宗；此外森林木植，尤属葱茏蓊蔚，如炼脑之樟，制材之柏及密而不露之银、铁等矿，均属利弃于地。缘道路崎岖，泥滢深陷，雨水路断人稀。今拟勘定路线，开通沟渠，修桥造船，安设旅店，以通商贩而利駃足。拟于事定兴修。如关坪坡，今年起盖兵房十一间，派兵驻防，往来商贩駃足有所棲止，且得兵为保护，不觉征途之苦，咸称便焉。

九、学堂。查各勐习用缅文，不通汉字，文告命令，非译成缅文不能通晓，大为行政阻碍。现于车里建设学堂一所，收聪颖子弟三四十人，入堂诵习汉字，如简易识字教法，藉通语言，随字讲解，用土音翻译，半年来稍著成效。将来经费充裕，每勐各设一堂。俾教育普及，开其智识，化其狂猱，讲究伦常，辨明顺逆，蕴其忠爱之忱，作我捍卫之用。其缅文并行不悖，留彰左道而示大用。

十、邮电。此地若辟商埠，且毗连两大强国，军政民事，买卖商情，欲期快利，非安设电报、邮政不可。勐地延长，物产丰富，商〔贾〕偕来，行旅载途，交通敏捷，将来定能成一大都会也。今拟于勘路之便划定地点，创办电局、邮政，以便官民。其经费取给勐中公款，不动公家钱文。

十一、招垦。古人寓兵于农，法良意美，为实边最要之图。本年，第五营兵领垦者已五十余名，雨水调匀，丰收相望，明年领垦必多。兼之现改土司旧习，轻取门户钱文，诸般保护，将来商务必能振兴，谷米一定有价，附近各处，自必源源而来。此宜待以年岁，期底于成，不能求效太速也。

十二、练兵。古云：'无兵不能立国'，各勐界居英、法二强国之间，尤不容有倚赖性质。今拟俟经费充裕，添练民兵，有事则荷戈执戟，御侮冲锋；无事则凿井耕田，散还各寨，以时训练教育，不令游手好闲。孔子有"善人教民七年可以即戎"之叹语，要当身体力行，任劳任怨，十年之后，皆成劲旅，边陲无事，内地容有不安者乎！"①

　　总而言之，《治边十二条》主要涉及三个方面的内容：第一，普思沿边行政区划改革和行政机构改革的措施，即改流、筹款、设官、诉讼等核心内容。车里地区土司势力强大，所以"改流"是车里地区政区改革的重要前提条件。黎肇元曾计划在车里设一直隶州、三县，按照清朝体制推进车里地区的改流工作，在行政管理薄弱区增设正式行政区划，但最终因财政困难和土司的反对而以失败告终。鉴于此，柯树勋提出渐进的改土归流方式，即不废除土司，但地方钱粮财税及行政缉捕等方面的权力归汉官把持，暂时设置流官，加强边地的行政管理。而这必然涉及行政过程中的财政开销问题，即行政成本问题，所谓"万事以财为基础，无财即寸步不行"。由于政治、经济、民族社会、交通、地理、生态等方面的特殊性，边地行政成本远远高于内地。柯树勋提出每户每年征收两元，确立了按门户统一征收赋税的制度，所得税收一半归土司，一半归公，不仅为行政管理提供行政经费，而且开始在一定程度上剥夺土司的财政权。征税工作直接推动了车里地区的户口调查工作，因为户口是征税的依据。经初步统计，车里地区户口约计两万余户，在此基础上，政府实现了对当地人口的直接管理，即实现了直接有效地"治民"。改流和筹款工作的展开，为车里地区设官行政、分区设置县级行政区划奠定了坚实基础。"车里为全版之中心点，设督办一员，表率各勐"，仍以车里为一个统一的区域，不久设置了行政总局，且以车里为中心，总局长驻地即在车里，直接管控整个版纳地区。"将十二版纳划为八区"，通过分区设治，可有力地打破车里宣慰司以十二版纳为空间地域基础的土司行政区划构架，构建正式县级政区的空间地域结构。以此为指导思想，柯树勋设普思沿边行政总局，划十二版纳为八区，并以数字命名为第一至第八行政分局。八个行政分局之间界线分明，各自拥有一定的行政管辖范围，行政总局则辖有整个版纳地区，从而形成了自身的幅员。行政总局隶属于普洱道，下辖八个行政分局，属于特殊的统县政区，行政分局则为特殊的县级政区，相互间构成了政区层级关系。行政总局驻地在车里宣慰司（景洪），各行政分局的驻

---

① 柯树勋编辑：《普思沿边志略》，民国五年（1916）铅印本，第34—36页。

地，即第一区驻车里，第二区驻勐遮，第三区驻勐海，第四区驻勐往，第五区驻勐拿，第六区驻倚邦，第七区驻普文，第八区驻官房。可见，总局及分局都拥有各自的行政中心，即政区治所。因此，普思沿边行政总局及分局具备了行政区划的基本要素，属于地方行政区划。"每区设行政委员一员"，加强版纳地区的行政管理，其管理的事务是"地方行政及一切应兴应革事务"，每个委员管理一区，核心是管理地方行政，并归设于车里的督办节制，由此，汉官通过划区行政直接深入管控版纳地方。同时，赋予行政委员司法权，要求废除土司衙门旧有的司法体制，通过设立地方审判、检查等机构，构建近代司法体制，全面推动边疆地区的司法革新，加速了车里地区的司法建设，逐步实现与内地的一体化发展。

总之，划区行政设官建置，掌管边地财政税收权和司法权，就是国家管理深入普思沿边、加强边疆控制、改变边疆行政管控薄弱局面的重要体现。同时，深入对车里地区的管控，并没有像内地一样设立正式行政区划，而是划分行政区，分设行政委员，实际上就是推行渐进型"改土归流"，逐渐打破版纳地区土司行政区划的地域结构和行政管理体系，为今后改设县治做准备，使边地政区沿着内地正式政区一体化道路发展。

第二，边疆政区特殊管理措施的实施，"交涉"之规定赋予了边地汉官一定的处理外交事务的权力，在加强边疆管理的同时维护国家权益。地方无外交，县级官员代表国家行使外交权，实属少见，这恰好是普思沿边地区的地缘政治发生根本性变化的重要表现。"练兵"事关边地军事和国防建设。寓兵于农、全民皆兵的军事制度，在加强边疆开发的同时，巩固了边防，特别是在边疆危机的情况之下，积极维护了国家领土主权。外交和军事权的强化，充分体现了普思沿边政区改革在边疆危机特殊背景下的内在特殊性。

第三，普思沿边地区现代化建设的推进措施。首先是发展边地"实业"。从内地招募各种技术人员前往车里传播相关专业技术，充分发挥车里地区物产丰富的优势，推广实业，促使边地经济发展。农业发展上，除了修凿沟渠，兴修水利，提高灌溉能力，改变耕作习惯之外，还主张用招垦的方式开发农业。这种招垦的方式，使土地从土司管理逐渐转变为由政府行政管理，政府直接掌控土地的开发和利用，充分体现了政府的"掌土"职责。其次，为了掌管边地财政的便利和加强边地开发，要求通行"国币"。当时车里各勐土司区主要用锅片作为货币，还存在以物易物的情况，说明普思沿边的货币体系还停留在较为落后的状态，折射出极大的边疆性特点。随着英法的入侵，大量英制银元、铜元和法制银元、铜元流入普思沿边，在损害我国国家权益的同时，使车里地区通行的货币种类多样化。版纳设置行政区之后，政府通过交易的形式将锅片全部换回销毁，统一发行民国国币，使得边地多样化的货币种类得到有效整合，从而改变了车里地区货币混乱的局面。为了维护币政和国家权益，以及征收赋税的方便，政府统一推行国币。国家币制的施行，说明边地财政逐步实现了与内地财政的整合和一体化。再次，改善车里的商业环境，完善相关配套设施，开发利用当地物产资源，促进边疆商业发展，特别是开展边疆性的对外贸易。对内、对外贸易的发展在拉动边地经济发展的同时，也在一定程度上改变了车里地区传统的经济发展模式。随着与内地经济联系的加强，车里经济与内地经济发展逐渐走上一体化发展道路，为普思沿边的行政区划建置提供更为坚实的经济基础。然后，教育机构设立和健全作为行政区划建置的重要内容，特别是在边疆地区，显得尤为重要。发展边地教育，加强文化建设，有助于政令的畅通，提高行政效率。学校设立和普及的意义，按柯树勋的话说，便是：开其智识，化其狉獉，讲究伦常，辨明顺逆，蕴其忠爱之忱，作我捍卫之用。可见，边地办学，主要是为了传播汉文化，在边疆文化教育与内地一体化发展的基础上，增强边疆人们的国家认同感和民族凝聚力，进而易于接受内地的制度文化，从而减少地方行政区划设置的文化障碍，为普思沿边行政区向县治过渡提供文化基础。最后，邮电的创办有效地加强了与内地的联系，有利于政府及时了解边地的军事、行政、国防等情形，加强了边疆建设的力度。此规定是加快边地近代化建设的重要举措，加快了与内地一体化的步伐。

　　总之，《治边十二条》详明了治理边疆的策略。首先在改流和筹款的基础上，将版纳地区划为八区，分设行政委员，管理边疆司法、行政事务，打破了以版纳为地域基础的土司行政构架和行政地域构架，推动车里地区政区体制向内地正式县级政区过渡。军事、外交事务的管理，凸显了普思沿边地区的特殊性，更重要的是一方面加强了边疆地区的开发，一方面维护了国家领土主权的完整。行政委员的各项行政事务大力推进了车里地区的现代化发展进程，促使普思沿边走上与内地一体化的发展道路。

三　普思沿边行政总局及分局的设置与区域划分

（一）普思沿边行政总局

根据《治边十二条》的改革思想，柯树勋以车里宣慰司地域为基础，于"民国二年（1913），设置行政总局"①。"民国二年（1913）正月（公历二月）开办普思沿边行政总局。"② 可见，普思沿边行政总局设置于民国二年（1913）二月，隶属于云南省普洱道。行政总局设置后，马上将十二版纳区域划分为八区，"民国二年（1913）九月，各区户口调查毕，复划沿边为八区"③。版纳区域分设为八区后，每区分设行政分局，由行政总局统一管理。

普思沿边行政总局第一任总局长柯树勋"驻车里"，④ 即"今景洪市东南四公里的宣慰街"⑤，民国三年（1914），普思沿边行政总局公署建成，新公署位于车里宣慰司西北约十里的地方，即景德，行政总局随即移治景德，⑥"总局在景德，系宣慰旧城，距车里十里"⑦。在傣语的意思里边，"都会曰景，万数曰德，相传明时有户万数，故名曰景德，译言万户之都"⑧。景德为车里宣慰司旧治，即今云南省西双版纳傣族自治州景洪市属景洪镇所在地。

普思沿边行政总局设立之后，进行了幅员的划定："东南界法越（法属越南），西南界英缅（英属缅甸），西北界澜沧县，北界景谷、思茅县，东北界普洱、他郎、元江。沿边东、南、西面与外界毗连者，曲折千四百余里；内界东、西相距千里，南、北相距七百余里。"⑨ 普思沿边所辖区域大致相当于今云南西双版纳傣族自治州的全境及思茅市和江城哈尼族彝族自治县部分地区。

---

① 龙云修：《云南行政纪实·民政·建制》第 2 册，1943 年铅印本，第 2 页。
② 柯树勋编辑：《普思沿边志略》，民国五年（1916）铅印本，第 37 页。
③ 同上书，第 39 页。
④ 同上。
⑤ 张在普编著：《中国近现代政区沿革表》，福建省地图出版社 2006 年版，第 231 页。
⑥ 李拂一编著：《十二版纳纪年》，复仁书屋 1983 年版，第 228 页。
⑦ 柯树勋编辑：《普思沿边志略·普思沿边行政区划一览表》，民国五年（1916）铅印本。
⑧ 参考李拂一编著：《十二版纳纪年》，复仁书屋 1983 年版，第 228—229 页。
⑨ 柯树勋编辑：《普思沿边志略·普思沿边版图之图说附记》，民国五年（1916）铅印本。

（二）普思沿边第一行政分局

第一行政分局与总局同一时期设置，"民国二年（1913）九月（公历十月）"，户口清查完毕后，"划沿边为八区"，① 并由总局长兼任"第一区分局长"②。普思沿边第一行政分局设置于民国二年（1913）十月，隶属于云南省普思沿边行政总局。

第一任分局长依然是柯树勋，"驻车里"，③ "第一区行政委员，治所车里"④，普思沿边第一行政分局治所在车里，即今云南省西双版纳傣族自治州景洪市属景洪镇所在地。

根据《治边十二条》，柯树勋将普思沿边区域划为八区，其中，第一区行政分局的行政辖区"东至勐宽一百二十里，界五区小勐仑；南至打舟八十里，界四区大勐笼；西至勐宋一百里，界三区勐海；北至三叉河一百二十里，界八区小勐满"⑤。"民国十六年（1927）"，车里地区力行改设县治，"裁撤总分局，改设车里县"⑥。新中国成立后，"1958年改设景洪县"，并于"1993年改设景洪市"⑦，所以，普思沿边第一行政分局所辖的区域大致相当于今云南省西双版纳傣族自治州景洪市的地理范围。

（三）普思沿边第二行政分局

普思沿边第二行政分局，"民国二年（1913）设行政"⑧。与第一行政分局同时设置，即民国二年（1913）九月（公历十月）置第二行政分局，隶属于云南省普思沿边行政总局。

"第二区行政委员，治所勐遮"，⑨ 第二区行政委员行政治所在勐遮，即今位于云南省勐海县西部的勐遮镇驻地，今仍称勐遮。"设第二区行政

---

① 柯树勋编辑：《普思沿边志略》，民国五年（1916）铅印本，第39页。

② 柯树勋编辑：《普思沿边志略·普思沿边行政区划一览表》，民国五年（1916）铅印本。

③ 柯树勋编辑：《普思沿边志略》，民国五年（1916）铅印本，第39页。

④ 孙天霖：《柯树勋治理普思沿边少数民族地区始末》，载国家民委《民族问题五种丛书》编辑委员会编：《中国民族问题资料·档案集成》第88册《中国少数民族社会历史调查资料丛刊·傣族社会历史调查》，中央民族大学出版社2005年版，第198页。

⑤ 柯树勋编辑：《普思沿边志略·普思沿边行政区划一览表》，民国五年（1916）铅印本。

⑥ 龙云修：《云南行政纪实·民政·建制》第2册，1943年铅印本，第5页。

⑦ 张在普著：《中国近现代政区沿革表》，福建省地图出版社2006年版，第231页。

⑧ 柯树勋编辑：《普思沿边志略·普思沿边行政区划一览表》，民国五年（1916）铅印本。

⑨ 孙天霖：《柯树勋治理普思沿边少数民族地区始末》，载国家民委《民族问题五种丛书》编辑委员会编：《中国民族问题资料·档案集成》第88册《中国少数民族社会历史调查资料丛刊·傣族社会历史调查》，中央民族大学出版社2005年版，第198页。

分局于勐遮"①，"第二区分局，局设勐遮城内山顶，系土千总旧署。"②
勐遮是傣语地名，"勐：平坝或区域，遮：浸泡，勐遮，意为水浸泡过的
平坝"③。

第二行政分局的行政辖区，"东至勐旡一百五十里，界八区勐往；南
至怕达三十里，界三区勐海、勐混；西至三面坡六十里，界英属大勐养；
北至勐满六十里，界镇边县班中"④。"十六年（1927）"，裁区置县，遂
裁撤第二行政分局，"改设五福县"⑤。民国二十三年（1934），改五福县
为南峤县，新中国成立后，"1958年"将南峤县"改设勐遮县"，并于第
二年"裁入勐海县"⑥。第二行政分局所辖区域大致相当于今云南省西双
版纳傣族自治州勐海县西部区域。

（四）普思沿边第三行政分局

普思沿边第三行政分局，同样于民国二年（1913）九月（公历十月）
划区设置，始"添设行政"⑦。"民国二年（1913）九月，划沿边为八
区。"⑧第三行政分局隶属于云南省普思沿边行政总局。

"第三区行政委员，治所勐海"⑨，即今云南省西双版纳傣族自治州勐
海县治勐海镇所在地，今仍名勐海。"第三区行政分局于勐混，后移勐
海。"⑩"第三区分局局署原定勐混，今暂驻勐海。"⑪可见，第三区行政
委员行政治所先驻勐混（今勐海县南部勐混镇所在地），后移驻勐海，意
为"厉害人居住的平坝区"⑫。

第三行政分局的行政辖区，"东至南乐山六十里，界一区车里；南至
打洛一百八十里，界英属孟艮；西至顶真四十里，界二区勐遮；北至勐旡

①　李拂一：《车里》，商务印书馆1933年版，第3页。
②　柯树勋编辑：《普思沿边志略·普思沿边行政区划一览表》，民国五年（1916）铅印本。
③　勐海县人民政府编：《云南省勐海县地名志》，1986年，第32页。
④　柯树勋编辑：《普思沿边志略·普思沿边行政区划一览表》，民国五年（1916）铅印本。
⑤　龙云修：《云南行政纪实·民政·建制》第2册，1943年铅印本，第5页。
⑥　张在普编著：《中国近现代政区沿革表》，福建省地图出版社2006年版，第231页。
⑦　柯树勋编辑：《普思沿边志略·普思沿边行政区划一览表》，民国五年（1916）铅印本。
⑧　柯树勋编辑：《普思沿边志略》，民国五年（1916）铅印本，第39页。
⑨　孙天霖：《柯树勋治理普思沿边少数民族地区始末》，载国家民委《民族问题五种丛书》
编辑委员会：《中国民族问题资料·档案集成》第88册《中国少数民族社会历史调查资料丛
刊·傣族社会历史调查》，中央民族大学出版社2005年版，第198页。
⑩　李拂一：《车里》，商务印书馆1933年版，第4页。
⑪　柯树勋编辑：《普思沿边志略·普思沿边行政区划一览表》，民国五年（1916）铅印本。
⑫　勐海县人民政府编：《云南省勐海县地名志》，1986年，第34页。

七十里，界八区勐往"①。民国十六年（1927）改革县制，"裁局，改设佛海县"②。新中国成立后，于"1958年改设勐海县"③，第三区分局所辖范围大致相当于今云南省西双版纳傣族自治州勐海县东部地区。

（五）普思沿边第四区分局

第四区分局亦于1913年10月划区设置，"清雍正时置土把总，民国二年（1913）添设行政"④。"民国二年（1913）九月，划沿边为八区。"⑤隶属于云南省普思沿边行政总局。

"第四区行政委员，治所勐往（原治所为大勐笼）"⑥，即今云南省西双版纳傣族自治州勐海县北部的勐往镇所在地，今仍称勐往。另有记载，"第四区行政分局于勐笼"⑦，"第四区分局，局设勐笼城内"⑧，第四区分局治所存在勐往和勐笼的差异，主要是因为"民国十年（1921），将第四区之地并归第一区管理，而分第二区之勐阿、勐宂、第八区之勐往等三土司之地别置第四区行政分局于勐往"⑨。因此，第四区的治所是随行政区域的调整而发生了迁移，遂治勐往，意为"湖泊变成的坝子"，还有一种说法是"稗子坝"⑩。

第四区分局的行政辖区，"东至澜沧江一百二十里，界五区小勐仑，以江为界；南至分水岭八十里，界英属勐勇；西至怕得一百四十里，界三区蛮峨；北至邦沙八十里，界一区打舟"⑪。民国十六年（1927）的改县过程中，第四区行政分局"改为勐往行政委员"，并于"二十一年（1932）改临江设治局"⑫。新中国成立后，"1950年改设宁江县，1953年

---

①　柯树勋编辑：《普思沿边志略·普思沿边行政区划一览表》，民国五年（1916）铅印本。
②　龙云修：《云南行政纪实·民政·建制》第2册，1943年铅印本，第5页。
③　张在普编著：《中国近现代政区沿革表》，福建省地图出版社2006年版，第231页。
④　柯树勋编辑：《普思沿边志略·普思沿边行政区划一览表》，民国五年（1916）铅印本。
⑤　柯树勋编辑：《普思沿边志略》，民国五年（1916）铅印本，第39页。
⑥　孙天霖：《柯树勋治理普思沿边少数民族地区始末》，载国家民委《民族问题五种丛书》编辑委员会编：《中国民族问题资料·档案集成》第88册《中国少数民族社会历史调查资料丛刊·傣族社会历史调查》，中央民族大学出版社2005年版，第198页。
⑦　李拂一：《车里》，商务印书馆1933年6月初版，第4页。
⑧　柯树勋编辑：《普思沿边志略·普思沿边行政区划一览表》，民国五年（1916）铅印本。
⑨　李拂一：《车里》，商务印书馆1933年6月初版，第4页。
⑩　勐海县人民政府编：《云南省勐海县地名志》，1986年，第9页。
⑪　柯树勋编辑：《普思沿边志略·普思沿边行政区划一览表》，民国五年（1916）铅印本。
⑫　龙云修：《云南行政纪实·民政·建制》第2册，1943年铅印本，第7页。

裁入佛海县，1958 年改设勐海县"，① 可见，第四行政分局所辖区域大致
相当于今云南省西双版纳傣族自治州勐海县北部地区。

（六）普思沿边第五区分局

第五区行政分局亦于 1913 年 10 月划区设置，"清雍正时置土把总，
民国二年（1913）添设行政"②。"民国二年（1913）九月，划沿边为八
区。"③ 隶属于云南省普思沿边行政总局。

"第五区行政委员，治所勐捧"④，即今云南省西双版纳自治州勐海县
西部勐捧镇所在地，今仍称勐捧。另有记载"第五行政分局于勐腊"⑤，
"第五区分局，局设勐腊"⑥，可见，第五区分局的治所存在勐腊和勐捧之
差异，据《十二版纳纪年》记载"民国六年（1917）移五区分局治勐
捧"，治所迁移的原因是"勐捧尚接法属勐悻，形势较为扼要也"⑦。可知
第五区治所曾从勐腊（今云南省勐海县治所在地）迁往勐捧，系傣语地
名，"勐：意为地方或区域，捧：意为会发光的妖精，勐捧：意为会发光
妖精的地区"⑧。

第五区分局的行政辖区，"东界法属勐乌地一百五十里；南界法属勐悻、
老挝地均一百八十里；西界一区勐宽、四区整哈，均二百四十里；北界六区
易武地一百二十里"⑨。民国十六年（1927），第五区行政分局"改设县治"⑩，
即镇越县，新中国成立后，于"1958 年"改镇越为"勐腊县"，⑪ 第五区分
局所辖区域大致相当于今云南省西双版纳傣族自治州勐腊县南部地区。

（七）普思沿边第六区分局

第六区行政分局与第一区行政分局同时于民国二年（1913）十月划

---

① 张在普编著：《中国近现代政区沿革表》，福建省地图出版社 2006 年版，第 231 页。

② 柯树勋编辑：《普思沿边志略·普思沿边行政区划一览表》，民国五年（1916）铅印本。

③ 柯树勋编辑：《普思沿边志略》，民国五年（1916）铅印本，第 39 页。

④ 孙天霖：《柯树勋治理普思沿边少数民族地区始末》，载国家民委《民族问题五种丛书》
编辑委员会编：《中国民族问题资料·档案集成》第 88 册《中国少数民族社会历史调查资料丛
刊·傣族社会历史调查》，中央民族大学出版社 2005 年版，第 198 页。

⑤ 李拂一：《车里》，商务印书馆 1933 年版，第 4 页。

⑥ 柯树勋编辑：《普思沿边志略·普思沿边行政区划一览表》，民国五年（1916）铅印本。

⑦ 李拂一编著：《十二版纳纪年》，复仁书屋 1983 年版，第 389 页。

⑧ 勐腊县人民政府编：《云南省勐腊县地名志》，1988 年，第 50 页。

⑨ 柯树勋编辑：《普思沿边志略·普思沿边行政区划一览表》，民国五年（1916）铅印本。

⑩ 龙云修：《云南行政纪实·民政·建制》第 2 册，1943 年铅印本，第 5 页。

⑪ 张在普编著：《中国近现代政区沿革表》，福建省地图出版社 2006 年版，第 231 页。

区设置，隶属于云南省普思沿边行政总局。

"第六区行政委员治所倚邦"①，即今云南省西双版纳自治州勐腊县象明彝族乡北部倚邦村所在地。另有记载，"第六区行政分局于易武，旋移倚邦。"②"第六区分局，局设倚邦"③。可见，第六区分局开始设治于易武（今勐腊县东北部易武乡驻地），后移治倚邦。

第六区分局的行政辖区，"东至三颗庄二百二十里，界法属乌得；南至三叉河二百一十里，界五区勐伴；西至慢打江一百里，界一区攸乐山，北至菜子地二百八十里，界宁洱县勐先"④。民国十六年（1927）改设县治，"第六区改为象明县"，至"十八年（1929），象明县属易武划归镇越，倚邦划归普文，整董坝划归勐烈，将勐烈行政区改升县治（江城县）"⑤。"民十九（1930），曾呈请上峰将普文、六顺划入思茅，结果奉准以普文一县并入。"⑥ 新中国成立后，镇越县于1958年改设为勐腊县。第六区分局所辖区域大致相当于今云南省思茅市东南部、江城县西南部和勐腊县的北部地区。

（八）普思沿边第七区分局

第七区行政分局亦于民国二年（1913）十月划区设置，"民国二年（1913）设行政"⑦。"民国二年（1913）九月，划沿边为八区。"⑧ 隶属于云南省普思沿边行政总局。

---

① 孙天霖：《柯树勋治理普思沿边少数民族地区始末》，载国家民委《民族问题五种丛书》编辑委员会编：《中国民族问题资料·档案集成》第88册《中国少数民族社会历史调查资料丛刊·傣族社会历史调查》，中央民族大学出版社2005年版，第198页。

② 李拂一：《车里》，商务印书馆1933年版，第4页。

③ 柯树勋编辑：《普思沿边志略·普思沿边行政区划一览表》，民国五年（1916）铅印本。

④ 同上。

⑤ 《请求筹设普文江城两县并增设倚邦县佐》民国十八年（1929）八月二十四日，摘自《云南省民政厅普思沿边各行政区改设车里五福等七县设置临江行政委员》第62页，云南省档案馆藏档案，载国家民委《民族问题五种丛书》编辑委员会编：《中国民族问题资料·档案集成》第88册《中国少数民族社会历史调查资料丛刊·傣族社会历史调查》，中央民族大学出版社2005年版，第702—703页。

⑥ 《普文划归思茅》民国三十三年（1944）六月一日，摘自《云南省民政厅思茅六顺等县合并设治》第10页，云南省档案馆藏档案，载国家民委《民族问题五种丛书》编辑委员会编：《中国民族问题资料·档案集成》第88册《中国少数民族社会历史调查资料丛刊·傣族社会历史调查》，中央民族大学出版社2005年版，第710页。

⑦ 柯树勋编辑：《普思沿边志略·普思沿边行政区划一览表》，民国五年（1916）铅印本。

⑧ 柯树勋编辑：《普思沿边志略》，民国五年（1916）铅印本，第39页。

"第七区行政委员治所普文"①，即今云南省西双版纳自治州景洪市北部普文镇所在地。另有记载，"第七区行政分局于黄草坝"②，"第七区分局局署暂驻黄草坝，应照原议设于普文"③。可见，第七区分局治所有过迁移，黄草坝作为第七区的治所只是一种权宜之策，最终迁移到了普文。

第七区分局的行政辖区，"东至勐旺一百里，界五区整董；南至苏红街一百二十里，界一区戛勒山；西至大平掌八十里，界八区整奈坝；北至麻栗坪六十里，界八区属地"④。民国十六年（1927）改设县治，"第七区改为普文县"⑤，而普文县并入了思茅县，所以第七区分局所辖区域大致相当于今云南省思茅市南部区域。

（九）普思沿边第八区分局

民国二年（1913）十月十二划版纳为八区，并设置第八区行政分局，"民国二年（1913）添设行政"⑥，隶属于云南省普思沿边行政总局。

"第八区行政委员治所关房"⑦，即今云南省思茅市西南部官房镇所在地，今仍称官房。另有记载，"第八区行政分局于官房"⑧，"第八区分局局署设官房"⑨。可见，第八区分局驻地在官房，官房与关房应当是同音异写。

第八区分局的行政辖区，"东至七区普文坪八十里，南至一区小勐养界二百四十里，西至澜沧县大了口界一百六十里，北至思茅县整碗界八十里"⑩。

①　孙天霖：《柯树勋治理普思沿边少数民族地区始末》，载国家民委《民族问题五种丛书》编辑委员会编：《中国民族问题资料·档案集成》第 88 册《中国少数民族社会历史调查资料丛刊·傣族社会历史调查》，中央民族大学出版社 2005 年版，第 198 页。

②　李拂一：《车里》，商务印书馆 1933 年 6 月初版，第 4 页。

③　柯树勋编辑：《普思沿边志略·普思沿边行政区划一览表》，民国五年（1916）铅印本。

④　同上。

⑤　《云南省民政厅普思沿边各区改设县治专卷》，云南省档案馆藏，载国家民委《民族问题五种丛书》编辑委员会编：《中国民族问题资料·档案集成》第 88 册《中国少数民族社会历史调查资料丛刊·傣族社会历史调查》，中央民族大学出版社 2005 年版，第 599 页。

⑥　柯树勋编辑：《普思沿边志略·普思沿边行政区划一览表》，民国五年（1916）铅印本。

⑦　孙天霖：《柯树勋治理普思沿边少数民族地区始末》，载国家民委《民族问题五种丛书》编辑委员会编：《中国民族问题资料·档案集成》第 88 册《中国少数民族社会历史调查资料丛刊·傣族社会历史调查》，中央民族大学出版社 2005 年版，第 198 页。

⑧　李拂一：《车里》，商务印书馆 1933 年 6 月初版，第 4 页。

⑨　柯树勋编辑：《普思沿边志略·普思沿边行政区划一览表》，民国五年（1916）铅印本。

⑩　同上。

民国十六年（1927）改设县治，"第八区改为庐山县"①，民国十七年（1928），"将庐山二字改为六顺，即名之曰六顺县"②。六顺县于"1953 年裁入思茅县"③，第八区分局所辖区域大致相当于今云南省思茅市西南部区域。

云南地志编纂处于 1927 年编绘完竣的，1933 年由云南财政厅发行的《云南省各县区域全图》，将普思沿边行政区域图列入其中。很明显，民国时期的官方文献把普思沿边行政区列为县级政区，普思沿边行政区被视为地方一级行政区划。现据其中的《普思沿边行政区域图》作《普思沿边行政总局及行政分局区域示意图》，见图十三：

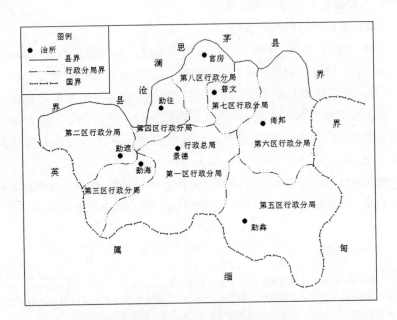

图十三　普思沿边行政总局及行政分局区域示意图

【底图来源：云南地志编纂处：《云南省各县区域全图》，云南财政厅发行，中华民国二十二年（1933）。】

---

① 《云南省民政厅普思沿边各区改设县治专卷》，云南省档案馆藏，载国家民委《民族问题五种丛书》编辑委员会编：《中国民族问题资料·档案集成》第 88 册《中国少数民族社会历史调查资料丛刊·傣族社会历史调查》，中央民族大学出版社 2005 年版，第 599 页。

② 《云南省民政厅普思沿边各区改设县治专卷》第 44—45 页，云南省档案馆藏档案，载国家民委《民族问题五种丛书》编辑委员会编：《中国民族问题资料·档案集成》第 88 册《中国少数民族社会历史调查资料丛刊·傣族社会历史调查》，中央民族大学出版社 2005 年版，第 699 页。

③ 张在普编著：《中国近现代政区沿革表》，福建省地图出版社 2006 年版，第 231 页。

　　很明显，上图显示出了普思沿边行政局及分局作为行政区划的基本要素。总局及分局的行政中心有固定的驻在地，并拥有自身的行政管辖区，而且边界十分明确。普思沿边行政区域图被列入《云南省各县区域全图》，充分说明了普思沿边行政区域属于县级政区，只是名称与"县"之名称不同而已，这正是普思沿边行政局特殊性的体现。需要重点指出的是，普思沿边行政总局直辖八个行政分局，且在向县治过渡的过程中，八个行政分局通过一定范围的归并后改设为七县一设治局，即车里县、五福县、佛海县、镇越县、普文县、六顺县、象明县、临江设治局，所以普思沿边行政总局应该属于特殊的统县政区。

　　十二版纳是土司政治的基本地理单元，在封建领主经济和严密的土司政治组织系统的基础上，十二版纳区域成为经济负担单位，山区则称为"十二火圈"，这种以地域为依据的经济负担地理单元相应形成了由多个土司构成的稳固的土司政治实体。车里宣慰司统一管控各勐土司政治实体，整个版纳地区于是形成了一个以经济联系为内在纽带、以严密的土司行政组织为外在秩序、以宣慰司为首的政治实体，使得普思沿边社会具有极大的特殊性。普思沿边行政总局设置后，重新分划十二版纳，并整合为八个行政区，分设委员划区行政，进而将八区整合为六县一行政区。可见，普思沿边行政总局、分局，及改设县治的政区改革，在打破土司行政构架的同时，也打破了以十二版纳为基础的土司政治地域结构。据记载，普思沿边八行政区所辖土司地域情况如下：

　　　　"设普思沿边行政总局于车里宣慰司治兼第一区领车里宣慰使、橄榄坝土把总两土司之地及攸乐诸大茶山。依次设第二区行政分局于勐遮，领勐遮、勐阿、顶真、勐满、勐兑五土司之地；设第三区行政分局于勐混，后移勐海，领勐海、勐混、打洛三土司之地；设第四区行政分局于勐笼，领勐笼土司及景哈土目之地；设第五区行政分局于勐腊，领勐腊、勐捧、勐丰、勐仑四土司之地；设第六区行政分局于易武，旋移倚邦，领倚邦、易武、整董、竜得四土司之地；设第七区行政分局于黄草坝，领普藤、勐旺两土司之地；设第八区行政分局于官房，领六顺、勐往两土司之地。"①

①　李拂一：《车里》商务印书馆1933年版，第3—4页。

据《泐史》中卷记载，十二版纳为：

"1. 景晥（车里）、勐罕（橄榄坝）；2. 勐遮、景鲁、勐翁；3. 勐笼；4. 勐浯（勐混）、勐板；5. 景真（顶真）、勐海、勐阿；6. 景洛、勐满、勐昂、勐康；7. 勐腊、勐伴；8. 勐岭（普藤）、勐旺；9. 勐拉（包括思茅六顺）、勐往；10. 勐捧、勐润、勐济；11. 勐乌、乌得；12. 整董、播腊（倚邦）、易武。附记：一至六为江西六版纳，七至十二为江东六版纳。"①

据上述材料记载分析，普思沿边第一区行政分局所辖区域大致相当于车里版纳区域，第二区行政分局所辖区域大致相当于顶真版纳及勐遮、景洛二版纳部分区域，第三区行政分局所辖区域大致相当于勐混、顶真两版纳部分区域，第四区行政分局所辖区域大致相当于勐笼版纳区域，第五区行政分局所辖区域大致相当于勐腊版纳及勐捧版纳部分区域，第六区行政分局所辖区域大致相当于整董版纳区域，第七区行政分局所辖区域大致相当于普藤版纳区域，第八区行政分局所辖区域大致相当于勐往版纳区域。如此划界分区，实际上就是拆分了车里宣慰司以版纳为地理单元的土司政区结构，并重新整合。从本质上来看，就是肢解了以版纳为地域单元的土司政治实体，加速了土司政治势力的弱化和土司地域结构的打破，是近代强有力的"改土归流"过程。

民国初年，柯树勋力推普思沿边地区的行政区划改革，加强边疆的管控。于"民国二年（1913）正月，开办普思沿边行政总局，九月，各区户口调查毕，划沿边为八区，分设行政"②。时值民国初期推行全国行政区划改革，废府存县，加强县政建设，柯树勋深化了边疆行政建设。行政总局的设立是柯树勋治理普思沿边的创举，调查户口除了能为行政区划的设置提供人口依据外，因为人口是行政区划能否设置的重要因素，更重要的是通过户口调查，国家行政权力可以直接管控人口，是"治民"的最重要的表现；在沿边地区划区行政，实质上就是行使国家行政权力，掌管一方土地，即"掌土"。所以，柯树勋的治边措施，在本质上就是要实现掌土、治

---

①　李拂一编著：《十二版纳纪年》，复仁书屋1983年版，第420—421页。
②　柯树勋编辑：《普思沿边志略》，民国五年（1916）铅印本，第37、39页。

民、控土司，这是边疆土司地区行政区划改革的必要条件和核心要素。

　　总之，行政总局及分局的设置使普思沿边政区改革迈出了实质性的一步，它的设置从根本上改变了普思沿边县级政区设置疏散、政府行政管控薄弱的政治态势；同时，将十二版纳拆分整合为八区，并实施与内地一体化发展的行政管理措施，逐渐削弱和剥夺土司的权力，从而对土司行政体系和政治地域结构进行了初步解构和整合。

第三节　普思沿边行政总局、分局的行政管理措施

　　民国初年，在全国行政区划改革、加强县政建设和边疆管理、边疆危机深化的背景下，柯树勋在普思沿边地区厉行行政改革。鉴于普思沿边地区的特殊性，柯树勋首先创设了普思沿边行政局实施边地行政区划改革，为改设县治做准备，并最终都过渡到了县。普思沿边行政总局及行政分局在政区改革的基础上积极推行各种行政管理措施，在版纳地区展开户口调查、强化土司管控、发展行政教育事业，逐渐剥夺土司权力，加强对版纳地区的行政管控和开发，逐步瓦解土司政治的经济基础，为政区改革的进一步推进奠定基础，同时，也为应对边疆危机、维护国家领土主权提供了条件。

一　普思沿边行政总局及分局的第一次户口调查

　　边地行政区划设置的过程，在很大程度上也是户口调查的过程。普思沿边行政总局设立后，积极开展了版纳地区户口调查，为版纳地区重新划定行政区域提供人口和赋税依据，以下是普思沿边行政总局的人口调查情况（见表十四）：

表十四　　　　　　　　　普思沿边各勐土司户口表①

类别名称	辖境	土司	姓名	种类	民族	户数	男丁	女口
第一区	车里	宣慰	刀承恩	摆夷	夷侎俅苗	六千九百五十二	一万八千四百一十七	一万七千四百二十一
	橄榄坝	把总	刀正伦	摆夷				
	小勐养	叭目	宰八雅	摆夷				

---

① 柯树勋编辑：《普思沿边志略·普思沿边各勐土司户口表》，民国五年（1916）铅印本。

续表

类别名称	辖境	土司	姓名	种类	民族	户数	男丁	女口
第二区	勐遮	团正	刀忠良	摆夷	汉夷倮伕	五千八百九十九	一万二千一百二十三	一万一千一十二
	顶真	团正	刀金贵	摆夷				
	勐阿	团正	叭弄真	摆夷				
	勐亢	把总	刀世荣	摆夷				
	勐满	把总	刀嗣宗	摆夷				
第三区	勐海	把总	刀柱国	摆夷	夷回倮伕	五千四百四十五	一万三千七百九十七	一万三千八百零八
	勐混	团正	叭弄高	摆夷				
	打洛	千总	那扎翁	摆夷				
第四区	大勐笼	把总	拉扎翁	摆夷	夷伕倮	三千零七十七	五千四百六十八	五千三百九十
	整哈	团正	叭高	摆夷				
第五区	勐腊	把总	召孟	摆夷	夷伕瑶苗倮	三千八百一十二	七千零五十六	八千一百三十九
	勐捧	代办	叭弄拱加	摆夷				
	勐伴	便委	召叭	摆夷				
	小勐仑	便委	召孟	摆夷				
第六区	倚邦	把总	曹清民	汉人	汉夷土瑶	三千九百一十六	八千一百八十七	七千一百一十六
	易武	把总	伍树勋	汉人				
	整董	把总	召国顺	土人				
	弄得	便委	叶桂芳	汉人				
第七区	普文	团正	陶阿寿	汉人	汉夷	一千七百零五	三千九百一十三	三千七百六十六
	勐旺	把总	召国藩	土人				
第八区	六顺	把总	刀继普	土人	汉夷伕	七千四百五十	一万六千八百七十五	一万六千五十九
	勐往	土目	刀继美	土人				
附记	谨查：普思沿边原系十三版纳，今勐乌割归法属，只余十二版纳矣。东自整董属之坝卡起，沿界西行，由漫乃转南至勐伴，复西行至勐捧，循澜沧江北上到整哈，又折而西南行，经大勐笼，过打洛江，北行至勐遮属之三面坡止，湾环千四百里，到处溪流灌溉，地多沃壤。夷民待五六月天雨，驱牛犁田一次，即行插秧，多种糯谷为食，不事耘耨，秋末自然收获，是殆天所以养惰夷也。习尚无论男女，日赴清流洗浴，故曰水摆夷。界接英、法，风俗獉狉，专嗜醉酒、佞佛；婚配自由；子弟皆以学僧、习缅文为荣，不读汉书，所以风气不开。一切因陋就简，须俟数年后修道开埠、置电设邮，将土产花茶各项设法改良，则商业自渐发达，而荆棘可变青腴矣。							

据柯树勋对普思沿边各勐户口的调查看，西双版纳地区的主体民族是傣族，土司大多数为摆夷（傣族），同时，也有少数汉人在此担任土把总的职务，存在一种汉夷杂居的情况，从土司从"刀"或"召"姓看，上表中所列"土人"应当属于傣族。通过户口调查，普思沿边行政总局具备了"治民"的职能，此次户口调查涉及土司、民族、户数、男丁、女口等方面的内容，可以说是政府第一次在车里地区进行了详细的人口统计，是加强边疆管理的重要步骤。从人口数字上看，人数最多者为第一区，也只有 35838 人，总人口数为 168547。人口稀少直接导致政府财税的不足，且政府所征得的赋税除了政府的行政开支外，还要拿出很大一部分作为土司的开支费用，这无疑加剧了边地的财政困难，进而影响到版纳地区正式行政区划的设置。在全国行政区划调整、加强县政建设和边疆管理的大背景下，"民国元年（1913）三月"，柯树勋在车里宣慰司"推广行政，爰就十二版纳划为十一区"[1]。即"分置车里、勐海、勐遮、勐混、勐笼、橄榄坝、勐捧、勐腊、易武、普文、六顺等十一行政区"[2]。为了加快行政改革的进程，"二年（1913）正月，开办普思沿边行政总局"统筹规划行政改革事务，至"九月，各区户口调查毕，复划沿边为八区，分设行政"。原计划划为十一区，现在重新划定为八区，主要就是因为人口稀少，导致"政费不敷"，所以不得不"缩小范围，并作八区"[3]。即"总局长柯树勋兼第一区，驻车里；李谭为第二区，驻勐遮；陈钺为第三区，驻勐混；周国华为第四区，驻大勐笼；何树堃为第五区，驻勐腊；何光汉为第六区，驻易武；何瑛为第七区，驻普文；石云章为第八区，驻关房"[4]。至此，十二版纳划区设治基本完成。可见，户口作为征税标准，是行政区划设置的最重要依据之一。此次户口调查是政府第一次有效实现对普思沿边地区边疆人口的行政管理，行政区划一旦设定，便会进一步加强对人口的管理，使"治民"的行政职能真正落实，不断强化地方行政区划的行政内核要素。

此次户口调查显示出普思沿边地区的特殊性，除了人口稀少外，还表

---

① 内务部职方司第一科：《最新全国行政区划表》，民国六年（1917）十一月刊行，第147页。

② 李拂一：《车里》，商务印书馆 1933 年版，第 3 页。

③ 柯树勋编辑：《普思沿边志略》，民国五年（1916）铅印本，第 37、39 页。

④ 柯树勋编辑：《普思沿边志略》，民国五年（1916）铅印本，第 39 页。

现在边疆人户多为当地少数民族，且以傣族为主体，汉人所占比例极小；每一区域都有土司管理，也就是说设置行政区划之前，边疆人们主要处在土司的管理之下。显然，边疆土司势力极为强大，当地少数民族在土司的管控下很少接触汉文化，事实上，傣族社会拥有自身的宗教和文化，由此构筑了一道政治和文化屏障，给边地行政区划改革带来了极大的阻力。所以，柯树勋极力推进边地教育，传播汉文化，"自开办行政迄今，各区创设汉文学校，夷族渐次进化矣"①。由于史料记载的缺乏，所以设学的具体情况不甚详明。在这样的环境之中推广行政，不得不采取渐进的方式，为设县做准备。普思沿边行政总局除了名称上存在极大的特殊性外，在行政机构的设置上也是较内地县政简单且极具针对性，"柯树勋为总局长，分设司法、教育、实业、财政、交涉、翻译各科"②。其中，交涉和翻译两科，在内地县政是较为少见的。交涉主要体现的是行政总局代表国家行使外交权，应对边疆危机，维护国家权益；翻译科的设置除了关系涉外事件的处理之外，更重要的是处理内部事务，因为傣族人民使用自己的语言和文字，并不通汉语。"各勐习用缅文，不通汉字，文告命令，非译成缅文不能通晓，大为行政阻碍"③，给地方行政带来了极大的不便。时至民国十二年（1923），行政总局再次进行了户口调查，调查情况见表十五：

表十五　　　民国十二年（1923）普思沿边行政总局户口统计表

行政分局	户数	人口数		
		男	女	总计
第一区	9556	23963	22518	46481
第二区	6255	13820	13652	27472
第三区	5539	13550	14113	27663
第四区	3230	3108	3709	6817
第五区	3663	6776	7692	14468
第六区	3540	6502	5747	12249
第七区	1502	3401	3238	6639

---

① 柯树勋编辑：《普思沿边志略·普思沿边版图之图说附记》，民国五年（1916）铅印本。
② 柯树勋编辑：《普思沿边志略》，民国五年（1916）铅印本，第37页。
③ 同上书，第36页。

行政分局	户数	人口数		
		男	女	总计
第八区	6396	13554	13047	26601
合计	39681	84674	83716	168390

【数据来源：李拂一编著：《十二版纳纪年》，复仁书屋 1983 年版，第 412—413 页。】

通过户口调查，普思沿边行政总局在一定程度上实现了直接"治民"，极大地削弱了土司的人口管理权，使普思沿边政区改革推进了实质性的一步。

二　强化对土司的管控

顶真之乱后，柯树勋受命办理车里善后事宜，他吸取了黎肇元失败的教训，没有采取激进的方式进行行政区划改革，而是创设普思沿边行政总局，将十二版纳分化为八区，设官行政，即分设八个行政分局。划区行政后，流官逐渐强化了对土司的管控，如"民国二年（1913）添设行政总局长兼辖橄榄坝土把总。第二区分局兼辖顶真便委、勐阿土把总，第三区分局兼辖勐混土把总，第五区分局兼辖勐捧土把总，第六区分局兼辖整董、易武两把总、弄得土便委"①。行政局将各勐土司置于流官的直接管辖之下，这也是为普思沿边将来设县做准备。

在土司看来，各区行政委员的设置严重损害了他们的政治利益，所以分设行政区这一做法遭到了土司的极力反对。"当时各土司、叭目集中车里，群相阻扰，极力反对。"② 民国三年（1914），十二版纳各土司联名"要求撤去各区行政委员，准土司仍旧自行治理"③。政府并没有同意土司此次请求，并认为行政委员设置已久，土司要求撤去行政委员实为"无理之请求"，而且进一步认识到土司具有"轻视内地，肆无忌惮之心"。

---

① 柯树勋编辑：《普思沿边志略·普思沿边行政区域一览表》，民国五年（1916）铅印本。

② 《云南省民政厅普思沿边各区改设县治专卷》，云南省档案馆藏，载国家民委《民族问题五种丛书》编辑委员会编：《中国民族问题资料·档案集成》第 88 册《中国少数民族社会历史调查资料丛刊·傣族社会历史调查·西双版纳民国时期设治档案资料辑录》，中央民族大学出版社 2005 年 12 月版，第 598 页。

③ 李拂一编著：《十二版纳纪年》，复仁书屋 1983 年版，第 231 页。

此次请求不仅没有实现，反而促使流官势力做出了"事先预防，消患于未形"①的决策。事情的最终解决，"经前局长（柯树勋）分头派员，逐日磋商，多方开导，结果以划区设官，专在保护，并非改土归流，利其土地为定案"，并向各土司明示了行政总（分）局的税收政策及分配原则："议定每户每年，除宣慰、土司、叭目、官亲及赤贫孤寡，概无捐纳外，只收户捐银两元，余无它项供应。所收户捐，复规定以四角为折工，以八角分给宣慰各土司、叭目等，作为赡养费，以八角作为行政费"，在这种情况之下，"各土司、叭目等始相率就范"②。由此，在版纳土司地区设官行政得以实施，划区设治后，"设普思沿边行政总局于车里宣慰司治兼第一区领车里宣慰使、橄榄坝土把总两土司之地及攸乐诸大茶山。依次设第二区行政分局于勐遮，领勐遮、勐阿、顶真、勐满、勐亢五土司之地；设第三区行政分局于勐混，后移勐海，领勐海、勐混、打洛三土司之地；设第四区行政分局于勐笼，领勐笼土司及景哈土目之地；设第五区行政分局于勐腊，领勐腊、勐捧、勐丰、勐崙四土司之地；设第六区行政分局于易武，旋移倚邦，领倚邦、易武、整董、竜得四土司之地；设第七区行政分局于黄草坝，领普藤、勐旺两土司之地；设第八区行政分局于官房，领六顺、勐往两土司之地"③。土司被置于行政分局的直接管辖之下，这极大地冲击了土司制度的行政体系，动摇了土司制度的基石，从而强化了对边疆土司的管控。特别是"改行政区设县治而后，土司承袭，几为行政长官所掌握"④。这实际上就是打破了原土司政治结构，重新构建了流官政治结构。"沿边各勐，自柯氏改为行政区，徐氏又改设县治以来，省府一切规章法令，遂与内地各县同一待遇。"⑤可见，划区改县的过程从实质上看就是"改土归流"的过程。

　　柯总局长同各勐土司制定的章程，实为分隔削弱土司权力之规定。其

　　①　李拂一编著：《十二版纳纪年》，复仁书屋1983年版，第231页。

　　②　《云南省民政厅普思沿边各区改设县治专卷》，云南省档案馆藏，载国家民委《民族问题五种丛书》编辑委员会编：《中国民族问题资料·档案集成》第88册《中国少数民族社会历史调查资料丛刊·傣族社会历史调查·西双版纳民国时期设治档案资料辑录》，中央民族大学出版社2005年12月版，第598页。

　　③　李拂一：《车里》，商务印书馆1933年版，第3—4页。

　　④　李文林：《到普思沿边去》，载《云南边地问题研究》下卷，云南省立昆华民众教育馆1933年版，第109页。

　　⑤　同上书，第106页。

中，第一条为权限之规定，"划区安设委员，清查户籍，经理财政、实业、教育、司法、外交等事"。行政局通过划区安设委员，分区行政，通过清查户籍，加强了对边民的管控，把持边地的行政权，同时取得了司法的独管权，大大削弱了土司的政治权力。第三条规定削弱了土司的财政税收权，规定"除户捐外，土司、叭目不得另有需索"，并且户捐"均于缅历十二月十五日以前缴解总局，汉、土平分"。从而在一定程度上剥夺了土司、叭目的财政权。第四条则规定"土司旧有夫役、杂派，永远一律革除"①，极大地削弱了土司的特权。总之，行政总局及行政分局设置之后，通过权力的重新分配，以车里宣慰司为首的土司权力系统在很大程度上得以打破，流官势力得以急速扩张。

版纳地区处于车里宣慰司的直接管理之下，历史上，封建王朝重在羁縻，使得版纳地区维持着特殊的行政管理模式和行政区域结构。前文已经有详细论述，版纳地区社会经济发展还处于封建领主制发展阶段，与之相适应的土司制度长期统治车里地区，并逐渐形成了以车里宣慰司为首的土司行政构架。这种土司行政构架以各版纳为基本的行政单位，版纳就是车里宣慰司所辖的政区，"车里宣慰司辖境内划分负担税粮区域称为版纳，任命头目驻守，实即分为政区，各有疆界"②。一方面特殊的封建领主土地制度，使各版纳的区域范围具有很强的稳定性。另一方面，汉人极少进入版纳地区，流官势力也难以渗入车里地区，所以，沿边地区的土司行政构架和行政区域难以被打破。民国初年，柯树勋置普思沿边行政总局于车里，并将十二版纳重新划区设治，置八个行政分局，加大了边疆治理的力度，削弱了土司势力，解构了土司行政区域，在很大程度上冲击了边地固有的严密土司行政构架。行政分局向县过渡之后，对原有土司行政构架进一步解构，并构建了县级政区体系。"民国以来，治理渐密，初设行政区，既而改为县，与内地不殊，人文蔚起，已骎骎日进也。"③ 十二版纳地区逐渐走上了与内地政区一体化发展的道路。

---

① 柯树勋编辑：《普思沿边志略》，民国五年（1916）铅印本，第37—38页。
② 方国瑜：《中国西南历史地理考释》，中华书局1987年版，第1263页。
③ 方国瑜作《序言》，李拂一译：《泐史》（下卷），载方国瑜主编：《云南史料丛刊》卷5，云南大学出版社1998年版，第566页。

三　发展行政教育事业

柯树勋担任总局长之后，在普思沿边行政总局和行政分局分设了"司法、教育、实业、财政、交涉、翻译各科"[①]，建立起不同于土司政治统治系统的流官行政体系，逐渐形成了新的与内地县政一体化的行政构架。

因为户口不清是划区行政的窒碍，所以划区安设行政委员后，普思沿边行政总局随即展开了各区户口清查工作，要求"造册报由总局转报都督府立案，不准稍有隐瞒。各土司叭目会同委员认真稽查，凡有迁徙、新添户口，均要随报委员备案"[②]。前文对行政总局的第一次户口调查工作已有论述，在此不再赘述。随着户口调查工作的推进，行政总局加大了边地赋税财政管理，规定"江外各区应征捐银，不分等第，每户年征一元六角。每十户免去头目、赤贫二户，均于缅历十二月十五日以前缴解总局，汉、土平分。地方土产以及牲汤各税，暂行停止。其渡口船税，按照旧规减轻，体恤商艰。收获银元，无论汉、土，均提二成，作为征收公食；余则公局、土署各得四成"，并明令"除户捐外，土司、叭目不得另有需索"[③]。对边地财政政策做了明确规定，根据沿边地区的特殊情况，进行了相应的赋税制度改革，力争在掌握边地财政权的基础上削弱土司的财权，从根本上弱化土司势力，加速了边地财政制度和措施跟上内地一体化的发展。

发展教育是有效管理边疆民族社会的重要措施，也是政区改革的重要内容。版纳地区为傣族聚居地，傣族人民有自己的文字和语言，版纳地区的文化与宗教有着紧密的关系。傣族普遍信仰小乘佛教，因此，佛教在傣族社会有着重要的地位，"对每个人的日常生活都直接起着支配作用"，傣族男子都要送到佛寺里当和尚，学习傣族文化和佛教知识，所以"傣族人民的文化、教育，全都发源于佛寺，掌握于佛寺中"[④]。长期以来，他们只认土司，不认政府，国家观念极为淡薄。即使是土司，也需要通过翻译才能看懂政府的文告命令。柯树勋看到了这种情况是地方行政的巨大障碍，于是积极推进车里地区的学校建设，"现于车里建设学堂一所，收

---

① 柯树勋编辑：《普思沿边志略》，民国五年（1916）铅印本，第37页。
② 同上书，第37—38页。
③ 柯树勋编辑：《普思沿边志略》，民国五年（1916）铅印本，第37—38页。
④ 江应樑：《傣族史》，四川民族出版社1983年版，第528、529页。

聪颖子弟三四十人，入堂诵习汉字，如简易识字教法，藉通语言，随字讲解，用土音翻译。将来经费充裕，每勐各设一堂"①。学校设立和普及的意义，按柯树勋的话说，便是：开其智识，化其狉獉，讲究伦常，辨明顺逆，蕴其忠爱之忱，作我捍卫之用。可见，边地办学，主要是为了传播汉文化，使"不知民族领土，国家主权为何物"②的边民数量不断减少，在边疆文化教育与内地一体化发展的基础上，增强边疆人们的国家认同感和民族凝聚力，进而易于接受内地的制度文化，从而减少地方行政区划设置的文化障碍，为普思沿边行政区向县治过渡提供文化基础。

另外，行政局加强了边地的开发，主要经理了"实业、修路、造渡、架桥、振兴商务"等方面的事情。柯树勋借鉴古人"寓兵于农"的做法，鼓励士兵参与垦殖，发展农业生产，"第五营兵领垦者已五十余名"，同时要求"各委员督饬土弁叭目，招集汉民，认真垦辟，各相土宜，推广种植，并兴办水利"③。加快边地农业的发展。鉴于边地交通阻塞，有碍行政和边地发展，柯树勋"组织百人的修路工程队，前后经历十年的时间，将思茅直达景洪约三百华里的人马通行大道修通了"④。通过这些措施，行政总局强化了对普思沿边的管控，促进了普思沿边的社会发展，极大地缩小了沿边与内地的差异。

四 稳定和巩固边疆

法侵越南，英吞缅甸，进而觊觎云南，普思沿边危机四起，勐乌、乌得被迫割与外人，沿边领土主权遭到严重损害。西方帝国主义国家带着近代国家主权观的理念侵吞缅、越，并力图侵略云南以达到打开中国西南大门、深入中国腹地的企图，这给我国西南边疆治理带来了重大的挑战。

我国封建王朝对普思沿边地区的控制极为松散，土司政治势力强大，且具有极大的割据性，社会历史发展就内地颇为特殊。时至民国时期还有人认为"迤南的普思沿边——车里，是全滇最秘密的地区之一"⑤，这种

① 柯树勋编辑：《普思沿边志略》，民国五年（1916）铅印本，第36页。
② 施章：《云南一年来之边疆教育之迈进及展望》，《边事研究》1936年第4卷第3期。
③ 柯树勋编辑：《普思沿边志略》，民国五年（1916）铅印本，第38页。
④ 王志芬：《柯树勋与普思沿边开发》，硕士学位论文，云南大学，1999年，第43页。
⑤ 杨成志：《云南的秘密区——车里》，载《云南边地问题研究》下卷，云南省立昆华民众教育馆1933年版，第198页。

政治状况以及复杂的沿边型地理态势给英法侵略云南提供了便利，甚至为英法帝国主义者侵犯云南提供了寻找借口的环境。比如，"西南边陲与英、法属地犬牙相错，外人视为未定之界，任意勘据。我国宝藏外人认为未发之矿，越界盗采。外国教士任意煽惑，长此以往，岂止蹙国百里，复患诚不知所止也。往昔禁烟，无知边氓，图营一时私利，将界碑妄自移入，失地不知几许"①。

可见，英法觊觎并侵略云南的途径并不单一，用心极其险恶，心态极其贪婪，他们故意歪曲事实，制造界务纠纷，最终结果就是我国国土不断地遭到蚕食，资源遭到大肆掠夺，主权遭到严重侵犯。导致此等境况出现的重要原因就是历史上普思沿边边疆治理上的慵懒，边疆开发的不足，正式行政区划的设置极其松散，长期以来，使得边疆和内地存在极大的差异，可谓是边疆一个社会，内地一个社会。边疆政区体系还没有走上与内地基本一致的政区体系的道路，难以强有力地宣示我之主权。土司制度之下，边民只知宣慰土司，而不知国家政府，"岂岂边氓，殉于蝇利，真不知有所谓亡国之恨也"②。在沿边地区有不少这样的情况，土司制度之下边疆人民的国家意识较为薄弱，大都缺乏近代国家领土主权观念，这并不利于边疆危机的抵御，更不利于国家权益的维护。

普思沿边行政总（分）局的设置，实际上就是在沿边土司控制地区重新划分区域以行使国家的政治权利。谭其骧先生认为，行政区划的设置是地方开发的结果，这在边疆地区体现得的尤为明显，亦尤为重要。首先，在沿边土司地区划区设治，设官行政，从根本上改变了沿边区域政区设置疏散、治理薄弱的政治状态，加速边地的开发，缩小与内地的差异，从而促使边疆走上与内地一体化发展道路。这一过程强化了土司和边民的国家认同感和民族凝聚力，为此，边官做出了不少努力。比如，行政总局长柯树勋曾带领众土司晋省观光，"使彼等开拓眼界，增进见识，知中国

①《普洱道尹徐为光致内务厅长李选延信》民国十六年（1927）八月十九日，载国家民委《民族问题五种丛书》编辑委员会编：《中国民族问题资料·档案集成》第88册《中国少数民族社会历史调查资料丛刊·傣族社会历史调查》，中央民族大学出版社2005年版，第696页。

②《普洱道尹徐为光致内务厅长李选延信》民国十六年（1927）八月十九日，载国家民委《民族问题五种丛书》编辑委员会编：《中国民族问题资料·档案集成》第88册《中国少数民族社会历史调查资料丛刊·傣族社会历史调查》，中央民族大学出版社2005年版，第696页。

之大而泯其夜郎之念，以尊沿边之磐石之安"①。目的就是为了消除土司的割据心理，增强其国家观念。同时加强了边地教育，时至1936年，"普洱学区，建江城、六顺二校；车里学区，建车里、佛海、南峤、宁江、镇越等六校"②。力推汉文化，不断减少"不知民族领土，国家主权为何物"的边民数量，以防止英人和法人利用"教堂学校之施医药、施衣服，以笼络边地夷人，指示向境外迁徙"③的侵略行为得逞。普思沿边行政总局建立后，总局长柯树勋加大了沿边地区的经济建设，通过"改善交通、拓荒垦植、招徕人口，加大开发力度、推动商品经济的发展"等措施加快边地社会经济发展，促进了维持沿边社会特殊性的经济基础"近代西双版纳封建领主经济的动摇"④。如此一来，普思沿边地区在与内地一体化发展的过程中，逐渐形成了一个以国家认同和民族认同为强大内核的抵御外来侵略的坚强力量。从而通过边地社会的开发和治理，达到抵御外来侵略意义上的治边目标。

其次，行政区划就是国家领土范围内划区行政，是一个国家在地方行使国家权利的基本地理依托，行政区划的设置除了强化政府对地方的管控力度之外，更重要的是，行政区划的设置范围直接反映了一个国家的领土范围，在近代国家主权观念之下，行政区划的设置彰显了国家权力所及，向外宣示国家主权，这在边疆地区表现得更为直接，"我政府既正式设县诺呈报中央后，是已有一定之疆土，一定之主权，名正言顺，外人即不易行其侵略之计"⑤。改设县治后，边地各县官在处理外交上的种种事务，比之前所设的权力小于各县官的各分局长要更为便利。很明显，较之原有各土司，沿边行政总局长及各分局长在处理外交事务亦更为便利，在抵御外来侵略，应对边疆危机方面能起到更大的作用。从这个角度来看，普思沿边行政总局及各分局，以及以各分局为过渡的各县级政区，在打破原有

---

① 李文贡翻译：《柯树勋率十二版纳各勐土司晋省觐见督军唐继尧》，载《西双版纳文史资料》第11辑，成都科技大学出版社1994年版，第9页。
② 施章：《云南一年来之边疆教育之迈进及展望》，《边事研究》1936年第4卷第3期，第46页。
③ 同上书，第44页。
④ 王志芬：《柯树勋与普思沿边开发》，硕士学位论文，云南大学，1999年。
⑤ 《云南省民政厅思普沿边行政区改设车里五福等七县设置临江行政委员》，载国家民委《民族问题五种丛书》编辑委员会编：《中国民族问题资料·档案集成》第88册《中国少数民族社会历史调查资料丛刊·傣族社会历史调查》，中央民族大学出版社2005年版，第600页。

土司区域政治结构和地域结构，构建全国一体化行政区划体系的同时，更重要的是在应对边疆危机，维护国家主权利益方面起到了重要的作用。

总之，普思沿边划区设官后，行政总局推行各项行政管理措施，加强了对边民的管理和土司的控制，逐渐瓦解了土司政治的经济基础，打破了土司政治结构，削弱了土司势力，增强了边民和土司的民族认同感和国家认同感。同时，促进了边疆社会的发展，使普思沿边走上与内地一体化发展的道路，并为政区改革的进一步推进奠定了基础。

第四节　普思沿边行政分局向正式县级政区演进

在车里宣慰司地置一个行政总局和八行政分局的行政改革困难重重，因为这是流官势力和土司势力的博弈过程。双方博弈的结果则是在普思沿边地区推行归流不废土的政策，形成土流并存，共同治理沿边的行政区划分布态势。鉴于普思沿边社会的特殊性及土司的极力反对，政府不得不在保护土司的名义下分十二版纳为八区，分设八区行政委员，构建特殊的行政区划制度，为十二版纳地区改设县治做准备，以实现十二版纳地区行政区划向内地一体化过渡。

普思沿边行政总局及分局本为设县的准备，各项行政管理措施的实施，瓦解了沿边土司政治及其经济基础，为沿边政区向县过渡提供了条件。在各种政治势力的博弈过程中，各行政分局最终在民国十八年（1929）被成功改设为县。

第一阶段，1913年至1923年的行政分局改县之争。民国二年（1913）普思沿边划区设治之后，最早提出将各行政区改设县治的是时任普洱道尹萧瑞麟，此乃民国十二年（1923）之事。他建议省长公署，请将普思沿边八行政分局，一律改制为县，并直隶道尹公署，撤销普思沿边行政总局。

萧瑞麟最早提出普思沿边改设县治，为了排斥柯树勋势力，他以"柯（树勋）总局长久寄边庭，威望日重，恐养成尾大不掉之势"为由，密电云南省长唐继尧，请以其部署萧学智接替柯树勋任沿边总局长之职。但是唐继尧以"柯总局长任职沿边十余年来，政简刑清，汉夷和睦，边境义安，省府无南顾之忧，不宜轻易生手"[1]为由，没有允准萧瑞麟的建

---

[1]　李拂一编著：《十二版纳纪年》，复仁书屋1983年版，第241页。

议。萧瑞麟再次呈请省公署，进一步提请将普思沿边八行政区改设县治，裁撤行政总局，设县后直接由普洱道管辖。针对这件事情，总局长柯树勋提出了自己的看法，认为虽然"沿边分区设治，原即为改县之张本"，但是主张"成事有序，先后缓急，应有斟酌"，并提出"第六区行政分局，所辖倚邦、易武两土司地区，汉人增加，商务兴盛，为八区之冠，地方教育，亦办有成效。请由道尹公署派员先行将第六行政分局，改设为县。如办有成效，嗣后再将其他七区行政区改制"①。柯氏之言似乎更为合理，亦突出地反映了沿边行政改革应行渐进之策，不宜操之过急地划一处理。同时，柯氏之言还道出了沿边各行政区的过渡性质，且显示了改设县治之时机并不成熟。

这一次行政局与设县争议被云南省公署将柯氏所呈意见交由道尹公署审议办理。审议结果使改县之计划被束之高阁。原因是："倚邦、易武两土司地区，虽然汉人增多，商务教育等，较其他各区为发达，但如改制为县，则必须依照县组织法扩大编组。组织扩大，人员增多，则开支随之增大，照原有之微末岁收，不敷极巨。如增收民户户捐，以为弥补，则与道署历年严禁，不准妄增民户户捐之功令相抵触。同时，又恐边民不堪负荷而反对，有失道署之威信。道署既乏专款以助改县后不敷之县行政经费，又无别途以筹，改县案虽倡自道署，应予审慎，不宜操切。"② 由此可见，在少数民族社会结构和土地占有形式没有变化前，任何设县的行政成本都必须靠当地可以编户的汉人承担，汉人数量甚少，赋税征收困难，必然导致县级政区经费不足，由此成为县治不立的原因。

以柯氏之言和道署审议过程观之，沿边各区在此时改设县治确实存在一些困难，不宜操之过急。不难看出，萧道尹起初并不想就普思沿边各区改设县治，只是想以自己的亲信取代柯树勋总局长之职，仅此而已。而改设县治是在"取而代之"之建言无法实现后的不得已而为之，很明显，其目的只有一个，那就是排除柯树勋之势力。柯局长倒是显得较为理性，既不断然拒绝改县之建议，也绝不轻易附和，巧妙地维护了自己的权势。且不论谁是谁非，他们之间的矛盾是显而易见的，并以地方政区的调整体现出来，只不过是这场权力博弈显得稍微平静罢了。普思沿边八行政分局

---

① 李拂一编著：《十二版纳纪年》，复仁书屋1983年版，第242页。
② 同上。

被成功改设县治，经历了民国十二年（1923）普洱道尹萧瑞麟改设县治之功亏一篑，以及民国十六年（1927）普洱道尹徐为光强力实现改八行政分局为七县一行政区的过程。这一蜕变过程充斥着各派地方势力之间的权力博弈。

第二阶段，行政分局改县的曲折推进。民国十三年（1924）一月，柯树勋再提"裁行政总局，改设殖边督办，仍以柯氏为总办"，各区设"殖边公署"①，加强对普思沿边的控制。真正推动普思沿边行政总（分）局改设县治，并最终成功实施的是普洱道尹徐为光。

民国十五年（1926）五月二十九日，柯树勋病故于车里，其子柯祥辉奉命护理，主管普思沿边之行政。十六年（1927）三月，徐为光武力镇压柯祥辉之后，免其职，并以孙天霖为普思殖边总办，徐为光取得了对普思沿边的直接统治权。与此同时，十六年（1927）二月六日，云南发生政变，胡若愚主持云南政事，主张改革滇政，决定归隶国民政府旗下。但时为普洱道尹之徐为光却率边地不予执行，并拒绝省政府派出的官员到普思殖边督办任总办之职，乘机大力扩充自己的实力。随着实力的膨胀，徐为光甚至于"十六年冬（1927），宣布独立"②。徐为光为了进一步打击柯树勋在版纳地区的势力，于是提出了改设县治以代替柯树勋时代的划区设治。为此，徐为光曾向云南省内务厅提出了改设县治的意见，且不等南京国民政府内政部通过，便自作主张，由普洱道"暂刊发县印，即以各区委员试署，以资熟手"，并"将第一区改为车里县，第二区改为五福县，第三区改为佛海县，第五区改为镇越县，第六区改为象明县，第七区改为普文县，第八区改为庐山县，第四区改为临江行政委员"③，采取先斩后奏之策略，先行宣布改县，然后再呈请省府核示通过。

---

① 《云南省民政厅普思沿边各区改设县治专卷》，云南省档案馆藏，载国家民委《民族问题五种丛书》编辑委员会编：《中国民族问题资料·档案集成》第88册《中国少数民族社会历史调查资料丛刊·傣族社会历史调查》，中央民族大学出版社2005年12月版，第598页。另有记载：民国十三年夏（1924），柯总局长树勋率各土司晋省观光，并呈请改组，以期策进，政府许之，于十四年（1925）一月一日，将普思沿边行政总局改组为普思殖边总办公署，而该各行政分局为殖边分署。见李拂一：《车里》，商务印书馆1933年版，第4页。

② 李拂一编著：《十二版纳纪年》，复仁书屋1983年版，第257页。

③ 《云南省民政厅普思沿边各区改设县治专卷》，云南省档案馆藏，载国家民委《民族问题五种丛书》编辑委员会编：《中国民族问题资料·档案集成》第88册《中国少数民族社会历史调查资料丛刊·傣族社会历史调查》，中央民族大学出版社2005年版，第599页。

徐为光在致内务厅长李选延的信中明确地提出了设县的理由。云南省幅员辽阔，山岭绵延，川流纵横，交通不便，他认为"西南边陲与英、法属地犬牙相错，外人视为未定之界，任意勘据。我国宝藏外人认为未发之矿，越界盗采。外国教士任意煽惑，长此以往，岂止蹙国百里，复患诚不知所止也。往昔禁烟，无知边氓，图营一时私利，将界碑妄自移入，失地不知几许。守土地者不敢惩，报秉国政者不能交涉，岂岂边氓，殉于蝇利，真不知有所谓亡国之恨也"。其中，徐氏看到了西南边疆危机之所在，一方面是英法帝国主义对我西南边疆领土和资源的觊觎，加之侵略先锋传教士的猖獗，另一方面是由于边民擅自移动界桩而致失地。且地方政府对此只能听之任之，致使事态有愈演愈烈之趋势。他同时认为出现这种情况的原因，主要是"由于各分区委员，权职轻微，无能建树，财政大权总署独揽之故也"。所以要使边地日益发展巩固，免受英法的蚕食之苦，"非改设县治，委以实权，责以重任，严定考成，俾各自发展，不易见功"①。因此，他拟将普思沿边八区改为七县一殖边分局，即上文提到的徐为光擅自改设的七县一行政委员。

改县一事还遇到了来自土司的阻力。沿边各土司得知沿边改县一事，均感骇异，并以"普思沿边开辟未久，夷民种类复杂，人心尚未稳固，措置稍一失当，祸乱因之而生。此时能否改县，关系国防安危，尤不能不事先审慎也"②为由来进行集体反对，并向省政府提出了反对骤改县治的建议，实际上就是要达到维护土司政权的目的。自柯树勋开行政总（分）局以来，已历时十五年，在此期间，边地政治有了很大发展，但仍没有完全实现改土归流，因此，土司代表李谭提出如果骤然改县，必定会有诸多危害："一、沿边总分各局，行政经费全由收入户捐支给，今改设七县一殖边分局，经费必增加一倍。二、人民为立县之本，查沿边各区，户口统共四万余户。三、政治为立县所必行，查沿边各区，除六、七、八三区有少数汉人外，其余五区纯系夷族。四、土地亦立县之基，查沿边设官之

①　《普洱道尹徐为光致内务厅长李选延信》民国十六年（1927）八月十九日，云南省档案馆藏，档号：11—8—8。

②　《各土司代表反对骤改县治的建议》民国十六年（1927）九月二日，摘自《云南省民政厅普思沿边各区改设县治专卷》第153—158页，云南省档案馆藏档案，载国家民委《民族问题五种丛书》编辑委员会编：《中国民族问题资料·档案集成》第88册《中国少数民族社会历史调查资料丛刊·傣族社会历史调查》，中央民族大学出版社2005年版，第697页。

初，原议专在保护，并非利其土地，今既改县，前议将取消耶，抑仍旧耶，仍旧则非立县之旨，取消则土司权力所在，必极力抗争。五、管制须切中事实，自柯前总局长病故，役夷民即有撤退汉官，恢复土制之要求，一旦变更制度，必生误会。六、外交为今要政，查普思沿边接壤英法，原定为特别区域，与河口、麻栗坡相同，今改设县令，事权不一，因应较难，万一处置乖方，必贻外人口实"①，所以请求省府不要骤然改县。土司之请求突出反映了普思沿边的特殊性所在，更是反映了土司势力反对设县的意识是极为强烈的。

为了稳定边局，当时的云南省政府对于徐为光设县之建议及其理由非常重视，又十分审慎，认为徐氏是"为安边固圉起见"，于是积极核办。核办间，省府又收到土司代表李谭反对设县之呈，认为所呈各条亦是"言之有理，事关兴革大计，亟应审慎图维"，②于是要求普洱道尹重新详加考虑。有鉴于此，省府派出先前委任的普思沿边殖边总办徐维翰前往任职，意图恢复沿边旧行政区划制度。

1928年6月徐为光请改县报告，对于土司反对设县一事，他指出"一、沿边官吏之考成不能与内县而并论；二、各县经费如车里、佛海、五福、镇越、六顺等县收入支出绰绰有余，论其土地则一县之地，可设数县。县属界务照旧办理不必更张，即或稍有不当，亦可斟酌情形，陆续改划，此其可改者。三、中国因土地广大，对于边地每用羁縻主义，柯氏以封建思想，欲作太上土司。十六年来，未曾兴设学校，行政委员有以裁缝及目不识丁之商人充之者；四、沿边改县利在公门，而不利在私室"③。同年七月，徐为光再次提交报告，呈明理由，请省政府同意沿边改县，认为"当设治之初，原以殖边委员为设县之过渡时期，而总局长之建置，

① 《各土司代表反对骤改县治的建议》民国十六年（1927）九月二日，摘自《云南省民政厅普思沿边各区改设县治专卷》第153—158页，云南省档案馆藏档案，载国家民委《民族问题五种丛书》编辑委员会编：《中国民族问题资料·档案集成》第88册《中国少数民族社会历史调查资料丛刊·傣族社会历史调查》，中央民族大学出版社2005年版，第697页。

② 《云南省政府关于普思沿边八区改为七县一殖边局，将四排、上改心并为一县的指令》（1927年9月14日），云南省档案馆藏档案，档号：11—8—8。

③ 《普洱道尹徐为光请改县治的报告》民国十七年（1928）六月，摘自《云南省民政厅普思沿边各区改设县治专卷》第104—7页，云南省档案馆藏档案，载国家民委《民族问题五种丛书》编辑委员会编：《中国民族问题资料·档案集成》第88册《中国少数民族社会历史调查资料丛刊·傣族社会历史调查》，中央民族大学出版社2005年版，第699—700页。

亦不过柯氏平乱有功，藉此酬勇，且为镇抚夷民计也。是故改设县治，加重县长职权，予以展布策进之机，绝其牵制掣肘之患。夫沿边改流之本旨，要以设县为依旧"①。与此同时，徐为光还在边民中大肆宣传设县之好处，争取边民的支持，宣扬"改县后，可提高沿边之政治地位，可进沿边之文明。十年八年后，可与省中各县不相轩轾，可以如英缅、法越之日新月异相比并"②。

面对各派地方势力关于改县与否的呈由，1928 年 12 月，省府再次派员就普思沿边改县的情况进行了调查，虽然认识到"普思沿边各区，地处蛮荒，夷多汉少，情形与内地特殊。据称界连英法，外人蚕食日亟，非设县不足以固国防"③，但仍然没有做出改设县治之定案。

第三阶段，普思沿边行政分局改县成功及其调适。民国十八年（1929）二月，徐为光出任云南省民政厅厅长一职，为普思沿边改设县治之悬案的解决提供了极好的机会。徐为光上任后的八月二十四日，拟请取消象明县，筹设普文、江城两县。二十七日，再次呈明事由，认为"就历史地理，内政外交，种种方面着想均不能不急急改设县治，以资镇摄，而重国防"，并签呈省政府，请准在普思沿边"改设车里、五福、佛海、镇越、六顺等五县，临江一行政区，及拟取消象明县治，筹设普文、江城两县"④。十二月，改县一案获得云南省政府省务会议通过，并呈请国民政府，获得内政部的核准，"案查前准贵政府，拟将普思沿边行政区地方改设车里、五福、佛海、镇越、六顺、普文、江城等七县及临江行政委员，表咨嘱核办等因。兹奉国民政府指令内开：呈悉准予备案。该七县印

---

①　《普洱道尹徐为光请求沿边改县的报告》民国十七年（1928）七月二十三日，摘自《云南省民政厅普思沿边各区改设县治专卷》第 117—119 页，云南省档案馆藏档案，载国家民委《民族问题五种丛书》编辑委员会编：《中国民族问题资料·档案集成》第 88 册《中国少数民族社会历史调查资料丛刊·傣族社会历史调查》，中央民族大学出版社 2005 年版，第 700 页。

②　李拂一编著：《十二版纳纪年》，复仁书屋 1983 年版，第 268 页。

③　《普思沿边改县情况调查》民国十七年（1928）十二月三十一日，摘自《云南省民政厅普思沿边各区改设县治专卷》第 89—91 页，云南省档案馆藏档案，载国家民委《民族问题五种丛书》编辑委员会编：《中国民族问题资料·档案集成》第 88 册《中国少数民族社会历史调查资料丛刊·傣族社会历史调查》，中央民族大学出版社 2005 年版，第 701 页。

④　《有关思普沿边改设县治的报告》民国十八年（1929）八月二十七日，云南省档案馆藏档案，载国家民委《民族问题五种丛书》编辑委员会编：《中国民族问题资料·档案集成》第 88 册《中国少数民族社会历史调查资料丛刊·傣族社会历史调查》，中央民族大学出版社 2005 年版，第 704 页。

信并侯饬局汇案铸发可也"①。

　　至此，历时两年多的改县一案终于尘埃落定，最终以八行政区改县而告终，当然，改县后并没有废除土司制度，仍然是"土流并治"的管理模式。改县过程中，流官势力和土司势力之间的争斗非常激烈，反映出了边地行政改革所经历的阵痛。改县几成定案，土司还在作维权之努力，土司代表李观以"自改县而后，流官之势焰突张，其中良莠不齐"，无益于治理边疆，且"夷性多疑，又向来畏见汉官，虽有冤抑无可呼吁，于是纷纷向英属景栋及大勐养等处迁移，以致户口迅见减少"等情况为由，请求"仍照旧制暂缓改县"。②但此请求遭到了民政厅长的断然拒绝，"该代表以官吏不良，率请暂缓改县，未免因噎废食"③。直到民国二十五年（1936），沿边各县土司代表，还曾晋见省主席，呈请"恢复沿边行政总局制度，废除县制，保持土司权益"④，但没有获得批准。

　　时人有这样评价徐为光在普思沿边改设县治的动机者，"是欲以改县破坏柯氏在沿边之大一统势力，至其目的，则以为将沿边各县之政治地位提高，则可与内地各县齐驱并进。其谋沿边之深且切，不使沿边长久为秘密之区域，更不欲后来之野心家，作无形割据，与永久占有之举，实贤于柯氏远矣。当时滇政纷乱，徐氏树中立之帜，有人尚疑欲割据沿边，实则徐氏为人心平气和，有占据沿边之名，而无独享沿边之实，收服沿边者，柯氏也，开放沿边，提高沿边者，徐氏也"，并由此认为"改行政区为县治，是事势所必趋也"⑤。

　　改设县治之后，计"车里县辖有车里、橄榄坝、小勐养三土司地区域；

　　①　《内政部准予车里等七县备案》民国十八年（1929）十二月，摘自《民政厅设立车里佛海普文等七县及镇越江城区划卷》第45—9页，云南省档案馆藏档案，载国家民委《民族问题五种丛书》编辑委员会编：《中国民族问题资料·档案集成》第88册《中国少数民族社会历史调查资料丛刊·傣族社会历史调查》，中央民族大学出版社2005年版，第705页。

　　②　《土司请求维护土司制度》民国十八年（1929）十二月，云南省档案馆藏档案，载国家民委《民族问题五种丛书》编辑委员会编：《中国民族问题资料·档案集成》第88册《中国少数民族社会历史调查资料丛刊·傣族社会历史调查》，中央民族大学出版社2005年版，第705页。

　　③　《民政厅长徐为光拒绝土司代表请求》民国十九年（1930）三月，云南省档案馆藏档案，载国家民委《民族问题五种丛书》编辑委员会编：《中国民族问题资料·档案集成》第88册《中国少数民族社会历史调查资料丛刊·傣族社会历史调查》，中央民族大学出版社2005年版，第706页。

　　④　李拂一编著：《十二版纳纪年》，复仁书屋1983年版，第298页。

　　⑤　李文林：《到普思沿边去》，载《云南边地问题研究》下卷，云南省立昆华民众教育馆1933年版，第144—145页。

南峤县辖有勐遮、顶真、勐满三土司区域；佛海县辖有勐海、勐昆、勐板、打洛四土司区域；镇越县辖有勐腊、勐拿、勐仑、勐伴、勐醒、勐远、易武各土司区域；江城县辖有整董、弄得两土司区域；六顺县据九龙江上游，有新渡、整控两渡口；宁江行政委员辖有勐阿、勐元两土司区域，及勐往、景播、货见、蛮浪等地方"[1]。而第六区分局改设的象明县所辖之"易武划归镇越，倚邦划归普文，整董坝划归勐烈"[2]。第七区改设的普文县划入思茅县，"民十九（1930）实行区制，曾呈请上峰将普文、六顺划入思茅，结果奉准以普文一县并入"[3]。在普思沿边八行政分局区域的基础上进一步将版纳行政区域进行了拆分整合，使版纳地区行政区域结构得以重构，见图十四：

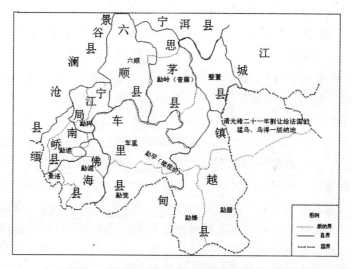

图十四　普思沿边行政区域重构设县示意图
【底图来源：李拂一编著：《十二版纳纪年》，台北：复仁书屋，1983 年。】

①　龙云修：《云南行政纪实·民政·建制》第 2 册，1943 年铅印本，第 3 页。

②　《请求筹设普文江城两县并增设倚邦县佐》民国十八年（1929）八月二十四日，摘自《云南省民政厅普思沿边各行政区改设车里五福等七县设置临江行政委员》第 62 页，云南省档案馆藏档案，载国家民委《民族问题五种丛书》编辑委员会编：《中国民族问题资料·档案集成》第 88 册《中国少数民族社会历史调查资料丛刊·傣族社会历史调查》，中央民族大学出版社 2005 年版，第 702—703 页。

③　《普文划归思茅》民国三十三年（1944）六月一日，摘自《云南省民政厅思茅六顺等县合并设治》第 10 页，云南省档案馆藏档案，载国家民委《民族问题五种丛书》编辑委员会编：《中国民族问题资料·档案集成》第 88 册《中国少数民族社会历史调查资料丛刊·傣族社会历史调查》，中央民族大学出版社 2005 年版，第 710 页。

　　上图显示：十二版纳区域被重新分划、整合，分属于车里县、镇越县、江城县、思茅县、六顺县、宁江设治局、佛海县、南峤县等八县区域。其中，镇越县辖有勐腊、勐捧所在两版纳的全部区域和整董所在版纳的部分区域；江城县辖有整董所在版纳的部分区域；思茅县辖有普藤、六顺、整董等所在版纳的部分区域；车里县辖有车里、勐笼所在版纳全部区域；六顺县辖有普藤、六顺所在版纳的部分区域；宁江设治局辖有勐阿、景洛、六顺等所在版纳的部分区域；南峤县辖有勐遮所在版纳的全部区域和勐阿、景洛所在版纳的部分区域；佛海县辖有勐混所在版纳的全部区域和勐阿、景洛所在版纳的部分区域。由此，除割让给法国的勐乌、乌得版纳外，其余版纳区域分属于八县之地，从而打破了版纳地区土司政区区域结构，实现了县级政区区域的重构。

　　总之，普思沿边行政总局及各行政分局的设置，并过渡到县治。这个过程削弱了土司政权，瓦解了土司制度的政治组织，打破了土司地区原有的行政构架，构建了流官体系的行政构架。同时，在分划十二版纳的基础上设置普思沿边八个行政分局，打破了版纳地区原有的土司政治地域结构，对原有的土司行政实体进行了有力的分化和重组。"在近代，'版纳'和'火圈'的负担界线已乱了，特别是在柯树勋进入西双版纳后，随着'改土归流'，'火圈'和'版纳'的界线已渐次由县、区、乡、保等区划搅浑了"[1]。此处版纳主要是指坝区，火圈则主要指山区。鉴于版纳地区社会发展和社会结构的特殊性，在走向与内地行政划一体化发展的过程中，不能一蹴而就，必须首先设置特殊的行政区划来打破原有的政治组织结构和政治地理结构，缩小与内地行政区划的差异性，这种打破的过程实质上就是政区过渡的过程。可见，普思沿边行政总局及分局充当了这种过渡的桥梁，为普思沿边地区今后改设县治做铺垫，柯树勋亦认为"沿边分区设治，原即为改县之张本"[2]。"当设治之初，原以殖边委员为设县之过渡时期。"[3]"查普思

　　① 国家民委《民族问题五种丛书》编辑委员会编：《中国民族问题资料·档案集成》第86册《中国少数民族社会历史调查资料丛刊·傣族社会历史调查》，中央民族大学出版社2005年版，第239页。

　　② 李拂一编著：《十二版纳纪年》，复仁书屋1983年版，第241页。

　　③ 《普洱道尹徐为光请求沿边改县的报告》民国十七年（1928）七月二十三日，载国家民委《民族问题五种丛书》编辑委员会编：《中国民族问题资料·档案集成》第88册《中国少数民族社会历史调查资料丛刊·傣族社会历史调查》，中央民族大学出版社2005年版，第700页。

沿边各区分区设治，原为将来设县之预备。"① 可见，普思沿边行政总局及分局的设置，就是为了将来进一步设县的需要，属于典型的边疆特殊过渡型政区，在边疆历史政治地理格局中扮演了重要的角色。通过普思沿边行政总局和行政分局的过渡，加速了十二版纳地区的发展，"民国以来，治理渐密，初设行政区，既而改为县，与内地不殊，人文蔚起，已骎骎日进也"②。这促使该地区走上了与内地行政区划一体化发展的道路，并为新中国成立后西南边疆统一行政和政区改革奠定了基础。

小　结

普思沿边主要是十二版纳地区，清代属车里宣慰司管辖区域。社会经济发展滞后，基本停留在封建领主经济发展阶段，以此为基础，车里宣慰司内部形成了一套严密的、等级森严的土司行政管理系统，沿边土司政治以十二版纳为基本的地域单元，与内地存在很大的差异性，即所谓的"边疆一个社会，内地一个社会"。虽经"改土归流"，但没多大变化，车里地区成为了正式县级政区设置薄弱区，封建政府的行政管控力极其薄弱。清末，云南地缘政治发生变化，国家主权遭到侵犯，此时，清廷治边政策和沿边行政管理薄弱的弊端和隐患被无限放大，土司政治无法应对边疆危机。普思沿边为滇南门户，边地不保，则危及腹地，国防战略地位十分重要，因此，车里地区的行政改革势在必行。辛亥革命后，中央政府推进了行政区划改革，加强了县政建设，在此背景下，柯树勋在普思沿边地区创设普思沿边行政总局，并划十二版纳为八区，分设八个行政分局，作为将来设县的准备。由此拉开了普思沿边政区改革的序幕。

柯树勋提出《治边十二条》，作为政区改革的纲领性文件，涉及行政管理的各个方面，并在创设普思沿边行政总局后得以实施。划十二版纳为八区，设官行政，并以招垦的方式发展农业生产，成功实现"掌土"。普思沿边行政总局首次实现车里地区的人口调查，并以调查户口为征税依据，管理边地的财政权，从而成功实现"治民"。与此同时，积极开展其

---

① 《陈泽勋（象明县知事）关于改组县治启用新印的呈（1927 年 9 月 11 日）》，云南省档案馆藏档案，档号：11—8—8。

② 方国瑜：《序言》，李拂一译：《泐史》（下卷），载方国瑜主编：《云南史料丛刊》卷 5，云南大学出版社 1998 年版，第 566 页。

他各项行政建设，诸如教育、实业等，重要的是削弱了土司的权力，强化了对土司的管控，因此，普思沿边行政总局具备了"掌土、治民、控土司"的职权，这是边疆土司地区政区改革的核心要素和基本条件。

根据《治边十二条》的规定，以车里为全版纳的中心，而设总局于车里，并划十二版纳为八区，并以数字命名为第一至第八行政分局。从层级上看，行政总局隶属于普洱道，下辖八个行政分局，属于统县政区，行政分局则为县级政区。从幅员和边界来看，八区之间界线分明，各自拥有一定的行政管辖范围，行政总局则辖有整个版纳地区。从政区治所来看，行政总局驻地在车里宣慰司（景洪），各行政分局的驻地，即第一区驻车里，为附郭，第二区驻勐遮，第三区驻勐海，第四区驻勐往，第五区驻勐龠，第六区驻倚邦，第七区驻普文，第八区驻官房。可见，普思沿边行政总局及分局具备了行政区划的基本要素，加之"掌土、治民、控土司"的行政内核，行政总局及分局形成了地方行政区划。

普思沿边行政总局及分局的设置，促进了车里地区的政区改革，实际上就是边地的"改土归流"，是民国时期加强边疆管理的重要措施。通过政区改革，打破了土司地区原有的行政构架，构建了流官体系的行政构架，解构了车里地区以版纳为地理单元的土司政治地域结构，建构了与内地正式行政区划一体化发展的地域结构，促使车里地区走上了与内地行政区划一体化发展的道路。行政区划是国家对行政区域的划分，是行使国家权力的地理基础，在边疆危机日益严重的情况下设置政区，向外宣示了国家主权，维护了国家领土，具有重大的历史意义。

由于车里地区与内地存在很大的差异，政区改革没能直接设置县治，而是以设立行政总局及分局的形式，打破原有的政治组织结构和政治地理结构，缩小与内地行政区划的差异性，为将来设县做准备。这种打破土司的政治结构和地域结构，缩小边疆与内地的差异的过程实质上就是政区过渡的过程，所以行政总局及分局的创设者柯树勋也认为沿边分区设治，原即为改县的张本。可见，普思沿边行政总局及分局的设置，属于典型的边疆特殊过渡型政区，在边疆历史政治地理格局中扮演了重要的角色。

第五章 预备县：云南边疆地区的设治局

云南省政府遵照中央通令，依据《设治局组织条例》的规定制定公布了《云南省设治局组织规程》共十八条（见附录四），规定"设治局置局长一人，荐任，受省政府之指挥监督、办理管辖区内行政事务，并监督指挥所属机关及职员"、"设治局一律分设三科"等①。《规程》主要对设治局的组织机构、权限等做了明确规定，为云南设治局的设置提供制度上的依据。此后，云南省政府在边疆土司地区广泛设置设治局，或将行政委员改设设治局，或将县佐改设设治局，先后共置二十一个设治局，即德钦、贡山、福贡、碧江、泸水、梁河、盈江、莲山、陇川、潞西、瑞丽、耿马、沧源、宁江、砚山、靖边、金河、平河、龙武、威信、宁蒗等二十一个设治局。这一政区改革加大了边疆县级政区设置的力度，强化了对边疆土司的管控，促进了边疆开发，进一步缩小了边疆与内地的差异，为边疆地区设县行政做了准备。

第一节 云南设治局的设置和地理分布

据前文所论，历史上，云南环弧形沿边地带是行政管理薄弱区。民国初期，中央政府通过政区改革，加强了对边疆的行政管控。在滇西北地区，李根源组织殖边队武力开拓怒江地区，设置菖蒲桶、上帕、知子罗等殖边公署，随即改为行政公署，设行政委员。滇西地区，为十土司地，即南甸宣抚司、干崖宣抚司、盏达副宣抚司、陇川宣抚司、猛卯安抚司、户撒长官司、腊撒长官司、芒市安抚司、遮放副宣抚司、猛板土千总等。民国初年，云南军都督府设置干崖、盏达、陇川、猛卯遮放、芒市猛板等五

---

① 《云南省设治局组织规程》，云南省档案馆藏档案，档号：11—12—362。

个弹压委员，加强对滇西土司地区的管控，弹压委员在民国三年（1914）先后改设行政委员。滇西南地区，车里宣慰司地设置了普思沿边行政总局及分局，在改县过程中，第四区分局改设为猛往行政委员，今云南省临沧、思茅沿边地带为土司地，管控极为薄弱。滇南地区，清王朝设置了河口、麻栗坡对汛督办，并在民国时期转变成为县级政区，同时，在辖区过大的县境有县佐的分设，以资佐理，如文山属江那县佐、广南之小维摩县佐等。在民国二十年（1931），南京国民政府公布实施《设治局组织条例》，推进边疆地区政区改革的背景下，云南省政府在民国二十一年（1932）前后，将边地行政委员改设为设治局，加快边疆的开发，为将来设县做准备，促进边疆与内地一体化发展。

一　滇西北五设治局

本书所指滇西北，主要是怒江上游边区，即今云南省怒江傈僳族自治州和迪庆藏族自治州，以及丽江市部分地区。历史上，这些地方基本上是土司控制区，而怒江上游沿边地区，受历代封建政府的管控更为薄弱，是典型的蛮荒之地，时人论之，则认为清代政府视其为"瓯脱"地带。鉴于行政区划改革的需要和边疆危机的深化，李根源于民国成立初年率队武力开拓怒江，设行政委员。南京国民政府成立后，加大了对怒江边区的开发，进一步设官建置，将行政委员改设为德钦、贡山、福贡、碧江、泸水等设治局。其中，贡山、福贡、碧江、泸水四设治局在地理上呈现出沿怒江纵列而下的空间分布态势。

（一）德钦设治局

德钦设治局原为阿墩子（今云南省德钦县升平镇）行政委员区域。为了处理白汉洛教案①，清政府于"光绪三十二年（1906）设阿墩子弹压委员"，至"民国元年（1912），改阿墩子弹压委员为行政委员"②，民国

① 光绪三十一年（1905），喇嘛反对天主教在白汉罗修建教堂，发生械斗，从而引发了当地各民族驱逐洋教士、火烧洋教堂的反洋斗争，席卷了德钦，史称白汉洛教案。参见政协怒江州文史资料委员会编：《怒江文史资料选辑第一至二十辑摘编》（下卷），德宏民族出版社1994年版，第978—979页。

② 国家民委《民族问题五种丛书》编辑委员会编：《中国民族问题资料·档案集成》第60册《中国少数民族自治地方概况丛书·维西傈僳族自治县概况》，中央民族大学出版社2005年版，第19页。

二十一年（1932），将德钦行政委员改为设治局①。实际上，当时是改阿墩子行政委员为阿墩子设治局，至民国二十四年（1935），阿墩子设治局更名为德钦设治局，直隶云南省政府。新中国成立后，1952 年 11 月改为德钦县藏族自治区②。

"德钦"是以"寺"字的藏语音译而得名，源自阿墩子的一佛教寺名"德钦林"，德为平，钦为安，取义为安乐太平。③

德钦设治局治所在阿墩子，"德钦设治局，现有驻在地阿墩子"④，即今云南省迪庆藏族自治州德钦县驻地升平镇所在地，"其含义根据当地寺庙'德钦'的意译而定，即意为太平吉祥"。⑤ 另有记载，"德钦设治局，设治地点阿墩子"。⑥ 德钦县治所较为"适中"，没有迁治的必要，所以"从未迁移"。⑦

德钦设治局位于云南省西北角，居于金沙江和澜沧江之间。阿墩子行政区的幅员范围为"东界维西脑工山坡（天然界止），东南界维西大石头，南界菖蒲桶行政区属雪岭（天然界线止），西南有独更腊（国语言其石梯）坡，延至藏属下察哇弄阿并村止，西界勺腊坡（国语松坡）至中察哇弄，均以雪岭为天然界线，西北江外与藏属相连至雪山脚分界，江内至必庸工村石墙垣止，由界石二十余里，即至川边盐井县城，北界返坡三十里至腮牙桶石牌止，东北界有敦至藏茂顶羊拉一带山脚止。南北纵长三百里，东西广约一百五十里"。⑧ 改设治局后，仍为"阿墩子行政区原有区域"⑨。据《云南行政纪实》载："德钦设治局，旧名阿墩子，东界西康、中甸，南界维西，西界贡山、西康，北界西康，东南界维西，西南界

---

① 龙云修：《云南行政纪实·民政·建制》第 2 册，1943 年铅印本，第 3 页。

② 张在普编著：《中国近现代政区沿革表（1820—2004）》，福建省地图出版社 2006 年版，第 236 页。

③ 参考德钦县人民政府编：《云南省德钦县地名志》，1986 年，第 23 页。

④ 《云南省各县县治驻在地调查表》民国二十三年（1934）十二月云南省民政厅造报，云南民政厅印行：《云南民政月刊·册表》1935 年 1 月第 13 期，第 21 页。

⑤ 德钦县人民政府编：《云南省德钦县地名志》，1986 年，第 21 页。

⑥ 内政部年鉴编辑委员会：《内政年鉴》，商务印书馆中华民国二十五年（1936）四月版，第（B）104 页。

⑦ 《云南省各县县治驻在地调查表》民国二十三年（1934）十二月云南省民政厅造报，云南民政厅印行：《云南民政月刊·册表》1935 年 1 月第 13 期，第 21 页。

⑧ 《云南阿墩子行政区地志资料》，民国八年（1919）钞本。

⑨ 内政部年鉴编辑委员会：《内政年鉴》，商务印书馆中华民国二十五年（1936）四月版，第（B）104 页。

贡山，西北界西康，东北界西康。"① 据 1943 年云南省县市局概况统计显示，德钦设治局的面积为 5648 平方公里②，所辖区域大致相当于今云南省迪庆藏族自治州属德钦县区域。

（二）贡山设治局

清代，贡山地区属维西厅（今云南省维西县）管辖的菖蒲桶区域，隶属丽江府。③ 菖蒲桶地区"原属维西土司喃、王两姓统治"，至"清光绪三十一年（1905），归维西县属阿墩子弹压委员管理。"④ 民国元年（1912），维西编列二等县，在茨开设县佐一员。同年，李根源开拓怒江边区，设殖边队驻之。民国五年（1916），茨开县佐改为菖蒲桶行政委员，接着又改为菖蒲桶县佐，后移茨开，又改为茨开县佐，属维西厅，十二年（1923），仍改设菖蒲桶行政委员，二十一年（1932）改贡山设治局⑤，直隶云南省政府。新中国成立后，1952 年 11 月改设贡山县傈僳族自治区⑥。

贡山始称"菖蒲桶"，后因其居高黎贡山之首，改称"贡山"。民国十年（1921），国民政府通令各地，凡是以当地土名为行政区名的，都须要更改为汉名，"菖蒲桶所属人民俱住于'高黎贡山'两边，拟以此山为名，其意义在此"。⑦省府讨论定为贡山，并获得了内政部的批准。"贡山

① 龙云修：《云南行政纪实·民政·云南省现行行政区域概况表》，1943 年铅印本，第 6 页。

② 王志强编辑：《云南省档案史料丛编：近代云南人口史料（1902—1982）》，云南省档案馆 1987 年，第 114 页。

③ 国家民委《民族问题五种丛书》编辑委员会编：《中国民族问题资料·档案集成》第 45 册《中国少数民族自治地方概况丛书·贡山独龙族怒族自治县概况》，中央民族大学出版社 2005 年版，第 235 页。

④ 方国瑜：《独龙族历史资料摘抄·滇缅边界的菖蒲桶》，中国科学院民族研究所云南民族调查组，云南省民族研究所民族研究室合编：《云南省独龙族历史资料汇编》，1964 年，第 15 页。

⑤ 国家民委《民族问题五种丛书》编辑委员会编：《中国民族问题资料·档案集成》第 60 册《中国少数民族自治地方概况丛书·维西傈僳族自治县概况》，中央民族大学出版社 2005 年版，第 19 页。民国云南通志馆纂：《续云南通志长编》卷 30《内政一·官制一》（上册），云南省志编纂委员会办公室，1985 年 10 月，第 1089 页。

⑥ 张在普编著：《中国近现代政区沿革表（1820—2004）》，福建省地图出版社 2006 年版，第 235 页。

⑦ 贡山独龙族怒族自治县志编纂委员会编：《贡山独龙族怒族自治县志》，民族出版社 2006 年版，第 21 页。

设治局治所在高黎贡山间，因以命名。"①

贡山行政区成立时驻在地在"茨开"，由于茨开位置"不适中，有迁移之必要"，所以在"民国十五年（1926）迁往打拉"②，改贡山设治局后，仍驻打拉。"贡山设治局设治地点打拉"③，即今云南省怒江傈僳族自治州贡山县北部丙中洛区打拉村所在地。

茨开，系怒语，意为粮食丰富的地方。打拉，原称"打让当"，"打让"意为强盗，"当"意为地方，"打让当"的含义即为与强盗搏斗得胜的地方，后演变为今名。④

贡山设治局位于怒江上游，居于怒江、俅江（独龙江）之间。其行政辖区为"菖蒲桶行政区原有区域"⑤，据《云南行政纪实》载："贡山设治局：旧名菖蒲桶。东界维西，南界福贡，西界俅夷地，北界西康，东南界维西，西南界俅夷地，西北界西康，东北界德钦。"⑥ 据 1943 年云南省县市局概况统计显示，贡山设治局的面积为 8208 平方公里⑦，划定了一定的幅员，所辖区域大致相当于今云南省怒江傈僳族自治州贡山独龙族怒族自治县区域。

（三）福贡设治局

民国元年（1912）建立上帕殖边公署，为福贡地区正式设治之始。民国初设殖边队长于其地，旋设上帕行政委员，二十一年（1932）改康乐设治局，二十四年（1935）后，改为福贡设治局⑧，直隶云南省政府。

---

①　龙云修：《云南行政纪实·民政·建制》第 2 册，1943 年铅印本，第 7 页。

②　《云南省各县县治驻在地调查表》民国二十三年（1934）十二月云南省民政厅造报，云南民政厅印行：《云南民政月刊·册表》1935 年 1 月第 13 期，第 20 页。

③　内政部年鉴编辑委员会：《内政年鉴》，商务印书馆中华民国二十五年（1936）四月版，第（B）104 页。

④　贡山独龙族怒族自治县人民政府编：《云南省贡山独龙族怒族自治县地名志》，1988 年，第 37、32 页。

⑤　内政部年鉴编辑委员会：《内政年鉴》，商务印书馆中华民国二十五年（1936）四月版，第（B）104 页。

⑥　龙云修：《云南行政纪实·民政·云南省现行行政区域概况表》第二册，1943 年铅印本，第 6 页。

⑦　王志强编辑：《云南省档案史料丛编：近代云南人口史料（1902—1982）》，云南省档案馆 1987 年版，第 114 页。

⑧　（民国）云南通志馆编纂：《续云南通志长编》卷 30《内政一·官制一》（上册），云南省志编纂委员会办公室 1985 年 10 月版，第 1089 页。

新中国成立后，1952 年 11 月改设福贡县傈僳族自治区①。

"康乐"之名"取祝愿边疆地区开发进化，民众和平、安康、快乐之意"②。后改为"福贡"，该名仍用康乐的内在含义，并与地理环境相结合，"福即幸福、安康，贡即高黎贡山（因当时高黎贡山和碧落雪山被笼统称为高黎贡山），意为幸福安康的高黎贡山山麓之民众"③。1935 年，"康乐"更名为"福贡"，主要是因为与甘肃康乐设治局（民国二十二年（1933）二月由临洮县析置）重名。

福贡设治局治所在上帕，"康乐设治局，驻在地上帕"④，即今云南省怒江傈僳族自治州福贡县驻地上帕镇所在地，今仍称为上帕。另有记载，"福贡设治局，设治地点上帕村"⑤。"上帕，位于怒江东岸，是自治州北部的最大冲积扇。1912 年，云南地方政府组织的'怒俅殖边总队'进驻这里，开始成为福贡县的行政中心。"⑥

上帕因谐音传读而来，上帕是一块由上帕河泥石流冲击变成的沙石河滩小平地，为境内最大冲击扇，地标层下多砂石，对于这一沙石河滩，"外来客商从地理实体状称'沙坝'，后谐音书写成上帕"⑦。

上帕行政委员地处滇西北极边地带，在碧落雪山和高黎贡山两大雪山之间，沿怒江东西两岸纵向沿边分布，其行政辖区"东至碧落山顶约一百二十里，与兰坪、维西连界；南至峨马底约四十里，与知子罗连界；北至不诗不腊约三百三十里，与菖蒲桶连界；西界本连俅江，因英人私立界椿于高黎贡山顶，将俅江据为己有，斯时即就高黎贡山顶英人私立界椿处为暂管区域，俟将来中英界务划清，再行酌定"⑧。而福贡设治局的行政

---

① 张在普编著：《中国近现代政区沿革表（1820—2004）》，福建省地图出版社 2006 年版，第 235 页。

② 福贡县地方志编纂委员会编：《福贡县志》，云南民族出版社 1999 年版，第 34 页。

③ 福贡县人民政府编：《福贡县地名志》，云南民族出版社 1995 年版，第 1—2 页。

④ 《云南省各县县治驻在地调查表》民国二十三年（1934）十二月云南省民政厅造报，云南民政厅印行：《云南民政月刊·册表》1935 年 1 月第 13 期，第 20 页。

⑤ 内政部年鉴编辑委员会：《内政年鉴》，商务印书馆中华民国二十五年（1936）四月版，第（B）104 页。

⑥ 国家民委《民族问题五种丛书》编辑委员会编：《中国民族问题资料·档案集成》第 40 册《中国少数民族自治地方概况丛书·怒江傈僳族自治州概况》，中央民族大学出版社 2005 年 12 月版，第 209 页。

⑦ 福贡县人民政府编：《福贡县地名志》，云南民族出版社 1995 年版，第 13 页。

⑧ 《纂修云南上帕沿边志》，民国二十年（1931）钤上帕行政委员关防钞本。

辖区就是"上帕行政区原有区域"①，《云南行政纪实》载，"福贡设治局：旧名上帕。东界兰坪，南界碧江，西界高黎贡山，北界贡山、盈江，东南界碧江，西南界高黎贡山，西北界贡山，东北界兰坪"。② 据1943年云南省县市局概况统计显示，福贡设治局的面积为5392平方公里③，划定了一定的幅员，所辖区域大致相当于今天云南省怒江傈僳族自治州福贡县区域（匹河、子里甲、架科底等三区除外）。

（四）碧江设治局

碧江设治局设置于1932年，旧为知子罗行政区，民国元年（1912），怒俅殖边总队开辟知子罗，成立知子罗殖边公署，五年（1916）九月改设行政，④ 即知子罗行政委员。民国二十一年（1932）改设治局，并改名为碧江设治局⑤，直隶云南省政府。新中国成立后，1952年11月改设碧江傈僳族自治区⑥。

碧江因山水而得名，旧名知子罗，知子罗系土名。据《碧江县志》研究：民国十年（1921），国民政府通令"凡以当地土名为行政区名者，均须更用汉名，先由各地拟三个新名，依次呈报内政部核准后始用"。"知子罗"行政区划名称，属更改之列。行政委员董芬根据知子罗地理位置和山水地貌特征，曾先后两次呈报过："碧山"、"碧江"、"贡山"、"镇安"、"普乐"、"泸江"等名称。其中"碧江"一名，意即知子罗背靠碧落雪山，俯瞰清澈碧绿之怒水，"碧"字占山名，"江"字占江名，以双重含义而取名。后经过云南省政府第208次例会通过，将知子罗改为碧江，呈报内政部，后内政部以民字第543号专文批复，从民国二十一年

---

① 内政部年鉴编辑委员会：《内政年鉴》，商务印书馆中华民国二十五年（1936）四月版，第（B）104页。

② 龙云修：《云南行政纪实·民政·云南省现行行政区域概况表》第2册，1943年铅印本，第6页。

③ 王志强编辑：《云南省档案史料丛编：近代云南人口史料（1902—1982）》，云南省档案馆1987年版，第114页。

④ 莫与衡等辑：《知子罗呈复调查地志资料书》，民国九年（1920）钤知子罗行政委员之关防钞本。

⑤ （民国）云南通志馆编纂：《续云南通志长编》卷30《内政一·官制一》（上册），云南省志编纂委员会办公室，1985年10月，第1089页。

⑥ 张在普编著：《中国近现代政区沿革表（1820—2004）》，福建省地图出版社2006年版，第235页。

（1932）五月二十四日起，将知子罗行政区名改称碧江行政区。① 境内有
碧落雪山及怒江，因名碧江。②

　　根据云南省民政厅《各县土名更改》卷载：民国元年（1912），云南
国民拓边队进驻知子罗，即以知子罗村名为行政区名。③ 可见，碧江设治
局设治地点为知子罗。根据民国二十二年（1933）四月二十九日出版的
《云南省各县区域全图》之《知子罗行政区域图》观之，知子罗行政区的
行政公署设于怒江东岸的知子罗。据解放初期对怒江少数民族地区的调
查，知子罗在辛亥革命之后就成为了碧江县的行政中心。④ 而根据国民政
府《内政年鉴》记载，"碧江设治局，设治地点营盘街"。⑤ 营盘街当年
为"怒俅殖边总队"的驻地，地处兰坪县，从地图上观之，营盘街位于
澜沧江东岸，不可能成为碧江设治局的治所，所以《内政年鉴》的记载
当属有误。

　　碧江设治局位于怒江上游中段，其行政区域的地理特征是"挟江为
域，经长纬短"。⑥ 东面是碧落雪山，西面是高黎贡山，全境"南北为纵
长四百一十里，东西为横宽三百一十里，周围面积八万方里"⑦，属于典
型的南北长、东西窄的沿边型行政区域。知子罗行政区的行政辖区，"东
与兰坪属地接界；南江之东与兔峩土舍地接界；江之西与泸水行政区地接
界，西与英缅接界，系属未定界，绕北与上帕行政属地接界"。⑧ 此记载
中的"江"为潞江，即怒江。行政区改设碧江设治局后，仍辖原有区域，

────────

　　① 云南省怒江傈僳族自治州地方志编纂委员会编：《碧江县志》，云南民族出版社 1994 年
版，第 30 页。

　　② 龙云修：《云南行政纪实·民政·建制》第 2 册，1943 年铅印本，第 6 页。

　　③ 云南省怒江傈僳族自治州地方志编纂委员会编：《碧江县志》，云南民族出版社 1994 年
版，第 30 页。

　　④ "知子罗位于怒江东岸的碧落雪山山腰，为一个由东北向西南延伸的山梁岗岭，海拔一
千九百二十八米，年平均气温为十三点八度，是一个背风向阳、四季如春的山城，是怒族人民聚
居区域，辛亥革命后殖边队进驻这里，开始成为碧江县的行政中心。"国家民委《民族问题五种
丛书》编辑委员会编：《中国民族问题资料·档案集成》第 40 册《中国少数民族自治地方概况
丛书·怒江傈僳族自治州概况》，中央民族大学出版社 2005 年 12 月版，第 206 页。

　　⑤ 内政部年鉴编辑委员会：《内政年鉴》，商务印书馆中华民国二十五年（1936）四月版，
第（B）104 页。

　　⑥ 莫与衡等辑：《知子罗呈复调查地志资料书》，民国九年（1920）钤知子罗行政委员之
关防钞本。

　　⑦ 同上。

　　⑧ 同上。

即知子罗行政区原有区域。① 据《云南行政纪实》载："碧江设治局，旧名知子罗。东界兰坪，南界泸水，西界高黎贡山，北界福贡，东南界兰坪，西南界泸水，西北界高黎贡山，东北界兰坪。"② 据 1943 年云南省县市局概况统计显示，碧江设治局的面积为 2248 平方公里③，划定了一定的幅员，所辖范围大致相当于云南省怒江傈僳族自治州原属碧江县，即今云南省福贡县的一部分和泸水县的一部分。

1986 年 12 月 25 日，碧江县撤销，其区域分别划归福贡县和泸水县管辖。其中"匹河、子里甲、架科底三个区隶属福贡县辖区，古登、洛本卓两区归泸水统辖"。④

（五）泸水设治局

泸水辖鲁掌、登埂、卯照、六库、老窝五土司地，民国二年（1913），设泸水行政委员，二十一年（1932），改泸水设治局⑤，直隶云南省政府。1952 年 11 月改设泸水县⑥。

泸水之命名，因"区域全境，俱在泸水东西两岸，故以泸水为名"。⑦而泸水，是"潞江名称衍变而来"，潞江就是怒江。

泸水设治局治所在鲁掌，"泸水设治局，驻在地鲁掌土司所属上寨"⑧，即今云南省怒江傈僳族自治州泸水县驻地鲁掌镇所在地。另有记载，"泸水设治局，设治地点鲁掌上寨"。⑨

鲁掌，为彝语，是"龙粮"的意思，据《泸水县地名志》研究，

---

① 内政部年鉴编辑委员会：《内政年鉴》，商务印书馆中华民国二十五年（1936）四月版，第（B）104 页。
② 龙云修：《云南行政纪实·民政·云南省现行行政区域概况表》第 2 册，1943 年铅印本，第 5 页。
③ 王志强编辑：《云南省档案史料丛编：近代云南人口史料（1902—1982）》，云南省档案馆 1987 年版，第 114 页。
④ 福贡县地方志编纂委员会编：《福贡县志》，云南民族出版社 1999 年版，第 32 页。
⑤ 龙云修：《云南行政纪实·民政·建制》第 2 册，1943 年铅印本，第 6 页。
⑥ 张在普编著：《中国近现代政区沿革表（1820—2004）》，福建省地图出版社 2006 年版，第 235 页。
⑦ 吴洁等辑：《泸水行政委员区域地志资料》，民国九年（1920）钤泸水行政委员关防钞本。
⑧《云南省各县县治驻在地调查表》民国二十三年（1934）十二月云南省民政厅造报，云南民政厅印行：《云南民政月刊·册表》1935 年 1 月第 13 期，第 20 页。
⑨ 内政部年鉴编辑委员会：《内政年鉴》，商务印书馆中华民国二十五年（1936）四月版，第（B）104 页。

"鲁掌"，系彝语"鲁脏"的谐音，"鲁"为龙，"脏"即粮，意为龙粮。相传此地原是一片深山老林，林中有一清澈晶莹的水塘，被称为"鲁杯"，即龙塘。后来彝民猎人在塘边垦荒种地，庄稼甚好，获得丰收，人们认为这是塘里龙王恩赐的龙粮，故称"鲁脏"，后演化为"鲁掌"。①

泸水设治局位于横断山脉南部纵谷区，西为高黎贡山，东为碧落雪山，怒江由北而南中贯而过。"泸水纵三百里，横一百里"②，全境大致沿高黎贡山、碧落雪山和怒江南北纵列而下，属于典型的沿边型行政区划。泸水设治局，即泸水行政区原有区域。③据《云南行政纪实》载，设治局区域情况，"东界云龙，南界云龙、腾冲，西界高黎贡山，北界碧江、华坪，东南界云龙，西南界腾冲，西北界高黎贡山，东北界云龙"。④据1943年云南省县市局概况统计显示，泸水设治局的面积为2144平方公里⑤，形成了自身的幅员，所辖区域大致相当于今云南省怒江傈僳族自治州属泸水县区域（古登、洛本卓两区除外）。

二　滇西六设治局

本书滇西区域所指主要是腾龙沿边区，"腾龙沿边区北起盏达，南至潞西，东至怒江边，西至瑞丽，东西衰约一百二十公里，南北长约一百五十公里，面积约二万五千方公里有奇"⑥。为滇西十土司境域，即南甸宣抚司、干崖宣抚司、陇川宣抚司、芒市安抚司、猛卯安抚司、盏达副宣抚司、遮放副宣抚司、户撒长官司、腊撒长官司和勐板土千总，其中南甸宣抚司为十土司之首，大致相当于今云南省德宏傣族景颇族自治州地区。辛亥革命后，废府、厅、州，置县，调整边地行政区划，云南军都督府为了

---

① 泸水县人民政府编：《云南省泸水县地名志》，泸水县人民政府1989年版，第25页。

② （近）段承钧纂修：《泸水志》，1964年云南大学图书馆传抄云南省图书馆藏1932年石印本，第22页。

③ 内政部年鉴编辑委员会：《内政年鉴》，商务印书馆中华民国二十五年（1936）四月版，第（B）104页。

④ 龙云修：《云南行政纪实·民政·云南省现行行政区域概况表》第2册，1943年铅印本，第5页。

⑤ 王志强辑：《云南省档案史料丛编：近代云南人口史料（1902—1982）》，云南省档案馆1987年版，第112页。

⑥ 陈碧笙：《开发云南边地方案》，《边政论丛》（第1集），战国丛书社1940年版，第229页。

加强对滇西土司的管控，在滇西边疆设置了一批弹压委员，随后改设行政委员。南京国民政府成立后，为划一政区，行政委员被统一改置为设治局，计有梁河、盈江、莲山、陇川、瑞丽、潞西等设治局，构建了一套与内地县治不同的特殊行政区划体系，加强边地开发，以图逐步实现边地行政区划向内地行政区划体系的过渡。

（一）梁河设治局

民国元年（1912），移腾越厅（今云南省腾冲县）司狱于大厂（今云南省梁河县大厂），名八撮县丞，三年（1914），改分治员，六年（1917），改县佐。[①] 民国二十一年（1932）正式将八撮县佐改设梁河设治局[②]，直隶云南省政府。新中国成立后，于1952年11月改设梁河县傣族景颇族自治区[③]。

八撮县佐改设梁河设治局后，治所仍"驻河东大厂"[④]，"梁河设治局设治地点大厂街"[⑤]，即今云南省德宏傣族景颇族自治州梁河县大厂镇所在地。

据《云南行政纪实》载："梁河设治局，旧名八撮。东界龙陵，南界陇川，西界盈江，北界腾冲，东南界龙陵，西南界盈江，西北界缅甸，东北界腾冲。"[⑥] 梁河设治局行政辖区大致相当于今云南省德宏傣族景颇族自治州梁河县区域。

（二）盈江设治局

盈江设治局属清代腾越厅属干崖、户撒两土司地。

民国元年（1912），在干崖增设弹压委员一职，隶属腾冲县，民国

---

① 李根源纂，许秋芳点校：《民国腾冲县志稿》卷12《职官·土职（一）旧属七土司》，云南美术出版社2004年点校本，第207页；吴楷：《南甸园记》，载李根源辑：《永昌府文征·文录（卷11）》，民国三十年（1941）铅印本，第11页。

② 龙云修：《云南行政纪实·民政·建制》第2册，1943年铅印本，第6页。

③ 张在普编著：《中国近现代政区沿革表（1820—2004）》，福建省地图出版社2006年版，第232页。

④ 李根源纂，许秋芳点校：《民国腾冲县志稿》卷12《职官·土职（一）》，云南美术出版社2004年点校本，第207页。

⑤ 内政部年鉴编辑委员会：《内政年鉴》，商务印书馆中华民国二十五年（1936）版，第（B）105页。

⑥ 龙云修：《云南行政纪实·民政·云南省现行行政区域概况表》第2册，1943年铅印本，第5页。

五年（1915），弹压委员改为行政委员，直隶于腾越道尹。[1] 另有民国八年（1919）改设干崖行政委员一说。[2] 户撒长官司在民国初年属干崖行政委员管辖[3]。因此，干崖行政委员兼辖干崖和户撒两土司地，并于"民国二十一年（1932），改设治局"[4]，即盈江设治局，直隶云南省政府，"境内有大盈江，因以命名"。[5] 新中国成立后，1952 年 11 月改设盈江县[6]。

干崖行政委员设治地点在旧城[7]，改盈江设治局后，设治地点仍为旧城，并改名为乘龙街，"盈江设治局驻在地乘龙街"。[8] "盈江设治局设治地点旧城，即乘龙街。"[9] 乘龙街即今云南省德宏傣族景颇族自治州盈江县旧城镇所在地。

民国初年，干崖、户撒之地改设干崖弹压委员，随之改设干崖行政委员。其行政区域，"东至蛮来山顶之首尾两处，系与猛卯行政属腊撒司，及腾冲属之南甸司接界；又至极东之东山顶，与陇川接界；南至咕哩卡，与英属精弄厅接界；西北至鹰嘴山，与腾冲属之盏西接界；西至凤凰山及海巴江，与盏达接界；北至浑水沟、南金沟，与南甸司接界。面积约一万九千方里。纵长一百九十里，横阔约一百里。本属上窄下宽，无插花地"。[10] 盈江设治局行政区域原属干崖行政委员管辖区域，

① 参考德宏州志编委会办公室编：《德宏史志资料》第 1 集，德宏州志编委会办公室 1985 年版，第 142 页；李根源纂，许秋芳点校：《民国腾冲县志稿》卷 12《职官·土职（一）》，云南美术出版社 2004 年点校本，第 209—210 页。

② 龙云修：《云南行政纪实·民政·建制》第 2 册，1943 年铅印本，第 6 页。

③ 参考李根源纂，许秋芳点校：《民国腾冲县志稿》卷 12《职官·土职（一）》，云南美术出版社 2004 年点校本，第 221 页。

④ （民国）云南通志馆编纂：《续云南通志长编》卷 30《内政一·官制一·云南省各市县各设治局沿革一览表》（上册），云南省志编纂委员会办公室 1985 年 10 月版，第 1089 页。

⑤ 龙云修：《云南行政纪实·民政·建制》第 2 册，1943 年铅印本，第 6 页。

⑥ 张在普编著：《中国近现代政区沿革表（1820—2004）》，福建省地图出版社 2006 年版，第 233 页。

⑦ 德宏州志编委会办公室编：《德宏史志资料》第 2 集，德宏州志编委会办公室 1985 年版，第 148 页；

⑧ 《云南省各县县治驻在地调查表》民国二十三年（1934）十二月云南省民政厅造报，云南民政厅印行：《云南民政月刊·册表》1935 年 1 月第 13 期，第 20 页。

⑨ 内政部年鉴编辑委员会：《内政年鉴》，商务印书馆中华民国二十五年（1936）版，第（B）104 页。

⑩ 德宏州志编委会办公室编：《德宏史志资料》第 1 集，德宏州志编委会办公室 1985 年版，第 142—143 页。

"盈江设治局，即干崖行政区原有区域。"① 据 1943 年云南省县市局概况统计显示，盈江设治局的面积为 1408 平方公里，形成了明确的政区幅员②，所辖区域大致相当于今云南省德宏傣族景颇族自治州盈江县一部分及陇川县户撒。

（三）莲山设治局

莲山设治局为清代腾越厅所属盏达土司地，位于大盈江以西，盏达为傣语，"'盏'为台，'达'为眼睛，意为眼睛台地或有脸面的台地"③。自民国元年（1912），设立汉官，名曰弹压委员，直隶腾冲县管辖，三年（1914）改为行政委员，四年（1915）脱离腾冲管辖。④ 民国二十一年（1932）改设莲山设治局⑤，直隶云南省政府，"治所在莲花山下，因以命名"⑥。新中国成立后，于 1952 年 11 月改设为莲山县。⑦

民国三年（1914）改设盏达行政委员后，"公署驻在地在莲花山"⑧，莲山设治局驻在地在"莲花山，民国四年（1915）七月移驻，原驻地太平街"。⑨可见，莲山设治局的治所发生过迁移。"莲山设治局设治地点莲山镇。"⑩ 即今云南省德宏傣族景颇族自治州盈江县莲花山镇所在地。

盏达位居滇西南边陲，是滇西的屏障，设行政委员时的行政管辖区域，"东界大盈江，南界铜壁关，西界英属南散坝，北界腾属神护关。

---

① 内政部年鉴编辑委员会：《内政年鉴》，商务印书馆中华民国二十五年（1936）版，第（B）104 页。

② 王志强编辑：《云南省档案史料丛编：近代云南人口史料（1902—1982）》，云南省档案馆 1987 年版，第 113 页。

③ 盈江县志编纂委员会编：《盈江县志》，云南民族出版社 1997 年版，第 88 页。

④ 德宏州志编委会办公室编：《德宏史志资料》第 1 集，德宏州志编委会办公室 1985 年版，第 152、160 页。

⑤ （民国）云南通志馆编纂：《续云南通志长编》（上册）卷 30《内政一·官制一·云南省各市县各设治局沿革一览表》，云南省志编纂委员会办公室，1985 年 10 月，第 1089 页。

⑥ 龙云修：《云南行政纪实·民政·建制》第 2 册，1943 年铅印本，第 6 页。

⑦ 张在普编著：《中国近现代政区沿革表（1820—2004）》，福建省地图出版社 2006 年版，第 233 页。

⑧ 德宏州志编委会办公室编：《德宏史志资料》第 2 集，德宏州志编委会办公室 1985 年版，第 152、162 页。

⑨ 《云南省各县县治驻在地调查表》民国二十三年（1934）十二月云南省民政厅造报，云南民政厅印行：《云南民政月刊·册表》1935 年 1 月第 13 期，第 20 页。

⑩ 内政部年鉴编辑委员会：《内政年鉴》，商务印书馆中华民国二十五年（1936）版，第（B）104 页。

全境疆域纵长而横窄，周围之状约言之，纵长凡一百六十里，横广约一百三十余里，面积凡二万八百余方里"。① 设治局的行政管辖区域就是盏达行政委员所辖区域，据《云南行政纪实》载："莲山设治局，旧名盏达。东界盈江，南界缅甸，西界缅甸，北界腾冲，东南界盈江，西南界缅甸，西北界腾冲，东北界盈江。"② 据 1943 年云南省县市局概况统计显示，莲山设治局的面积为 2208 平方公里，形成了明确的政区幅员③，所辖区域大致相当于今云南省德宏傣族景颇族自治州属盈江县东北部区域。

（四）陇川设治局

陇川设治局为陇川土司地。民国元年（1912），曾设陇川弹压委员，至民国六年（1917）改设陇川行政委员，民国二十一年（1932），改为陇川设治局④，直隶云南省政府。陇川又名陇把，因"其平原有南宛河贯注，故称陇川"。⑤ 新中国成立后，1952 年 12 月改设陇川县⑥。

陇川行政委员的行政公署所在地为杉木笼⑦，改设治局后，行政治所在杉木笼和章凤街两地轮流驻扎，出现两个设治地点的重要的原因是瘴毒的存在危害到了政府的行政，所以"夏秋二季治所设于杉木笼，春冬二季治所设于章凤街"。⑧ 杉木笼即今云南省德宏傣族景颇族自治州陇川县王子树所在地，章凤街即今云南省陇川县章凤镇所在地。

陇川行政委员只管辖陇川宣抚司所辖区域，陇川宣抚司疆域，"东界遮放山顶野寨三十里；西界户撒山顶半坡三十里；南界昔董山野寨一百二

---

① 德宏州志编委会办公室编：《德宏史志资料》第 1 集，德宏州志编委会办公室 1985 年版，第 153 页。

② 龙云修：《云南行政纪实·民政·云南省现行行政区域概况表》第 2 册，1943 年铅印本，第 5 页。

③ 王志强编辑：《云南省档案史料丛编：近代云南人口史料（1902—1982）》，云南省档案馆 1987 年版，第 113 页。

④ 龙云修：《云南行政纪实·民政·建制》第 2 册，1943 年铅印本，第 6 页。

⑤ 德宏州志编委会办公室编：《德宏史志资料》第 1 集，德宏州志编委会办公室 1985 年版，第 163 页。

⑥ 张在普编著：《中国近现代政区沿革表（1820—2004）》，福建省地图出版社 2006 年版，第 233 页。

⑦ 德宏州志编委会办公室编：《德宏史志资料》第 1 集，德宏州志编委会办公室 1985 年版，第 167 页。

⑧ 内政部年鉴编辑委员会：《内政年鉴》，商务印书馆中华民国二十五年（1936）版，第（B）105 页。

十里；北界南甸杉木笼七十里；东南界猛卯山顶野寨一百二十里；西南界铁壁关野寨一百二十里；东北界南甸野寨七十里；西北界干崖磨空山野寨七十里"。[1] 设治局区划为"陇川行政区原有区域"。[2] 据《云南行政纪实》载，"陇川设治局，东界潞西，南界瑞丽、缅甸，西界腊撒、户撒，北界盈江、缅甸，东南界瑞丽，西南界缅甸，西北界盈江，东北界缅甸"。[3]根据上述陇川宣抚司的行政区域和1933年出版的《云南省各县区域全图·陇川行政区域图》分析，陇川设治局北部和东北部并不接壤缅甸，所以《云南行政纪实》所载"陇川北界缅甸、东北界缅甸"实属有误。据1943年云南省县市局概况统计显示，陇川设治局的面积为2368平方公里[4]，形成了明确的政区幅员，所辖区域大致相当于今云南省德宏傣族景颇族自治州属陇川县区域。

（五）瑞丽设治局

民国元年（1912）调整行政区划，设猛卯弹压委员，四年（1915），设勐陇行政委员，陇川、勐卯并归节制，五年（1916），将陇川划出，设勐卯行政委员[5]。南京国民政府成立后，为划一行政区划，民国二十一年（1932），改猛卯行政委员为瑞丽设治局[6]，直隶云南省政府。于1952年11月过渡为瑞丽县[7]。

据云南省民政厅在民国二十四年（1935）所作的云南省县驻地调查，民国十九年（1930）十二月，猛卯行政区治所移治弄岛，改瑞丽设治局后，仍驻弄岛[8]，即今云南省德宏傣族景颇族自治州瑞丽市西南弄岛镇所

---

① 黄懋材：《腾越沿边图说》，载李根源辑：《永昌府文征·纪载（卷22）》，民国三十年（1941）铅印本，第3页。

② 内政部年鉴编辑委员会：《内政年鉴》，商务印书馆中华民国二十五年（1936）版，第（B）105页。

③ 龙云修：《云南行政纪实·民政·云南省现行行政区域概况表》第2册，1943年铅印本，第5页。

④ 王志强编辑：《云南省档案史料丛编：近代云南人口史料（1902—1982）》，云南省档案馆1987年版，第113页。

⑤ 龙云修：《云南行政纪实·民政·建制》第2册，1943年铅印本，第6页。

⑥ （民国）云南通志馆编纂：《续云南通志长编》（上册）卷30《内政一·官制一·云南省各市县各设治局沿革一览表》，云南省志编纂委员会办公室1985年版，第1089页。

⑦ 张在普编著：《中国近现代政区沿革表（1820—2004）》，福建省地图出版社2006年版，第233页。

⑧ 《云南省各县县治驻在地调查表》民国二十三年（1934）十二月云南省民政厅造报，云南民政厅印行：《云南民政月刊·册表》1935年1月第13期，第20页。

在地。之前，由于瘴毒给流官行政带来了极大的威胁，腊撒划归猛卯行政区之后，治所曾在猛卯和腊撒之间按季节轮换，即夏秋两季驻腊撒（今陇川县户撒阿昌族自治乡腊撒所在地），春冬两季移驻猛卯城（今瑞丽市驻地猛卯镇所在地）或弄岛。①云南省各县县治驻在地的调查显示，弄岛似乎不太适合作为治所。腊撒划入猛卯，猛卯和腊撒之间横亘着陇川，遂形成了遥隔兼辖的行政区划格局，但这并不同于行政区划过程当中经常出现的插花地现象，因为猛卯行政区的治所曾在两地按季节轮换驻扎，这种情况在行政区划体系中是很少见的。

猛卯行政区原为猛卯安抚司和腊撒长官司两土司地，时人认为改名为猛腊行政区更显名副其实。因为猛卯和腊撒是因陇川而遥隔的两地，所以猛卯行政区分为两块行政区域，"猛地西南与英缅交界，东界遮放，北界陇川。腊地西南与英缅交界，东南界陇川，西北界干崖，北界户撒。猛卯地面约纵长一百五十里，横宽四十里，合长宽的面积六千方里；腊撒地面约纵长四十里，横宽十六里五分，合长宽得面积六百六十方里。共合全境面积六千六百六十方里"。②可见，猛卯行政区已经有明确的政区幅员。瑞丽设治局所辖区域范围即"勐卯行政区原有区域。"③据《云南行政纪实》载，"瑞丽设治局，旧名勐卯。东界龙陵、缅甸，南界缅甸，西界陇川，北界陇川，东南界缅甸，西南界缅甸，西北界缅甸，东北界陇川"。④据1943年云南省县市局概况统计显示，瑞丽设治局的面积为2528平方公里⑤，形成了明确的政区幅员，所辖区域大致相当于今云南省德宏傣族景颇族自治州瑞丽县境及陇川县户撒阿昌族自治乡腊撒区域。

（六）潞西设治局

辛亥革命后，为了加强边疆行政，政府于民国元年（1912）设芒市

---

①　《云南省各县县治驻在地调查表》民国二十三年（1934）十二月云南省民政厅造报，云南民政厅印行：《云南民政月刊·册表》1935年1月第13期，第20页。

②　德宏州志编委会办公室编：《德宏史志资料》第1集，德宏州志编委会办公室1985年版，第123页。

③　内政部年鉴编辑委员会：《内政年鉴》，商务印书馆中华民国二十五年（1936）版，第（B）104页。

④　龙云修：《云南行政纪实·民政·云南省现行行政区域概况表》第2册，1943年铅印本，第6页。

⑤　王志强编辑：《云南省档案史料丛编：近代云南人口史料（1902—1982）》，云南省档案馆1987年版，第113页。

弹压委员和遮卯弹压委员，民国四年（1915）之后，改设为茫遮板行政委员。① 命名为茫遮板行政区，是因为该行政委员区是由芒市、遮放、猛板三土司合并成立的。鉴于边缘省份行政区划的设置较为混乱，南京国民政府成立后，统一将行政委员改设设治局，并于民国二十一年（1932），正式将芒遮板行政区改设为潞西设治局②，以便改善边地行政。潞西设治局因为位于潞江（怒江）以西而得名，直隶云南省政府。于 1949 年 7 月改设为潞西县。③

潞西设治局设治地点在茫遮板芒市属南练猛戛④，即今云南省德宏傣族景颇族自治州潞西县勐戛镇所在地。另有记载，"潞西设治局设治地点南练勐戛"⑤。

潞西设治局居于滇西极边。茫遮板行政区之行政区域，"东北界龙陵；西北界腾冲之南甸；南接英缅，即遮放之南衔接英缅之畹町、黑猛龙、猛古，界桩自 51 号至 58 号止，交通孔道为黑山门、六丁、蛮朗、蛮海等处。猛板之南衔接英缅之果敢、捧线，界桩自 59 号起至 64 号止。面积约计一千平方里，南北横宽 120 里，东西纵长 70 里"。⑥ 具有一定的行政幅员，改潞西设治局后，行政辖区仍为"芒遮板行政区原有区域"⑦，据《云南行政纪实》载，"潞西设治局，旧名芒遮板。东界龙陵，南界缅甸，西界瑞丽、陇川，北界缅甸，东南界缅甸，西南界缅甸，西北界缅

---

① 参考龙云修：《云南行政纪实·民政》，1943 年铅印本；（民国）云南通志馆编纂：《续云南通志长编》（上册）卷 30《内政一·官制一·云南省各市县各设治局沿革一览表》，云南省志编纂委员会办公室 1985 年版，第 1089 页；《德宏史志资料》第 1 集，德宏州志编委会办公室 1985 年版，第 169 页。

② 内政部年鉴编辑委员会：《内政年鉴》，商务印书馆中华民国二十五年（1936）版，第（B）104 页。（民国）云南通志馆编纂：《续云南通志长编》（上册）卷 30《内政一·官制一·云南省各市县各设治局沿革一览表》，云南省志编纂委员会办公室 1985 年版，第 1089 页。

③ 张在普编著：《中国近现代政区沿革表（1820—2004）》，福建省地图出版社 2006 年版，第 233 页。

④ 《云南省各县县治驻在地调查表》民国二十三年（1934）十二月云南省民政厅造报，云南民政厅印行：《云南民政月刊·册表》1935 年 1 月第 13 期，第 13 页。

⑤ 内政部年鉴编辑委员会：《内政年鉴》，商务印书馆中华民国二十五年（1936）版，第（B）104 页。

⑥ 德宏州志编委会办公室编：《德宏史志资料》第 1 集，德宏州志编委会办公室 1985 年版，第 169 页。

⑦ 内政部年鉴编辑委员会：《内政年鉴》，商务印书馆中华民国二十五年（1936）版，第（B）104 页。

甸，东北界龙陵。"[1] 根据上述茫遮板行政区的行政区域范围和 1933 年出版的《云南省各县区域全图·茫遮板行政区域图》分析，潞西设治局北部和西北部并不接壤缅甸，而是毗邻南甸（今梁河县），所以《云南行政纪实》所载"北界缅甸、西北界缅甸"实属有误，此两方所界应为南甸。据 1943 年云南省县市局概况统计显示，潞西设治局的面积为 2528 平方公里[2]，具备了明确的政区幅员，所辖区域大致相当于今云南省德宏傣族景颇族自治州潞西市区域。

三　滇西南三设治局

滇西南地域主要指沧顺沿边区和思普沿边区，"沧顺沿边区，本区北起镇康，南迄澜沧，东抵澜沧江边，西达孟定，东西袤约一百五十公里，南北长约二百二十公里，面积约四万方公里有奇；思普沿边区，北起思茅，南尽镇越，东自江城，西至佛海，东西袤约二百五十公里，面积约五万五千方公里有奇"。[3] 大致相当于今天云南省临沧市、普洱市和西双版纳傣族自治州沿边地带。普思沿边为车里宣慰司地，民国初年设立普思沿边行政总局及分局强化边疆管理，在分局改设县治的过程中，第四区分局改设猛往行政委员，进而改设为宁江设治局。历史上，沧顺边区也是土司地，耿马地区主要有孟定土司和耿马土司，沧源地区则先后为孟定傣族土司和孟连傣族土司管辖，两地地处极边，管理不易，顺宁县属耿马宣抚司地，因"距县较远，管治不易，拟单独成立一耿马设治局"。[4] 澜沧县属勐角、勐董、大蛮海、岩帅等土司地更是地处极边，离澜沧县治更为辽远，国防关系重大，有单独设治之必要，且澜沧县（镇边厅改设）辖地广阔，行政难以周全，有鉴于此，民国二十六年（1937），划勐角、勐董、大蛮海、岩帅等土司地另设沧源设治局。

（一）宁江设治局

宁江设治局原为普思沿边第四区行政分局，初名勐往，民国十六年

---

① 龙云修：《云南行政纪实·民政·云南省现行行政区域概况》第 2 册，1943 年铅印本，第 5 页。

② 王志强编辑：《云南省档案史料丛编：近代云南人口史料（1902—1982）》，云南省档案馆 1987 年版，第 113 页。

③ 陈碧笙：《开发云南边地方案》，《边政论丛》（第 1 集），战国丛书社 1940 年版，第 226—229 页。

④ 龙云修：《云南行政纪实·民政·建制》第 2 册，1943 年铅印本，第 3 页。

（1927）改为勐往行政委员，二十一年（1932）改临江设治局，二十四年（1935）复改宁江设治局①，直隶云南省政府。新中国成立后，于1950年改设宁江县②。

宁江设治局原驻在地为"大猛笼"，民国八年（1919）"移治猛往"。③即今云南省西双版纳傣族自治州勐海县北部猛往所在地，意即"湖泊变成的平坝"④。

宁江设治局的行政辖区，"东界思茅，南界车里，西界澜沧，北界六顺，东南界镇越，西南界南峤，西北界澜沧，东北界思茅"。⑤据1943年云南省县市局概况统计显示，宁江设治局的面积为1056平方公里⑥，辖有明确的政区幅员，所辖范围大致相当于今云南省西双版纳傣族自治州勐海县北部地区。

（二）沧源设治局

沧源设治局，原系云南省澜沧县属猛角董（猛角、猛董的合称）土司地，古称卡瓦山区或阿瓦山区，部分地区称葫芦王地。光绪十三年（1887），耿马宣抚司辖镜内之勐角、勐董、勐省、勐短、圈晚朵、圈晚娥地改隶镇边厅（今澜沧县）管辖。1934年勐角、勐董、大蛮海、岩帅四土司改流，1937年9月以四土司地设置沧源设治局⑦，取其"来源于澜沧之意"⑧，直隶于云南省政府。新中国成立后，于1952年11月改设沧源县⑨。

沧源设治局治所在勐董⑩，即今云南省临沧市沧源佤族自治县驻地勐

①　龙云修：《云南行政纪实·民政·建制》第2册，1943年铅印本，第7页。

②　张在普编著：《中国近现代政区沿革表（1820—2004）》，福建省地图出版社2006年版，第231页。

③　云南省民政厅印行：《云南民政月刊·云南省各县县治驻在地调查表》1935年2月第13期。

④　勐海县人民政府编：《云南省勐海县地名志》，1986年，第9页。

⑤　龙云修：《云南行政纪实·民政·云南省现行行政区域概况表》第2册，1943年铅印本，第5页。

⑥　王志强编辑：《云南省档案史料丛编：近代云南人口史料（1902—1982）》，云南省档案馆1987年版，第113页。

⑦　张在普编著：《中国近现代政区沿革表》，福建省地图出版社2006年版，第232页。

⑧　沧源佤族自治县地方志编纂委员会：《沧源佤族自治县志》，云南民族出版社1998年版，第39页。

⑨　张在普编著：《中国近现代政区沿革表》，福建省地图出版社2006年版，第232页。

⑩　同上。

董镇所在地。

沧源设治局治"东界澜沧，南界澜沧，西界缅甸，北界镇康、缅宁，东南界澜沧，西南界缅甸，西北界缅甸，东北界双江"。① 据 1943 年云南省县市局概况统计显示，沧源设治局的面积为 3248 平方公里②，辖有明确的政区幅员，治所辖区域大致相当于今云南省临沧市属沧源佤族自治县。

（三）耿马设治局

耿马设治局原为耿马土司地，清代隶属顺宁府。民国元年（1912）废顺宁府改顺宁县（今云南省凤庆县），耿马仍隶顺宁县。早在民国二十七年（1938）就"因顺宁县属之耿马土司距县较远，管治不易，拟单独成立一耿马设治局"。③ 直到民国三十一年（1942），才正式设置耿马设治局，从此脱离顺宁县④，直隶云南省政府。新中国成立后，于 1952 年 11 月改设耿马县⑤。

耿马之命名，"意为跟随白马寻觅到的地方"。⑥

耿马设治后，驻地在耿马⑦，即今云南省临沧市耿马傣族佤族自治县驻地耿马镇所在地。据 1943 年云南省县市局概况统计显示，耿马设治局的面积为 5816 平方公里⑧，辖有明确的政区幅员，所辖区域大致相当于今云南省临沧市耿马傣族佤族自治县。

---

① 龙云修：《云南行政纪实·民政·云南省现行行政区域概况表》第 2 册，1943 年铅印本，第 6 页。

② 王志强编辑：《云南省档案史料丛编：近代云南人口史料（1902—1982）》，云南省档案馆 1987 年版，第 113 页。

③ 龙云修：《云南行政纪实·民政·建制》第 2 册，1943 年铅印本，第 3 页。

④ 国家民委《民族问题五种丛书》编辑委员会编：《中国民族问题资料·档案集成》第 45 册《中国少数民族自治地方概况丛书·耿马傣族佤族自治州概况》，中央民族大学出版社 2005 年版，第 23 页。

⑤ 张在普编著：《中国近现代政区沿革表》，福建省地图出版社 2006 年版，第 232 页。

⑥ 国家民委《民族问题五种丛书》编辑委员会编：《中国民族问题资料·档案集成》第 45 册《中国少数民族自治地方概况丛书·耿马傣族佤族自治州概况》，中央民族大学出版社 2005 年版，第 3 页。

⑦ 张在普编著：《中国近现代政区沿革表》，福建省地图出版社 2006 年版，第 232 页。

⑧ 王志强编辑：《云南省档案史料丛编：近代云南人口史料（1902—1982）》，云南省档案馆 1987 年版，第 112 页。

四　"江内"七设治局

"江内"所指地域主要是澜沧江以东地区。清代大规模"改土归流"之后，虽然雍正六年（1728）清廷信誓旦旦地宣告"江内地全改流"，[①] 但澜沧江下游东部沿边地区土司势力依然存在，这在很大程度上影响了滇南地区的行政区划建置和社会发展，加之该区域紧邻法属越南，国防关系极其重要。为了促进边地的开发和巩固国防，辛亥革命后，政府加大了对滇南地区的经营力度，前文论述的河口、麻栗坡两对汛督办公署的设立，是经营滇南边疆的重要措施，同时，在边地划定区域设立了一批县佐，以资佐理县政府管理那些行政上难以兼顾的地方。比如文山县之江那县佐，广南县之小维摩县佐，石屏县之龙朋县佐，建水县之新街县佐及溪处县佐，宁洱县之通关哨，元江县之因远县佐等。另外，在清代所设流官的基础上进行政区改革，比如将勐丁经历改设为勐丁行政委员，还以进一步"改土归流"为契机设立了靖边行政委员、金河行政委员等，作出这样的政区调整主要是考虑到边地设县之条件不成熟。为划一行政区划，南京国民政府再次对行政区划进行了调整，在原有县佐及行政委员的基础上改设了一批设治局，计有龙武、金河、平河、靖边、砚山等设治局。另外，云南北部地区设置了宁蒗设治局，滇东北设置了威信设治局。

（一）金河设治局

金河设治局所辖范围为猛喇、茨桶坝、者米三土司区域，其地外邻法属越南，当边陲之要区，为南防之屏藩，地理位置十分重要。民国五年（1916）云南省政府曾以军事行动为契机，在此进行"改土归流"活动，民国六年（1917）云南省政府划逢春岭、猛喇、茨通坝、者米四土司地，设置流官，名江外行政委员，逢春岭龙土职归蒙自后，改置金河行政委员，至民国二十一年（1932）奉中央通令改设金河设治局[②]，直隶云南省政府。民国二十三年（1934），金河设治局与平河设治局合并改设金平县[③]。

---

① 赵尔巽等撰：《清史稿》卷514，中华书局1977年点校本，第14257页。
② 《云南省金河设治区通志资料》，民国二十一年（1932）钤金河行政委员关防钞本。
③ 龙云修：《云南行政纪实·民政·建制》第2册，1943年铅印本，第5页。

金河设治局治城在王布田①,即今云南省红河哈尼族彝族自治州金平苗族瑶族傣族自治县驻地金平镇所在地。王布田原为少数民族名称,后改名为金平,主要是因为王布田去铜厂道路有金河一条,距城约 30 余里,即以金河二字定名②。"治城驻于王布田,改名金河",民国改流设治时,鉴于王布田"烟瘴较各处为轻,故设委员于此"。③

金河设治局原为属猛喇、茨桶坝、者米三土司地,其地"东、南两面与法属安南连界,东北与靖边行政区域连接,正北与蒙自县属之蓬春岭土司相连,西北连接勐丁行政区域,正西接连临安县属之纳楼土司"。④金河设治局所辖区域大致为今云南省红河哈尼族彝族自治州金平苗族瑶族彝族自治县南部地区,即"今金平县城关、铜厂、勐拉、者米、茨桶坝"⑤ 等地。

(二)平河设治局

平河设治局区域原系清代临安府勐丁张氏土司境,地处滇南边陲,边防关系重大。辛亥革命后,为加强边地的治理,于民国六年(1917),设置勐丁行政委员⑥,南京国民政府成立后,为划一行政区划,于民国二十一年(1932),改勐丁行政委员为平河设治局⑦,隶属于云南省政府。民国二十三年(1934),平河设治局与金河设治局合并,分别取两设治局名首字,改设金平县⑧。合并的原因则是"因划拨河口、麻栗坡区域关系,应将金河原有区域,划出一部分与那发、坝洒两分汛,致金河区域缩小,不能成为设治区。"⑨

---

① 《云南省金河设治区通志资料》,民国二十一年(1932)钤金河行政委员关防钞本。

② 同上。

③ 唐家培等辑:《云南金河行政委员区域地志资料册》,民国十三年(1924)钤金河行政委员关防钞本。

④ 同上。

⑤ 李燕:《民国时期云南边疆设治局研究》,硕士学位论文,云南大学,1999 年,第 28 页。

⑥ 金平苗族瑶族傣族自治县地方志编纂委员会编:《金平县志》,生活·读书·新知三联书店 1994 年版,第 10 页。

⑦ (民国)云南通志馆编纂:《续云南通志长编》卷 30(上册),云南省志编纂委员会办公室 1985 年版,第 1089 页。

⑧ 龙云修:《云南行政纪实·民政·建制》第 2 册,1943 年铅印本,第 5 页。

⑨ 云南民政厅印行:《云南民政月刊》1934 年 7 月第 7 期,第 6 页。

平河设治局治所驻地在猛樹①，即今云南省红河哈尼族彝族自治州金平苗族瑶族傣族自治县北部勐谢所在地。改设金平县后，县治驻地定在王布田。

平河设治局旧属云南临安府属勐丁张氏土司地，其辖境为"'六丛半六里半'，后改为'六丛六里'。'六丛'即狮子丛、勐谢丛、梭山丛、紫鸡丛、干地上丛、干地下丛，'六里'即三合里、五合里、六河里、正合里、官厅里、新安里"。② 平河设治局所辖区域大致为今云南省红河哈尼族彝族自治州属金平县北部地区，即"今金平县老勐、营盘及铜厂区一部分"。③

（三）靖边设治局

靖边设治局地方，山川辽阔，汉夷杂居，遥制极为不易，民国二年（1913），设靖边行政委员④，取镇靖边疆之义名⑤。民国二十一年（1932），改设靖边设治局，⑥ 直隶云南省政府。民国二十二年（1933）改设屏边县⑦。由于靖边与陕西靖边县雷同，所以民国二十二年（1933）改县时将县名改为屏边县⑧。

靖边设治局治所在大窝子⑨，即今云南省红河哈尼族彝族自治州屏边苗族自治县驻地玉屏镇所在地。明代曾设大窝关，朝廷委派土司兵驻守防边，由于群山环抱，又在这里设过大窝关，所以取名大窝子，1933 年改县时，取名玉屏镇，改称玉屏街。

靖边设治局基本上在靖边行政区的区域基础上改设，"东以那木果河

---

① 《云南省各县县治驻在地调查表》民国二十三年（1934）十二月云南省民政厅造报，云南民政厅印行：《云南民政月刊·册表》1935 年 1 月第 13 期，第 20 页。

② 金平苗族瑶族傣族自治县地方志编纂委员会编：《金平县志》，生活·读书·新知三联书店 1994 年版，第 50 页。

③ 李燕：《民国时期云南边疆设治局研究》，硕士学位论文，云南大学，1999 年，第 28 页。

④ 龙云修：《云南行政纪实·民政·建制》第 2 册，1943 年铅印本，第 5 页。

⑤ 《云南靖边行政区地志资料》，民国十年（1921）钤靖边行政委员关防钞本。

⑥ 李燕：《民国时期云南边疆设治局研究》，硕士学位论文，云南大学，1999 年，第 28 页。

⑦ 龙云修：《云南行政纪实·民政·建制》第 2 册，1943 年铅印本，第 5 页。

⑧ 李燕：《民国时期云南边疆设治局研究》，硕士学位论文，云南大学，1999 年，第 28 页。

⑨ 云南省屏边县地方志编纂委员会编：《屏边苗族自治县志》，新华出版社 1999 年版，第 434 页。

界于文山，东南以白期河接址马关，南接安南（越南），西界金河，北界蒙自。面积共有一万二千五百五十方里"。① 靖边设治局拥有自身的行政幅员，所辖区域大致为今云南省红河哈尼族彝族自治州屏边苗族自治县区域。

（四）龙武设治局

龙武设治局由石屏县所属龙朋县佐改设而来，龙朋地方为龙氏土司管辖。

辛亥革命后，加强边地建设，于民国二年（1913）始设巡检一员，四年（1915）改为龙朋县佐②。南京国民政府成立后，推行划一行政区划改革，云南省政府奉命于民国十九年（1930）裁县佐，二十三年（1934）七月正式成立龙武设治局③，直隶云南省政府。1952 年 11 月，裁龙武设治局改龙武县④。

龙武原名叫"猛鲊武"，系彝语地名，"猛"——矿石，"鲊"——有，"武"——这里，即这里有矿石，故名。1933 年改为设治局，东由龙朋，西至杨武，各取一字为龙武设治局。⑤

设治局设治地点在猛鲊武⑥，即今云南省红河哈尼族彝族自治州石屏县北部龙武镇所在地。

龙武设治局辖境"东界建水，南界石屏、新平，西界峨山，北界河西，东南界石屏，西南界新平，西北界峨山，东北界曲溪"。⑦ 据 1943 年云南省县市局概况统计显示，龙武设治局的面积为 994 平方公里，辖有明确的政区幅员⑧，所辖区域大致为今云南省红河哈尼族彝族自治州属石屏

---

① 《云南靖边行政区地志资料》，民国十年（1921）钤靖边行政委员关防钞本。

② 《云南档案史料》第 5 期，第 46 页，载石屏县志编纂委员会编：《石屏县志》，云南人民出版社 1990 年版，第 46 页。

③ 同上。

④ 张在普编著：《中国近现代政区沿革表（1820—2004）》，福建省地图出版社 2006 年版，第 227 页。

⑤ 石屏县人民政府编辑：《石屏县地名志》，石屏县人民政府 1987 年版，第 11 页。

⑥ 张在普编著：《中国近现代政区沿革表（1820—2004）》，福建省地图出版社 2006 年版，第 227 页。

⑦ 龙云修：《云南行政纪实·民政·云南省现行行政区域概况》第 2 册，1943 年铅印本，第 5 页。

⑧ 王志强编辑：《云南省档案史料丛编：近代云南人口史料（1902—1982）》，云南省档案馆 1987 年版，第 112 页。

县北部地区，即"今石屏县龙武、龙朋、哨冲三区"。①

（五）砚山设治局

民国元年（1912），设置江那县佐，隶文山县，民国四年（1915），设置小维摩县佐，隶广南县②。砚山设治局设立之前，曾有设县之提议，即就江那县佐改设砚山县，理由是"江那幅员辽阔、人口甚多、资源丰富"。但云南省民政厅建议，"先将江那县佐改为砚山设治局，待有相当成绩再改设县治，并将小维摩县佐划归砚山"。③征得省政府同意，并呈请国民党内政部核准备案后，将江那县佐地和小维摩县佐地，于"二十一年（1932）合并，改为砚山设治局"④。直隶云南省政府，并于民国二十四年（1935）改设砚山县⑤。

砚山之命名缘于自然景观，因为县城附近有一座山，该山"山势颇挺秀，其形如砚"⑥，所以命名为砚山。

砚山设治局治所在江那⑦，即今云南省文山壮族苗族自治州砚山县驻地江那镇所在地。

砚山设治局为江那县佐和小维摩县佐之境域，与民国二十四年（1935）改设之砚山县境域相当，"东界广西西畴，南界西畴、文山，西界文山，北界广南，东南界西畴，西南界文山，西北界丘北，东北界广南"。⑧所辖区域大致为今云南省文山壮族苗族自治州属砚山县区域。

（六）威信设治局

威信设治局原属威信长官司地，辛亥革命后，于民国二年（1913）

---

① 李燕：《民国时期云南边疆设治局研究》，硕士学位论文，云南大学，1999 年，第 27 页。

② 以上参考砚山县志编纂委员会编纂：《砚山县志》，云南人民出版社 2000 年版，第 83 页。

③ 钟其昌：《砚山建县过程》，载中国人民政治协商会议，云南省砚山县委员会文史资料研究委员会编：《砚山文史资料选辑》第 1 辑，1989 年，第 8 页。

④ （民国）云南通志馆编纂：《续云南通志长编》卷 30（上册），云南省志编纂委员会办公室 1985 年 10 月版，第 1089 页。

⑤ 龙云修：《云南行政纪实·民政·建制》第 2 册，1943 年铅印本，第 5 页。

⑥ 砚山县志编纂委员会编纂：《砚山县志》，云南人民出版社 2000 年版，第 1 页。

⑦ 李燕：《民国时期云南边疆设治局研究》，硕士学位论文，云南大学，1999 年，第 28 页。

⑧ 龙云修：《云南行政纪实·民政·云南省现行行政区域概况表》第 2 册，1943 年铅印本，第 4 页。

改设威信行政区，仍归镇雄节制①。南京国民政府成立后，为了划一行政区划，于民国二十一年（1932）改威信设治局②，直隶云南省政府。民国二十三年（1934），改设威信县③。

威信设治局治所在札西镇④，即今云南省昭通市威信县驻地扎西镇所在地。"扎西"的含义，彝语义为"山脚有水的坝子"，由于有溪9条，又名九龙坝。⑤

威信设治局系清代威信长官司地，其境域"东界四川叙永、古蔺二县；东北亦界叙永；北与兴文、叙永二县连界；西北与四川珙县接壤；西南与镇雄连接，正南亦界镇雄。面积千七百余方里"。⑥威信设治局所辖区域大致相当于今云南省昭通市威信县境。

（七）宁蒗设治局

宁蒗设治局由宁蒗县佐改设，宁蒗属于清代永宁土知府和蒗蕖土知州的合称。民国二年（1913），永宁设行政委员、蒗蕖设县佐分治其地，六年（1917）裁行政委员，改设宁蒗县佐，二十五年（1936）撤销宁蒗县佐，同年九月十六日正式成立宁蒗设治局⑦，直隶云南省。1952年11月，改设宁蒗县⑧。

宁蒗设治局驻地就是原蒗蕖县佐驻地大村街⑨，即今云南省丽江市宁蒗彝族自治县驻地大兴镇所在地。另有记载，"宁蒗设治局，治所设蒗蕖

---

①　以上参考汤克选等辑：《云南威信征集地志资料》，民国十三年（1924）钤威信行政委员关防钞本；云南省威信县志编纂委员会编纂：《威信县志》，云南人民出版社1999年版，第34页。

②　（民国）云南通志馆编纂：《续云南通志长编》卷30（上册），云南省志编纂委员会办公室1985年版，第1089页。

③　龙云修：《云南行政纪实·民政·建制》第2册，1943年铅印本，第5页。

④　《云南省各县县治驻在地调查表》民国二十三年（1934）十二月云南省民政厅造报，云南民政厅印行：《云南民政月刊·册表》1935年1月第13期，第13页。

⑤　云南省威信县志编纂委员会编纂：《威信县志》，云南人民出版社1999年版，第43页。

⑥　汤克选等辑：《云南威信征集地志资料》，民国十三年（1924）钤威信行政委员关防钞本。

⑦　陶广：《宁蒗彝族自治县建置沿革和行政区划》，《宁蒗文史资料选辑》（第1辑），中国人民政治协商会议宁蒗彝族自治县委员会文史资料委员会，第4—5页。

⑧　张在普编著：《中国近现代政区沿革表（1820—2004）》，福建省地图出版社2006年版，第236页。

⑨　国家民委《民族问题五种丛书》编辑委员会编：《中国民族问题资料·档案集成》第58册《中国少数民族自治地方概况丛书·宁蒗彝族自治县概况》，中央民族大学出版社2005年版，第36页。

大村"。①

　　大村街之来历与经济发展有很大的关系，有研究认为：清道光十一年（1831），永北厅同知吴兆堂请准开办白牛厂银矿，开始从内地迁来邰、卢、潘、张四家汉族，在这里摆摊设店，随着白牛厂银矿的不断兴旺，小商小贩日聚月多，从此形成一汉族商贩为主的集市，取名为大村街。②

　　宁蒗设治局位于滇西北金沙江上游，据《云南行政纪实》载，宁蒗设治局辖境"东界四川，南界永胜，西界丽江，北界四川，东南界华坪，西南界丽江，西北界中甸，东北界四川"。③ 据1943年云南省县市局概况统计显示，宁蒗设治局的面积为2820平方公里，辖有明确的政区幅员④，所辖范围大致相当于今云南省丽江市宁蒗彝族自治县辖境。

　　为了直观起见，特根据上文研究列出民国时期云南省设治局设置情况表，并作出民国时期云南省设治局空间分布示意图，见表十六以及图十五：

表十六　　　　　　　　民国时期云南省设治局设置情况表

局别	治所	设置时间	沿革与改县时间	辖境
德钦设治局	阿墩子（升平镇）	1932年	1952年改设德钦县藏族自治区，1957年改德钦县	大致为今云南省德钦县
贡山设治局	打拉	1932年	1952年改设贡山县傈僳族自治区，1954年改贡山县	大致为今云南省贡山独龙族怒族自治县
福贡设治局	上帕	1932年	1952年改设福贡县傈僳族自治区，1954年改福贡县	大致为今云南省福贡县
碧江设治局	知子罗	1932年	1952年改设碧江县傈僳族自治区，1954年改碧江县	大致为今云南省福贡县属匹河、子里甲、架科底三区，泸水县属古登、洛本卓两区

---

　　① 李伟：《宁蒗设治局执政十三年简述》，《宁蒗文史资料选辑》（第1辑），中国人民政治协商会议宁蒗彝族自治县委员会文史资料委员会，第14页。

　　② 宁蒗彝族自治县志编纂委员会：《宁蒗彝族自治县志》，云南民族出版社1993年版，第54页。

　　③ 龙云修：《云南行政纪实·民政·云南省现行行政区域概况表》第2册，1943年铅印本，第5页。

　　④ 王志强编辑：《云南省档案史料丛编：近代云南人口史料（1902—1982）》，云南省档案馆1987年版，第114页。

续表

局别	治所	设置时间	沿革与改县时间	辖境
泸水设治局	鲁掌	1932 年	1952 年	大致为今云南省泸水县
梁河设治局	大厂	1932 年	1952 年改设梁河县傣族景颇族自治区，1953 年改碧江县	大致为今云南省梁河县
盈江设治局	乘龙街（旧城）	1932 年	1952 年	大致为今云南省盈江县一部分地区及陇川县户撒
莲山设治局	莲花山	1932 年	1952 年	大致为今云南省盈江县部分地区
陇川设治局	杉木笼（王子树）、章凤镇	1932 年	1951 年 12 月	大致为今云南省陇川县
瑞丽设治局	腊撒或猛卯	1932 年	1952 年	大致为今云南省瑞丽县及陇川县属腊撒
潞西设治局	勐戛	1932 年	1949 年	大致为今云南省潞西市
宁江设治局	猛往	1932 年设临江设治局	1935 年改设宁江设治局，1950 年改县	大致为今云南省勐海县部分地区
沧源设治局	猛董	1937 年	1952 年	大致为今云南省沧源佤族自治县
耿马设治局	城关镇	1942 年	1952 年	大致为今云南省耿马傣族佤族自治县
金河设治局	王布田（金河镇）	1932 年	1934 年	大致为今云南省金平县部分地区
平河设治局	猛榭	1932 年	1934 年	大致为今云南省金平县部分地区
靖边设治局	大窝子（玉屏镇）	1932 年	1933 年	大致为今云南省屏边县
龙武设治局	猛鲊武（龙武镇）	1934 年	1952 年	大致为今云南省石屏县一部分地区
砚山设治局	江那	1932 年	1935 年	大致为今云南省砚山县
威信设治局	札西镇	1932 年	1934 年	大致为今云南省威信县
宁蒗设治局	大村街（大兴镇）	1936 年	1952 年	大致为今云南省宁蒗县

【注：设治局改县时间参考张在普编著：《中国近现代政区沿革表（1820—2004）·云南省》，福建省地图出版社 2006 年版。】

图十五　民国时期云南省设治局空间分布示意图

【底图来源：李春龙、牛鸿斌点校，《新纂云南通志》（第 1 册）卷 9《现行设治区域图》，云南人民出版社 2007 年版，第 75 页。】

　　从时间上看，云南省所属各设治局集中设置于南京国民政府成立后的 30 年代初期，大都于新中国成立后的 50 年代改设为县。可见，设治局的设置和建设为新中国成立后西南边疆统一行政奠定了基础。从地理空间分布来看，各设治局主要分布在云南边疆与缅甸、越南接壤的环弧形带状区域。历史上，这一区域为典型的高山深谷地貌，交通不便，重瘴横行，在社会经济发展上存在极大的特殊性，以致云南边疆行政成本巨大，政府行政难以深入，只能依靠土司进行间接管控，所以，该区域的正式县级政区设置极为疏散，政府行政管理极为薄弱，成为民国时期云南政区改革的重点区域。民国时期云南边疆政区改革以设治局的形式出现，正好反映了云南边疆自然社会状况的特殊性，以致不得不采取设置特殊的行政区划形式，打破边疆土司政区格局，缩小边疆与内地的差异，促使边疆政区逐步向县级政区过渡，走上与内地一体化发展的道路。同时，设治局的空间分布既有沿边的特征，又与政府行政管控薄弱区基本重合，一方面体现了民国政府强化了对云南边疆的治理和开发，另一方面在向外宣誓国家主权的同时起到了应对边疆危机的作用。

第二节　设治局的行政管理措施

设治局作为设置在政府行政管控薄弱区的特殊过渡型行政区划，为民国政府的边疆行政管理提供了一个重要的平台。设治局设置后，民国政府不断完善其行政机构，实施了一系列行政管理措施，在边疆地区积极展开户口调查、土地丈量工作，同时大力发展云南边地教育，推动边疆地区的开发和治理。

一　设治局的行政职能

根据《设治局组织条例》及《云南省设治局组织规程》规定，设治局设局长一人，主要办理管辖区内行政事务，并监督指挥所属机关及职员。下置秘书一人，承局长之命综核各科文稿，并撰拟机要文件。设治局一律分设三科，第一科掌理：

1、关于户籍、保甲事项；2、关于地方自治及选举事项；3、关于人事登记及有关任免、甄审、训练及考核奖惩事项；4、关于乡镇之划分及编整事项；5、关于兵役及警卫事项；6、关于卫生及慈善救济事项；7、关于抚恤及社会福利事项；8、关于典守印信、收发文电、保管及缮写核对事项；9、庶务及其他不属各科事项。

第二科掌理：

1、关于局财政之计划整理事项；2、关于局地方赋税及经费之收支事项；3、关于局公产、公款之管理及处分事项；4、关于积谷之收放、保管及仓厫之修理、建造事项；5、关于粮食征收、征借事项；6、关于粮食储运、调节及供应事项；7、关于土地之测量、调查及登记征用事项；8、其他有关地政粮食及财务行政事项。

第三科掌理：

1、关于教育行政事项；2、关于学校及社会教育事项；3、关于宗教社俗事项；4、关于交通及工商矿业事项；5、关于农林、水利、垦牧及乡（镇）保造户事项；6、关于度量衡检定事项；7、关于国民工役事项；8、关于合作事业管理事项；9、其他有关教育文化及建设事项。①

第一科掌管关于户籍、保甲事项，户籍管理就是要管理辖区范围内一定数量的人口，是一切行政事务的基础，而保甲事务的管理则是对设治局基层的行政管理，并以户口作为设保甲的依据。通过户籍及保甲事务的管理，成功实现"治民"，是设置行政区划的核心要素，特别是在从未进行过户口调查的边疆地区，户籍管理尤为重要，所以户籍、保甲事务被摆在了设治局行政事务的首要位置，并在指定科员管理之外，还"雇员一人专办户籍、保甲事项"。② 这反映了国家行政权力深入边疆后，摆在第一位的政务便是掌控边疆人口，并以此作为征收赋税的依据，满足行政成本的需要。

设治局第二科的首要行政事务就是关于地方财政的管理，打破土司政治的财政体系，从而控制地方的征税权，解决设治局的行政经费，特别是在边疆行政成本巨大的情况下，对财政权的掌管尤为重要。第二科的另一重要行政事务是土地之测量、调查及登记征用事项。历史上，边疆土地在土司的直接管理之下，设治局划区行政之后，掌管了一定地域范围的土地，而设治局设立专门机构测量、调查及登记征用土地，则是对边疆土地的直接而深入的管理。通过"掌土治民"，土司政区及土司政治的社会基础和地域基础被逐渐打破，正式县级政区的社会基础和地域基础逐渐构建，从而促使边疆行政区划沿着内地正式政区的方向发展。

设治局第三科重点执掌边疆教育行政事务，历史上，教育事务往往作为政区建置的重要内容而被重视。土司管理下，边民从不读书，边疆地区

---

① 《云南省设治局组织规程》，云南省档案馆藏档案，档号：11—12—362。
② 同上。

教育极为落后，毫无教育体制可言，严重影响到了西南边疆国防的捍卫，也不利于边政的推行。设治局掌管教育行政事务，广泛设立学校，在边地构建与内地一致的教育体制，加强边地人民的文化教育，为设治局行政事务的开展提供社会文化基础。总之，设治局通过人员配置和相关机构的设置，逐渐建构起了自身的一套行政管理机构。其中，户籍、财政、土地及教育等方面行政事务的展开，是国家行政权力深入边疆的重要体现，也是政区的内在职能，这一"掌土治民"的过程是形成政区核心要素的过程。

二　设治局在边疆的户口调查

户口乃一切行政的基础，就目前所能查阅到的资料来看，云南边疆地区在土司统治时期从来没有进行过户口调查，辛亥革命后，民国政府加大了对边疆地区的政区改革，逐渐打破了清朝政府的边疆政区体系和边疆管理措施，强化了对边疆的行政管理力度。因此，云南边疆户口调查提上了议程，民国元年（1912）十月，云南省都督府"通令全省各厅、州、县及土司地方，调查户口"，明确规定土司地区进行户口调查，并严格要求"各厅、州、县地方限期五个月，各土司地方限十个月，一律办竣"，这次户口调查是"民国以来第一次户籍之整理"，[1] 也是云南土司地方的第一次户籍调查。该次户口调查订有《简章》，规定"凡属云南各厅州县及各土司地方均须切实调查。各土司地方之调查，由管辖有土司之各地方官负其责任，以各土司为调查机关"。[2] 经过多年的努力，全省户口调查在民国八年（1919）十一月最终完成，此时，云南设治局区域还处于行政委员的管辖之下，其人口调查结果见表十七：

表十七　云南省各行政委员区户口统计表：民国八年（1919）十一月政务厅汇编

属别	户数	男丁数	女口数	丁口合计
威信行政委员	8966	20393	18655	39048
金河行政委员	4301	8802	9494	18296
靖边行政委员	10315	26770	22765	49535

---

① （民国）云南通志馆编纂：《续云南通志长编》（中册）卷38，云南省志编纂委员会办公室，1985年10月，第64页。

② 同上书，第75页。

续表

属别	户数	男丁数	女口数	丁口合计
勐丁行政委员	15426	29635	36547	66182
勐烈行政委员	4912	12620	10917	23537
干崖行政委员	6863	10883	9868	20751
盏达行政委员	3583	9012	7976	16988
陇川行政委员	3276	3698	5266	8964
勐卯行政委员	3131	6238	5339	11577
芒遮板行政委员	2345	4682	5139	9821
泸水行政委员	3986	11312	9876	21188
阿墩子行政委员	986	2463	2587	5050
上帕行政委员	3873	6126	4689	10815
知子罗行政委员	1779	3725	3201	6926
茞却行政委员	10683	48310	46224	94534
井桧行政委员	10322	19968	19398	39366

【资料来源：（民国）云南通志馆编纂：《续云南通志长编》（中册）卷38，云南省志编纂委员会办公室1985年版，第88—93页。】

　　虽然民国初期的户口调查，由于"事属草创，表册琐碎，举事繁重，故或册报未确，或记载不全"，因而"实无足为征信"①，但民国八年（1919）的户籍调查提供了云南边疆的第一份人口数据，显示了政府对边疆的管控的强化。鉴于人口的增加，民国十年（1921）二月，云南省政府再次要求各属调查户口，并于民国十三年（1924）五月完成。之后，根据内政部颁发的《户口调查统计报告规则》，于民国十七年（1928）、十八年（1929）进行了两次户口调查，但无果而终。民国二十一年（1932），省政府认为"本省举办户口调查，虽历多次，卒之报告未齐，司事者或任意估计，无足征信，以致百凡庶政，无可依据"，人口的不实，不利于行政事务的推行，因此省政府趁"本省盗匪已清，大局平定"，② 再次通令全省调查户口。此次户口调查吸取了历次人口调查的教

————————

　　① （民国）云南通志馆编纂：《续云南通志长编》（中册）卷38，云南省志编纂委员会办公室，1985年10月，第64页。

　　② 同上书，第65页。

训，同时省府加大了人口调查的监管力度，更重要的是，云南边疆行政委员区基本上改设为设治局，进一步强化了边疆的行政管理，所以此次调查的人口数较前几次更为真实，见表十八：

表十八　　　　民国二十一年（1932）云南省设治局户口调查表

属别	户数	男	女	合计
威信设治局	7616	23064	20301	43365
金河设治局	6380	15769	15457	31226
靖边设治局	14769	37630	35142	72772
勐丁设治局	3352	6275	5346	11621
临江设治局	2072	4345	4540	8885
干崖设治局	5475	10610	10393	21003
盏达设治局	5111	10680	10302	20982
陇川设治局	2272	4904	4059	8963
勐卯设治局	4599	10279	10811	21090
茫遮板设治局	7907	19757	19861	39618
泸水设治局	3434	7301	7797	17098
阿墩子设治局	1214	3315	3104	6419
上帕设治局	4316	8839	7641	16480
知子罗设治局	3280	7860	7096	14956
菖蒲桶设治局	1985	4457	3876	8333

【资料来源：王志强编辑：《云南省档案史料丛编·近代云南人口史料（1909—1982）》，云南省档案馆 1987 年版，第 54 页。】

据史料记载，此次人口调查之后，先后于民国二十三年（1934）、二十五年（1936）、二十七年（1938）、二十八年（1939）、二十九年（1940）、三十二年（1943）、三十三年（1944）、三十四年（1945）、三十五年（1946）、三十六年（1947），[①] 共组织了十次人口调查。可见，民国时期云南人口调查极为密集，几乎每年都进行人口调查，其中民国二十七年（1938）的人口调查表中首次有保甲数目的记载，主要是因为 1937

---

① 参见王志强编辑：《云南省档案史料丛编·近代云南人口史料（1909—1982）》，云南省档案馆 1987 年版。

年，日本全面侵华，云南为了加强行政组织，将"自治保甲合一办理"，保、甲是设治局下辖的基层行政管理单位，且直接以户口多少为设置依据，所以保甲制度的推行，使户口调查从以设治局为单位缩小到以保、甲为单位，对人口的统计也精细到了各保、甲户口的变动情况，"每年一月以内，应由各乡、镇、坊长，保、甲长，根据各保户籍册查对各户异动查记薄，计算增减，即知各保、甲内一年中各项户口异动之情状，及现在实有之户口"。① 可见，设治局对边疆人口的统计越来越精确，对边疆人口的管理越来越深入，"治民"的力度越来越大，这为设治局向县级政区过渡提供了条件。

三　对边疆土地的掌理

土地是国家最基本的要素，是国家行政的基础。历史上，云南边疆土司地区从未进行过土地的清丈，土地是土司的私产，由土司征收赋税，从而缺乏流官行政的基础。辛亥革命后，云南连年用兵，无暇顾及地政，南京国民政府时期，全国统一，为了改善地政，整顿财政，云南省政府在全省范围内大规模举办土地清丈运动，"民国十八年（1929）一月筹设全省清丈总局，举办全省清丈大事"，清丈土地的目的和宗旨是"确定业权，以息争讼；整理田赋，以均负担；增加税收，以固财政基础；明悉亩积，以作施政标准"。② 掌理边疆地区土地的目的就是掌管边地赋税，解决财政问题，为国家推行边政提供条件。

按照计划，"宁江、陇川、瑞丽、沧源、莲山、德钦、贡山、福贡、泸水、盈江、潞西、梁河"③ 等设治局的土地清丈被列为缓办县属。事实上，边疆土司地区的土地清丈工作遭到了土司的极力反对，比如梁河设治局所属范围，"其田地之一部，曾经清丈，后因有人煽动夷民叛乱，局署被焚，清丈人员及局署职员被戕害者共九人，清丈成绩，尽成泡影，遂未实行"。"民国二十六年（1937），前局长文高兼清丈分处长，曾经实地测量，不意山头（景颇族名称）持械抗拒，所有文件，且于章凤镇被山头

---

① （民国）云南通志馆编纂：《续云南通志长编》（中册）卷38，云南省志编纂委员会办公室，1985年10月，第69—70页。
② 同上书，第153页。
③ 同上书，第154页。

焚毁，此后即未继续办理。"① 所以清丈工作不见成效，甚至部分土司地区的田土从未清丈过，比如盈江设治局、潞西设治局②。查阅民国时期云南省的相关调查资料，只存有民国三十五年（1946）陇川设治局的耕地面积数据，即 73000 亩。③ 可见，设治局对辖区内的耕地并没有很好的管控，给边地赋税的管理带来了极大的不便，这正好反映了边疆土司地区与内地的差异，边地行政存在很大的困难，所以边疆政区改革上需要一个过渡的过程。

民国二十五年（1936），云南省各县行政区域曾有一次人口、面积、财赋的统计，此时并未见设治局区域面积的统计④，这只能说明设治局设立初期并没有完成对所辖区域的深入管理。直到民国三十二年（1943）云南省人口调查表中才首次出现设治局行政区域的面积的数据记载，见表十九：

表十九		云南省各设治局面积表	
局别	辖区面积（平方公里）	局别	辖区面积（平方公里）
龙武设治局	994	沧源设治局	3248
宁江设治局	1056	耿马设治局	5816
泸水设治局	2144	盈江设治局	1408
莲山设治局	2208	陇川设治局	2368
潞西设治局	3592	瑞丽设治局	2528
德钦设治局	5648	福贡设治局	5392
贡山设治局	8208	碧江设治局	2248
宁蒗设治局	2820	梁河设治局	

【资料来源：王志强编辑：《云南省档案史料丛编·近代云南人口史料》，云南省档案馆1987年版，第107—114页。】

各设治局面积的具体统计，反映了边政推行过程中对设治局政区幅员的首次明确界定，也反映了设治局的行政权力深入边疆，实际上就是对边

---

① 《德宏史志资料》第9集，德宏史志编委会办公室编辑出版，1986年，第17、35页。
② 同上书，第21、46页。
③ 王志强编辑：《云南省档案史料丛编·近代云南人口史料》，云南省档案馆1987年版，第147页。
④ 同上书，第71—75页。

疆国土的管控，加大了国家在边疆对土司地区的行政力度。

四 边疆教育行政事务的展开

云南近代教育制度起源于清代光绪、宣统年间，并在民国年间有进一步发展，促进了云南教育事业的进步。但历史上，云南边疆土司地区从未设立过正规的学校，边民教育文化水平尚处于较低水平，只认土司，不认国家，不利于边政推行和边疆开发。云南省政府为了谋求云南边疆教育文化与内地一体化发展，通过发展边疆教育，唤醒边疆各族人民的国家民族意识，增强他们的国家观念，从而有力地捍卫边疆国防，应对边疆危机，维护国家领土主权，曾颁布了相关的教育方针政策，加大边疆教育事业建设。设治局时期，自民国二十四年（1935）起，先后创设"中甸、维西、兰坪、镇康、澜沧、南峤、六顺、车里、江城、金平、德钦、碧江、福贡、贡山、宁蒗、耿马、沧源、宁江、泸水、梁河、盈江、莲山、陇川、潞西及环州（武定县）师宗、圭山、永胜、邱北、炎山、黄坪、龙武、河口、华坪等三十四校"①。其中，设治局设学共十五校，占这一时期设学总数的百分之四十四强，恰恰说明了设治局设置之后，大力推进了边疆近代教育的发展。其他各县也大都地处边疆，可见，设治局时期，云南边疆教育进入了重要的发展时期。

早在清末夏瑚出任阿墩子弹压委员的时候，就提出要在滇西北地区"筹费设学，以广教育"，但没能实现。民国初期，李根源组建殖边队进驻怒江，随即设立汉语学校，设置行政委员后，怒江沿边地区的学校教育进一步发展，以上帕（福贡）地区设学情况为例，见表二十：

表二十　　　　　　　　　上帕行政区学校调查表

名称	校址	设置沿革	组织
第一初级小学校	上帕	自民国元年（1912）任宗熙进怒江开辟后，即成立为汉语学校，至十三年（1924）始改为初级小学校	前于民国元年（1912）成立时并无校长，仅教员一员，学生二十名，专授汉语，至十三年（1924）改为初级学校

① 《民国三十（1941）年度至三十三（1944）年度边疆教育情况》，《德宏史志资料》第6集，德宏史志编委会办公室编辑出版，1986年，第9页。

续表

名称	校址	设置沿革	组织
第二初级小学校	第二区,禄马登	自民国元年（1912）仍宗熙进怒开辟后即成立,为汉语学校,至二十年（1931）始改为初级学校	前于民国元年（1912）成立时并无校长,仅教员一员,学生十二名,专授汉语,至二十年（1931）始招足学生十五名,改为初级小学教员学生仍照旧办理
第三初级小学校	第二区,立贝	自民国十八年（1929）成立汉语学校,至二十年（1931）始改为初级小学校	亦无校长,仅教员一员,学生十名,至二十年（1931）始招足学生十五名
第四初级小学校	第三区,利沙底	自民国十一年（1922）成立,为汉语学校,至二十年（1931）始改为初级小学校	亦无校长,仅教员一员,学生十名,至二十年（1931）始招足学生十五名
第五初级小学校	第四区,老马底	民国二十年（1931）成立,为初级小学校	亦无校长,仅教员一员,学生额定十五名
第六初级小学校	第四区,姑打	自民国十三年（1924）成立,为汉语学校,至二十年（1931）始改为初级小学	亦无校长,仅教员一员,学生仅八名,至二十年（1931）始招足学生十五名
高级小学校	上帕	民国二十年（1931）七月成立	因怒民风气未开,学生甚少,故仍不设校长,仅聘教员一员,学生十五名

【资料来源:《纂修云南上帕沿边志》,民国二十年（1931）钤上帕行政委员关防钞本。】

　　设治局设立时,正值云南省政府加强边疆近代教育的发展,怒江地区的教育有了进一步的推进,至民国二十四年（1935）,"德钦设治局设立了简易师范学校",开展了师资培训工作,使边地教育建设提上一个新的台阶,同时,在泸水、德钦、福贡、碧江、贡山设立五所省立边区小学。[①]

---

　　① 施章:《云南一年来之边疆教育之迈进及展望》,《边事研究》1936年第4卷第3期,第45—46页。

滇西沿边地带，在行政委员时期，就有学校的设立，比如"腊撒于民国九年（1920）设立国民学校五所，约百余人"。① 设治局时期，滇西近代教育进一步发展，以民国三十年、三十一年学校建设情况为例，见表二十一：

表二十一　民国三十年（1941）、三十一年（1942）滇西边区省立小学概况表

校名	年度							
	民国三十年（1941）				民国三十一年（1942）			
	班级	学生数	毕业数	经费	班级	学生数	毕业数	经费
省立梁河小学	6	240	38	42.660	6	233	70	42.660
省立盈江小学	5	200	38	36.990	5	190	38	36.990
省立莲山小学	6	270	40	42.660	6	255	65	42.660
省立陇川小学	4	160	29	31.320	4	140	49	31.320
省立潞西小学	6	150	32	42.660	6	144	72	42.660

【资料来源：《民国三十年度（1941）至三十三年度（1944）边疆教育情况》，《德宏史志资料》第6集，德宏史志编委会办公室编辑出版，1986年，第10页。】

至民国三十七年（1948），滇西近代学校设置已经较为普遍，主要有中心学校和国民学校，中心学校设于各镇，国民学校设于各保，据民国三十七年（1948），云南省政府视察室视察滇西各设治局工作报告书统计，共设有中心学校三十所，国民学校六十八所，具体情况见表二十二：

表二十二　民国三十七年（1948）滇西各设治局设置学校数目表

局别	中心学校数	国民学校数	局别	中心学校数	国民学校数
盈江设治局	2	4	潞西设治局	8	37
陇川设治局	4	16	梁河设治局	10	
莲山设治局	2	10	瑞丽设治局	4	1

【注：据民国三十七年（1948）《云南省政府视察室视察滇西各设治局工作报告书》（教育部分）统计，《德宏史志资料》第6集，德宏史志编委会办公室编辑出版，1986年，第11—23页。】

---

① 《猛卯行政委员杨凤翔呈报腊撒猛卯教育情况》，《德宏史志资料》第6集，德宏史志编委会办公室编辑出版，1986年，第33页。

可见，至解放前夕，云南边疆各设治局区域具备了每镇设中心学校，每保设国民学校的规模，边疆地区正规学校的设置已经得到基本普及，逐步建立起了近代教育制度，使边地教育跟上内地教育均衡发展。

教育乃立国之本端，但由于历史上云南边疆土司地区从未设置过正式学校，边疆各族人们知识文化水平较低，严重阻碍了国家行政的深入和国防的捍卫，所以推行边政最重要的在于边疆教育的普及，建立近代教育体制，通过教育使边民具有国家民族观念，服从政府而非土司，进而使一切政令能顺利推行。

总之，设治局具备了较强的行政职能，且针对边疆地区的特点，设治局各科室所掌理的行政事务主要集中在户籍财赋、土地清丈、教育行政等方面，通过这些行政措施的展开，极大地消除了边疆行政的障碍，设治局实现了在边疆地区的"掌土治民"，为沿边县级政区的建立准备了最核心的条件。

第三节　设治局的政区特点

在辛亥革命之后的地方行政区划调整过程中，民国政府创设了设治局作为特殊过渡型行政区划。民国初期，在我国东北地区设置了第一批设治局，南京国民政府成立后，为进一步调整行政区划，颁布《设治局组织条例》，云南省政府奉中央明令，前后共设置了二十一个设治局。这些设治局分三种情况：其一，由县佐改设；其二，清末民初设弹压委员，北京政府时期改设行政委员，国民政府时期改置设治局；其三，开拓滇西北沿边地带的基础上置设治局。设治局都分布在土司地区，实质上是民国时期的"改土归流"，在边疆治理、巩固国防方面有着重大的意义。

一　设治局各政区要素的形成

根据《云南省设治局组织规程》的规定，设治局的行政长官为局长，下设秘书、会计员及第一、第二、第三科，分管各项行政事务，并把设治局分成特等、一等、二等三个等级，并按等级配备各科室人员，设治局由此建立起一套行政机构。每个设治局的行政机构都有固定的驻地，比如梁河设治局行政机构驻在地为大厂，福贡设治局行政机构驻在地为上帕，泸水设治局行政机构驻在地为鲁掌，相应的大厂、上帕、鲁掌分别成为梁河、福贡、泸水等设治局的行政中心,即政区治所。其他设治局行政机构都有自己固定的驻在地,即都拥有固定的治所。

设治局置局长一人,为设治局行政长官,"设治局置局长一人,受省政府之指挥、监督、办理管辖区内行政事务,并监督指挥所属机关及职员。"① 很明显,设治局直接隶属于省政府,与省之间构成了行政层级关系,省属于统县政区,而设治局则属于县级政区。根据前文研究,各设治局都有自己的行政辖区,民国三十二年(1943)云南省各县属人口调查表中首次出现了各设治局行政辖区面积统计,这更为直接地反映出了各设治局的幅员大小。

人口和土地是政区的最基本要素,设治局各项行政事务中摆在首位的便是户籍管理,为了边政的实施,民国二十一年(1932)设治局成立时,立即展开了边地人口调查,强化边疆人口的管理,使得边民从由土司管理逐渐转变为由政府直接管理。与此同时,设治局政府积极开展边疆土地的清丈工作,虽然清丈工作进行得并不顺利,效果并不明显,但还是取得了一些成果,这是要求直接掌控边疆土地的诉求。从民国三十二年(1943)设治局对辖区面积的统计可知,设治局逐步实现了在边地的"掌土"。"掌土治民"是形成行政区划的核心所在,实现"掌土治民"的过程实质上还是掌管边地赋税权的过程,这一过程削弱了土司势力,满足了政府的行政成本,所以设治局职掌的各项行政事务,核心就是"掌土治民控土司"。通过上述分析,我们可以认为设治局是县级政区,所以,民国时期,设治局以县级政区出现在云南省各县区域地图中,在人口调查过程中,也是与县平级同列。

二 设治局的特点——预备县

设治局是民国年间设置在边远省份和新开发地区的行政区划,为设县做准备,民国初期主要在北方设置,南京国民政府时期在南方有大量设置,设治局是与县同一层级但又存在一定差异性的特殊过渡型政区。

(一)设治局的特殊性

设治局作为县级政区,有其特殊性。从名称上看,设治局与县存在很大的差别,其内部行政机构较县更为简单,据《云南省设治局组织规程》

① 《云南省设治局组织规程》,云南省档案馆藏档案,档号:11—12—362。

的规定，设治局设局长一名，下设三科、秘书一员、会计员一员。而县的行政机构，设县长一名，下设秘书，第一科、第二科，公安局、财政局、建设局、教育局、卫生局、土地局、社会局、粮食管理局，其中必要时改局为科，附设县政府内①。可见，设治局的行政机构比县政要简单得多，主要是因为边疆行政事务较简，云南边疆为土司控制区，许多行政事务把持在土司手中，特别是赋税征收权为土司把控，致使政府推行边政的行政成本不足，也限制了设治局机构的扩大。从空间分布看，设治局基本集中分布在沿边土司地区，设治局辖区范围内还有土司势力的存在，直到新中国成立后才最终废除，形成了边疆行政管理上"土流并治"的特点。设治局行政机构虽然不完善，但它的重要意义在于边疆县级政区的设置，逐渐加强对边疆的管控，促进边疆的开发。

设治局局长人选的条件相对比较低，"设治局局长荐任待遇，由民政厅提出有荐任职公务员资格之人员，经省政府议决委用。并转报内政部备案，但有特殊情形时，得就具备左列各款之人员委用：（一）中华民国人民年满三十岁以上；（二）中等以上学校毕业或办理行政事务三年以上；（三）明瞭党义；（四）熟悉当地情形"②。很明显，设治局局长的入职资格标准是非常低的，与《县长任用法》的差距很大，"县长非年在三十岁以上，具有左列各款资格之一者，不得任用：一、依法受县长考试及格者；二、高等考试行政人员考试及格，并曾任荐任官一年以上者；三、在依法举行县长考试以前，各省考取之县长，经考试院复核及格，并曾任荐任官一年以上者；四、在教育部认可之国内外大学独立学院或专门学校研究法律、政治、经济、社会各学科，得有毕业证书，并曾任荐任官二年以上，经甄别审查合格，成绩列甲等，得有证书者；五、曾任荐任官一年以上，经甄别审查合格，成绩列甲等，得有证书者；六、曾任荐任官三年以上，经甄别审查合格，成绩列甲等，得有证书者；七、现任县长曾经内政部呈荐，复经铨叙部甄别审查合格，成绩列甲等，得有证书者；八、曾任最高级委任官五年以上，经甄别审查合格，成绩列甲等，得有证书者"③。对设治局局长的要求显然比对县长的要求要低的多，基本没有考核的规

---

① 程方：《中国县政概论》，商务印书馆1939年版，第47页。
② 《设治局组织条例》，载中国第二历史档案馆编：《国民党政府政治制度档案史料选编》（下册），安徽教育出版社1994年版，第534页。
③ 《修正县长任用法》，载程方：《中国县政概论》，商务印书馆1939年版，第544页。

定，甚而只要了解当地情形即可，反映了边地行政伊始，教育文化不发达，行政人才较为缺乏的现状，"或因种族居处之不同，或因文化经济之衰落"，与内地存在极大的差异，没有达到设县的程度，"自不得不特设机关，以资治理"①。边疆与内地的差异性反映在政治上就表现为设治局的内在特殊性。

（二）设治局的过渡性特点

云南设治局的设置，主要为统筹划一边地政区的权宜办法，实质上是为逐渐改设县治做准备，具有极大的过渡性特点。"至于若干地方，未达设县之程度，又有设县之必要者，先置设治局，以为设县之准备。"②《设治局组织条例》也明确规定："各省尚未设置县治地方，得依本条例之规定，暂置设治局，至相当时期，应改设县治。"③ 就云南省而言，"未达设县之程度"，主要指边疆社会发展相对落后，地广人稀，土司势力强大，政府对边疆的行政管控薄弱，致使边疆与内地存在极大的差异，从而使边地缺乏行政的基础。而"有设县之必要者"，主要是加强边疆的管控使然，辛亥革命后，逐渐重视县政建设和县级政区改革及调整，云南政区改革的重点在边疆县级政区设置疏散地区，且此时边疆危机日益严重，国家领土主权遭到严重威胁和侵犯，因此，边疆县级政区的设置是十分急迫的，但边疆地区的特殊性，不足设县的条件，从而在设与不够条件设之间产生了矛盾，解决的办法就是设置设治局作为过渡，到相当时期，就改设为县治。到"相当时期"就是过渡的过程，主要是通过边疆的开发，使边疆逐渐具备设县之条件。所以时人认为"设治局是一种'相当县治'或'准县治'的地方行政制度，或者可以说是一种'预备县'，经过相当治理时间以后，就要改设为'县治'的。"④ "设治局，在少数民族地区或边远地区尚未设县的，作为过渡阶段，先成立'设治局'进行筹备。"⑤ 所以，设治局实质上属于设立于边疆地区的一种过渡性县级政区。

---

① 内政部年鉴编辑委员会：《内政年鉴》，商务印书馆中华民国二十五年（1936）版，第（B）102页。

② 同上书，第（B）544页。

③《设治局组织条例》，载中国第二历史档案馆编：《国民党政府政治制度档案史料选编》（下册），安徽教育出版社1994年版，第534页。

④ 程方：《中国县政概论》，商务印书馆1939年版，第110页。

⑤ 钱实甫：《北洋政府时期的政治制度》（下册），中华书局1984年版，第315页。

　　设治局的过渡性表现在行政措施上，就是加强边疆的逐步管控和开发。通过户口调查，划区行政，清丈土地，掌管边地户口、财政、司法等权力，极大地削弱了土司的势力，逐渐实现设治局掌土、治民、控土司的职能。教育的大力推行，近代教育制度的建立，促进了边疆文化教育水平的提高，加速边疆与内地一体化发展，为政府行政提供文化基础，使设治局各项组织不断完善。如设治局的行政组织的发展，在设置之初，设治局只设局长一人，下设秘书，三科，及会计员一名，组织极其简单，至1949年逐步完善，以瑞丽设治局组织系统为例：设局长一人，下设军事科、粮政科、中心学校、秘书室、户籍室、会计室、建设科、教育科、财政科、民政科、常备队、警察局、卫生院、乡镇公所、设治局民众组织、自卫大队、保办公处、乡镇民众组织、自卫中队、保国民学校、甲长、保壮丁对、甲壮丁班①，很明显，较设治局设立之初，其组织系统有了极大的完善，而且与县组织系统基本一致，所以这就是一个准备的过程，一个过渡的过程。

　　经过多年的准备，到新中国成立前夕，设治局已经完成了过渡的准备，所以云南省政府计划在1949年将各设治局统一改设为县，并做好改设之方案，如下：

　　　　1、宁蒗设治局：拟就原辖区改县，县治设宁蒗；2、德钦设治局：拟将维西属之奔栏乡划入，县治设局属原址；3、贡山、福贡设治局：拟将贡山、福贡合并设为一县，县治设利沙底；4、碧江、泸水设治局：拟将碧江、泸水及兰坪属大雪山以西部分合设一县，县治原设泸水局署在地；5、莲山设治局：拟将盈江属由下寨至邦中寨一段及腾冲飞地铜壁关合设一县，县治设局署原址；6、盈江、梁河设治局：拟将梁河飞地盏西乡并归腾冲，盈江由下寨至邦中寨并莲山，余设一县，县治设原梁河署址；7、潞西设治局：拟就原区域改县，县署设局署原址；8、陇川、瑞丽设治局：拟将瑞丽与陇川合设一县，县治设章凤街；9、耿马设治局：拟将镇康飞地孟定镇并归耿马，县

　　① 杜贵森：《解放前夕的瑞丽设治局简况》，载《瑞丽史志丛刊》第3期，德宏民族出版社1988年版，第37页；《瑞丽设治局职员录》，载《德宏史志资料》第10集，第90页；转引自李燕：《民国时期云南边疆设治局研究》，硕士学位论文，云南大学，1999年，第45页。

治设原址；10、沧源设治局：拟将原辖区改县，县治设局署原址；11、宁江设治局：拟将澜沧之新雅乡，及车里之蛮累划归宁江，合设一县，县治设局署原址；12、龙武设治局：拟就现有辖区改县，县治设局署在地。[①]

说明经过近二十年的边疆治理，各设治局已经达到了设县的要求，只不过还没来得及改设县治，国民党政权便退出了历史舞台。各设治局最终在新中国成立后的 1951 年左右成功改设为县，成功实现边疆县级政区的过渡。设治局的设置具有重要的历史意义：一方面，过渡的过程就是边疆治理和新时期"改土归流"的过程，设治局加强了边地行政建设和边疆的开发，极大地缩小了边地和内地的差异，逐渐改变了边疆地区县级政区设置疏散、行政管控十分薄弱的局面，使边地社会走上与内地行政区划一体化的道路；另一方面，县级政区的设置，加之教育事业的发展，极大地增强了边疆各族人民的国家、民族认同感和凝聚力；同时，县级政区的设置，向外宣示了国家主权，有效抵御外来侵略，维护了国家主权。

小　结

辛亥革命后，边远省份和新开发地区设置了一批设治局，作为县政的过渡，这一时期的设治局主要分布在东北和西北地区。鉴于边疆的特殊性，云南边疆地区的政区改革力度也大大加强，但云南省政府在沿边地带设置了一批弹压委员和行政委员。作为相当于县治的特殊组织，弹压委员及行政委员，与新疆、贵州等省的分县，广东的化瑶局、化黎局，东北及西北各省的蒙旗招垦局、屯田局、设治委员，西南各省的土州、土县等，共同造成了全国政区设置的混乱局面。南京国民政府成立后，进一步加强了地方行政区划的调整，鉴于边疆行政区划体系的混乱局面，国民政府"内政部以其名目纷繁，觉有紊乱地方行政系统之嫌"[②]为由，谋划统筹划一政区的办法，为将来逐渐改设县治做准备，并拟定了《设治局组织

---

① 《云南省各设治局拟定改县略图（1949 年 6 月 1 日）》，云南省档案馆藏档案，卷宗号：11—1—962。

② 程方：《中国县政概论》，商务印书馆 1939 年版，第 110 页。

条例》，通令全国推行。云南省政府遵从中央政府命令，组织制定了《云南省设治局组织规程》，先后设置了德钦、贡山、福贡、碧江、泸水、梁河、盈江、莲山、陇川、潞西、瑞丽、耿马、沧源、宁江、砚山、靖边、金河、平河、龙武、威信、宁蒗等二十一设治局，以实现云南边疆特殊政区向县级政区过渡。

　　设治局具有行政职能，并拥有一套以局长为首的行政机构，且有固定的驻地，比如潞西设治局驻地勐戛，沧源设治局驻地猛董，构成了设治局的行政治所。设治局直接归省政府指挥、监督，属于县级政区，处于固定的行政层级之中。通过划区定界及辖区面积的测定，设治局拥有了明确的幅员和边界。人口和土地是政区的最基本要素，为了边政的实施，设治局成立后，便立即展开了边地人口调查，使得边民从由土司管理逐渐转变为由政府直接管理，从民国三十二年（1943）设治局对辖区面积的统计可知，设治局逐步实现了在边地的"掌土"。"掌土治民"是形成行政区划的核心所在，实现"掌土治民"的过程实质上还是掌管边地赋税权的过程，这一过程削弱了土司势力，满足了政府的行政成本，所以设治局职掌的各项行政事务，核心就是"掌土治民控土司"。设治局满足了县级政区的基本要素，民国时期，设治局以县级政区出现在云南省各县区域地图中，在人口调查过程中，也是与县平级同列。

　　从空间分布来看，云南省设治局主要沿边疆地带呈环弧形带状分布，处于民国时期云南政区改革的重点区域内。历史上，这一区域为重瘴区，行政管理上只能依靠土司进行间接管控，县级政区设置极为疏散，政府的行政管理极为薄弱，边疆与内地存在极大的差异，这些都决定了设治局的特殊过渡型政区特点。设治局作为县级政区，但从政区名称、行政长官名称及任职资格、行政机构组织系统等方面，都与内地县治的相关方面存在极大的差异，这不仅反映了边疆社会与内地的差异性，也充分表现出了过渡时期边疆政区的特殊性。设治局设置之后，加强了对边疆地区的逐步管控和开发，通过户口调查，划区行政，清丈土地，掌管边地户口、财政、司法等权力，极大地削弱了土司的势力，逐渐实现设治局"掌土治民控土司"的职能。教育的大力推行，近代教育制度的建立，促进了边疆文化教育水平的提高，加速边疆与内地一体化发展，为政府行政提供基础，使设治局各项组织不断完善。可见，设治局就是云南边疆地区的特殊过渡型县级政区，通过各项行政措施的展开，打破边疆土司政治格局，缩小边疆与内地的差异，极大地消除了边疆行政的障碍，为边疆正式政区的设置准备了行政基础和条件，促使边疆政区逐步向县级政区过渡，走上与内地一体化发展的道路。

总之，云南边疆地区设治局是为将来设县做准备的，属于典型的特殊过渡型县级政区，是一种预备县。设治局的设置具有重要的历史意义：一方面，政区过渡的过程就是边疆治理和新时期"改土归流"的过程，设治局加强了边地行政建设和边疆的开发，极大地缩小了边地和内地的差异，逐渐改变了边疆地区县级政区设置疏散、行政管控十分薄弱的局面，使边地社会走上与内地行政区划一体化的道路；另一方面，县级政区的设置，加之教育事业的发展，极大地增强了边疆各族人民的国家、民族认同感和凝聚力。在边疆危机的紧要关头，设治局的设置，有效地向外宣示了国家主权，抵御了外来侵略，维护了国家领土主权的完整。

第六章 云南边疆特殊过渡型准统县政区：殖边督办

云南西部、南部边疆地带，接壤英属缅甸和法属越南，且滇西、滇南地广人稀、资源丰富、社会经济发展滞后，而英法等国加强了对云南边疆的侵略，领土遭蚕食，边疆危机日益加深，因此，观云南边疆地区之形势，其国防、边务关系极其重大。民国初年，云南设有滇中道、滇西道、滇南道、临开广道，其中滇西道、滇南道、临开广道统一负责边疆地区的行政及边防、外交、关防、开发等边务事宜，南京国民政府建立后，出于实践孙中山先生的"县为自治之单位，省立于中央与县之间，以收联络之效"① 之精神，实现控制基层政权之目的等方面的考虑，省县之间的道被认为是地方行政之梗阻而被废除。但鉴于云南边疆地区国防、边务事关重大，省府对其鞭长莫及，废道后的边务管理难度加大等方面的特殊情况，经国民政府同意，云南省政府设立了第一、第二两个殖边督办公署，负责监督管理沿边各行政单位，并专管滇西、滇南边疆的殖边事务。

第一节 云南省道制之沿革

辛亥革命加速了地方行政区划改革的步伐，掀起了"废府存县"的高潮，据内务部职方司第一科所编《各省区域沿革一览表》可知云南省废府、厅、州置县的工作完成于 1914 年 4 月。② 裁府置县后，由省直辖县，虽然提高了地方行政效率，但也导致了一省辖县太多，加大了对地方

---

① 荣孟源主编；孙彩霞编辑：《中国国民党历次代表大会及中央全会资料》（上册），光明日报出版社 1985 年版，第 36 页。

② 内务部职方司第一科编：《各省区域沿革一览表》，1914 年 8 月，第 115—120 页。

行政把控的难度，因此，有必要在省、县之间增设一级行政区划。1913年1月8日，北洋政府公布了《划一现行各道地方行政官厅组织令》，对全国政区进行了统一调整，规定："现设巡道各省分，该道官名均改为观察使，由该省行政长官呈国务院呈请简任；各道观察使之管辖区域，仍以该道原管之区域为准；各道观察使依现行法规之例，办理该道行政事务及该省行政长官委任之事务，仍受监督于该省行政长官。"① 可见，道开始向地方行政区划转变。沿至清代，道本身是省的派出机构，虽有部分行政职能，但主要行使监察职能，还够不上严格的行政区划。"《划一现行各道地方行政官厅组织令》及民国三年（1914）公布的《道官制》，将道从清代以监察职能为主的机构，转变为完全的行政机构，成为介于省、县间的二级政区。"② 最终构成了北京政府时期的省、道、县三级制地方行政区划体系，并一直延续到南京国民政府建立之时。

清代道制主要依照地域和具体事务进行设置，"按地区设置的，是省的派出机构，介于省与府、直隶州（直隶厅）间，其职能以监察辖区内的政府官员为主，兼有一定的行政职能；按事务设置的，如盐业道、劝学道、巡警道等，分管全省的相应事务，是省的专门行政组织"。③ 清代云南共设有八个道，其中包括四个守道，即粮储道兼分巡云南府、武定直隶州、盐法道、巡警道、劝业道；四个巡道，即迤西道、迤东道、迤南道、临开广道。宣统三年（1911）云南爆发重九起义，九月十一日，全城光复，十三日军政府成立，继而宣告云南独立。独立后，四守道被逐一裁撤，至此，清代云南所设四守道退出了历史舞台。

迤西道、迤东道、迤南道、临开广道等四巡道则按地区设置。其中，"迤东道：原辖曲靖、东川、昭通、澄江四府及广西、镇雄两直隶州。迤西道：原辖大理、楚雄、永昌、丽江四府，及永北、蒙化两直隶厅。迤南道：原辖普洱，顺宁两府及元江直隶一州，镇源、景东两直隶厅。临开广道：原辖临安、开化、广南三府。"④ 云南"独立"后，只有迤东道先被

① 《政府公报》第243号，1913年1月9日，第9册，第144页。

② 傅林祥、郑宝恒：《中国行政区划通史·中华民国卷》，复旦大学出版社2007年版，第36页。

③ 同上书，第44页

④ （民国）云南通志馆编纂：《续云南通志长编》（上册）卷32《内政三》，云南省志编纂委员会办公室1985年版，第1113页。

裁撤，统由军政府管理，后于 1913 年，就其原辖区域添设滇中道观察使，其他三道并没有裁废。云南奉行中央政府法令，对各道作出一定调整后，使其作为省、县之间的二级行政区划保留下来。

1913 年 4 月，改定滇中等四道，即改迤西道为滇西道；迤南道为滇南道；临开广道仍旧并称；迤东道为滇中道。道的行政长官名为观察使，观察使公署习惯上称为道，1914 年，改官名为道尹，隶属于省长，为一道之行政长官。1914 年 6 月，依照滇中道、临开广道、滇南道、滇西道原辖区域，改置滇中、蒙自、普洱、腾越等四道。1916 年，裁废滇中道，直接隶属于政务厅管理。① 各道在承袭发展过程中，其行政管控区域也有所变化：

> "（一）滇中道得旧粮储兼巡道原管全境，兼有旧迤东道所辖之东川、曲靖、昭通、澂江等府、镇雄州全境，复有旧迤西道所辖之楚雄府全境，驻昆明县。（二）滇西道得旧迤西道原管全境，惟划楚雄府隶中道，并兼有旧迤南道所辖之顺宁府全境，驻大理县。（三）滇南道得旧迤南道原管全境，唯划顺宁府全境隶西道，驻普洱县。（四）临开广道得旧临安开广道原管全境，兼有旧迤东道之旧广西州全境，驻蒙自县。"②

结合前文所述粮储道、迤西道、迤东道、迤南道、临开广道的辖区进行分析，可知，滇中道辖原云南、曲靖、东川、昭通、澂江，楚雄六府及武定、镇雄两直隶州；滇西道（腾越道）辖原大理、永昌、丽江，顺宁四府及永北、蒙化两直隶厅；滇南道（普洱道）辖原普洱府及元江直隶一州，镇源、景东两直隶厅；临开广道（蒙自道）辖原临安、开化、广南三府及广西直隶州。见图十六：

---

① 内务部职方司第一科编：《最新全国行政区划表》，1917 年 11 月刊行，第 145 页。（民国）云南通志馆编纂：《续云南通志长编》（上册）卷 32《内政三》，云南省志编纂委员会办公室 1985 年版，第 1113 页。

② 内务部职方司第一科编：《各省区域沿革一览表》，1914 年 8 月，第 120 页。

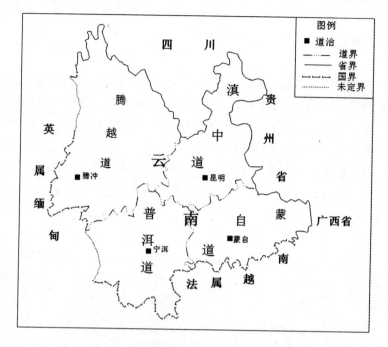

图十六　民国时期云南道级行政区划示意图

【底图来源：屠思聪：《中华新形势一览图》，上海：世界与地学社出版，民国十一年（1922）四月初版。】

民国初年，省、道、县三级制确立，道成为二级行政区划，道尹的职权范围大为扩充，其职权主要包括：

（1）以法律命令执行道内行政事务，并受省长之委任，监督财政及司法行政及其他特别官署之行政事务；（2）为执行法律教令省章程，或以法律教令省章程之委任，得发布道单行章程；（3）于所辖各县知事之命令或处分，认为违背法令妨碍公益或侵越权限时，得停止撤销其命令或处分，仍详报省长；（4）于所辖各县知事，认为应付惩戒者或应给奖励者，详情上涨核办；（5）与所辖县知事，遇有事故或出缺时，得委员代理，并就分发该省之知事内遴选数员详情省长核择荐任之；（6）对于特别官署之监督方法，各依其官制定之；（7）受省长之命令，对于驻扎本道之巡防警备各队，得节制调遣之；（8）需用兵力兵备因特殊情形不及详情省长时，得经向驻扎邻近之陆军及军舰长官请其派兵；（9）遇有非常紧急或特别重要事件，于详报省长外，得经请大总统。①

　　云南地处西南边陲，腾越、普洱、蒙自三道所辖区域，接壤英属缅甸和法属越南，事关边疆事务。因此，云南道尹职权与他省道尹纯粹为中级行政长官有所不同，除了行使上述行政事务之外，还兼有边防、关防、外交等各种要务，显示出其特殊性。

　　广州国民政府成立后，遵照孙中山《建国纲领》的要求，裁撤道制，实行省、县两级制。南京国民政府成立后，全国实现了统一，进一步加大了撤道的力度，经过筹划，最终在"民国十九年（1930）三月，中央政治会议始议决废除道制，定地方行政区域为省县二级"。② 1929年，云南省奉国民政府通令实行省县两级制，废除道制的要求，经省政府会议议决，遵照中央通制实行废道，到"民国十八年（1929）年十一月底为止，将各道道尹一律裁撤"。③

　　各道裁废后，滇西、滇南的边防、关防、外交、殖边等事务的管理出现了行政上的不便。云南边疆地区大都为少数民族聚居，民智开化较晚、社会经济发展落后、土司政治管理制度残存、部分地区的社会组织尚停留在原始形态，因此，殖边开发是经营云南边地的重点所在。与此同时，西南边疆的国防危机依然严重，边地离省城较远，且山川阻扰，交通不便，边防事务不容轻视。"当以西南沿边各属区域辽阔，交通不便，且界连越南、缅甸，边防外交关系綦重，废道后，实有另设高级行政机关统筹督饬办理一切政务之必要。"④ 鉴于以上特殊背景，云南省府在裁道的同时，设置了第一、第二两个殖边督办公署，专管边防、关防、外交、开发等殖边事务。

第二节　殖边督办的设置

　　云南省奉行中央命令废除本省各道，以符合全国通制。但云南沿边各

　　① 内政部年鉴编辑委员会编：《内政年鉴》第1册《民政篇》，商务印书馆1936年版，第（B）3页。
　　② 同上书，第（B）244页。
　　③ （民国）云南通志馆编：《续云南通志长编》（上册）卷32《内政三》，云南省志编纂委员会办公室1985年版，第1113页。
　　④ 龙云修：《云南行政纪实·民政·建制》第2册，1943年铅印本，第2页。

道与其他省份诸道不同，除行政事务外，还兼理殖边事务，加之云南沿边地区的社会经济、政治、文化、边疆危机等情况较为特殊，所以废道后的地方行政区划体系重置，不得不考虑设置边疆高级行政机关和高级行政区划进行行政过渡的必要性，因此，云南各道的裁废，从政治层面拉动了殖边督办的设置。这种变通主要是依据云南沿边地区独有的、特殊的具体情形，从而使得殖边督办成为云南独有的特殊过渡型行政区划。

一　殖边督办设立的原因

殖边督办为云南特有的沿边高级行政机关，专门管辖沿边地区事务的行政区划，它的设立有其固有的特殊原因。云南沿边各道兼有他省诸道所不具有的殖边事务，其中，"腾越道兼理滇西北、滇西沿边的边务，普洱道兼理滇西南、滇南沿边的边务，蒙自道兼理滇南、滇东南沿边的边务"[1]，地理位置重要，事关边地安全。所以腾越、普洱、蒙自三道废除后，为了管理上的灵便，云南省政府另设殖边督办作为高级殖边机关，"以资衔接"[2]，实现对地方管控上的过渡。

云南省政府将殖边督办公署暂行章程咨请内政部时，提出了设置理由，"滇省僻处南疆，幅员辽阔，夷番杂处，治理綦难，益以西南地方紧邻英属缅甸、法属越南，省会昆明又偏于东北，对于西南边圉之地，有鞭长莫及之势"。[3] 其中指出了三点理由：其一，云南为我国西南边疆，地理及社会状况复杂而特殊，存在治理上的难度；其二，英、法对我边地虎视眈眈，边疆危机尚未消除；其三，云南沿边地带为鸢远之地，省府行政管控力要直接深入边疆尚存在明显的困难。

据前文研究，云南边疆地区地理环境复杂，交通极为不便，且几为瘴乡，地广人稀，社会经济发展滞后。自然资源却相当丰富，"五金矿产，甲于腹地"。[4] 当时，汉人视边疆为畏途，大都裹足不前，而世居在边疆

---

① 洪崇文：《云南殖边督办公署治边能力剖析》，《中国边疆史地研究》2002年9月，第63页。

② （民国）云南通志馆编：《续云南通志长编》（上册）卷32《内政三》，云南省志编纂委员会办公室1985年版，第1113页。

③ 内政部年鉴编辑委员会编：《内政年鉴》第1册《民政篇》，商务印书馆1936年版，第（B）213页。

④ 内政部年鉴编辑委员会编：《内政年鉴》第1册《民政篇》，商务印书馆1936年版，第（B）213页。

的少数民族，知识水平低下，民智开化较晚，不懂得怎样开发，使得无数宝藏埋于地下，引起外人觊觎的野心。英法帝国主义者侵占缅甸、越南后，利用界务纠纷不断蚕食我国领土，致使云南边地领土凭空丧失了不下千里之地。如果不加强边地的治理和开发，而是"因循敷衍"的话，那"诚恐为片马、江心坡之续，而渐及于腹地各区"。① 可见，殖边事务非常重要：一方面，可以在开发边疆的过程，促使云南边疆社会政治经济文化的发展；另一方面，可以巩固国防，宣示和维护国家领土主权。

近代尤其是民国以来，近代国家主权观之下的治边思想趋向于以开发边疆和维护国家利益为核心，在这种思想之下，政府非常重视殖边事务。所以废道之后，被旁落的殖边事务便成了另设特殊行政机关的专责。鉴于上述情况，云南完全有在省、县之间添设一级行政区划的必要，殖边督办在这种情况之下设置，促使云南边疆地区的行政区划体制从两级制向三级制发展。当时国民政府明确指出"边远地方行政组织应予变通"，② 就是考虑到了边远地区与内地存在极大的差异性，这种变通，完全取决于边地的特殊性。

二 殖边督办的设立

云南省政府为奉行国民政府关于废道的法令，以符合省、县两级制之通制，对本省地方行政区划体系进行了调整，于1929年11月将蒙自、普洱、腾越等道逐一裁撤。但考虑到云南位居边省，该省各道兼有特殊的边防、关务、外交等任务，不能不慎重审视道的裁废工作及撤道后的管理事宜。于是在提出撤道的同时，另外筹设高级行政机关对边疆殖边事务进行统筹管理，"民国十八年（1929）九月三日第一百零八次省务会议，提出实行废道一案，议决查照成案，将各道实行裁废，其有殖边任务者，另案筹设殖边机关"。③ 第一、第二殖边督办公署的设置由此提上了议程，并被定位为撤道后的"边地行政救济方法"①，足见云南边地殖边事务之急切，也折射出了政府对边地管控之薄弱，同时，也反映了殖边督办的行政过渡性。

道的裁废已成定制，但是道尹原有的任务，应该如何接管收束，其兼理的各项要职，又应该如何进行分划归并，对于云南边地的管理来说，都是至关重要的事情，不能不在废道之前做出商议筹划。1929 年 9 月 3 日第一百零八次省务会议，提出的实行废道一案，经过议决，蒙自、普洱、腾越三道裁废以后，所有接管收束的事情，交由省民政厅办理。当时民政厅拟定了四条办法：

（一）道尹为省县间中间级行政官，废道所以使省县上下相应一脉贯注，不为道制所中梗。一切政事得以运用敏活，乃有进步之可言。是废道后，道区行政当然就随之消灭，已无疑义。（二）本省西南地方界连越南、缅甸，国防、边防关系綦重。前此以道尹兼理边务，原属一时权宜，兹于废道后，特设殖边机关专司其事，足证钧府高瞻远瞩，注重边防之至意。所有关于边防事宜，自应由道移交殖边总局办理。其原设之思普殖边队与腾永游击队，既系专为边防而设，亦应随案改归该局节制，以一事权，而资震慑。（三）腾越、思茅、蒙自三关监督除蒙自原设有专员外，余均系以道尹兼任。现道制既废，腾越、思茅两关关务应否比照蒙自特设专员，抑或交由海关驻在地之县长兼任，事关中央财政收入与财务官之设置变更，似应请由钧府咨商财政部查核办理。（四）按最近中央外交统一政策，除华洋诉讼与轻微事件即由各地方市县政府迳行办理外，其他外交事项一律应由中央核办。各省交涉员业奉令限期裁撤。查思茅、蒙自外交诚可由县办理，不生重大问题。唯腾越方面，每年会案办法向系分为二审。我方以腾龙两县五行政员，彼方以精弄贵概两厅为第一审。我方以腾越道，彼方以迤北道及新街府为第二审。现废道后，初审自可仍由案件发生之原管地方官办理，而二审则决不能再由何县兼任。为求事实上之救济，而又不悖于法理与中央政令。将来只好作为委托事项，临

---

①　（民国）云南通志馆编：《续云南通志长编》（上册）卷 32《内政三·官制三》，云南省志编纂委员会办公室 1985 年版，第 1113 页。

时以命令委托殖边总局兼办之一法。①

　　该办法首先肯定了废除道级政区对提高行政效率的意义，同时关注到了云南边地的特殊性，建议将道尹兼理的职权交由专门的殖边总局办理。特别是边务，由原道尹兼理的权宜之法，转变为由殖边总局专职办理。1929 年 10 月 4 日，省府第一百一十四次会议议决，"至新设之殖边总局，亦应同时成立，以专责成"。并对以上四项办法一一批示，"第一条、文卷交民政厅保管，余如拟。第二条、查西防游击队早经裁撤，应不再议，余如拟。第三条、如拟。如不能专设，可否由殖边总局长兼任，应咨商财政部。第四条、咨商外交部，俟核定后，再由中央照会英缅政府等因"。②省府的批示基本认同了民政厅的办法。因为殖边总局有在废道的同时成立的必要，所以省政府经过第一百一十四次会议议决，"于本省西北、西南沿边，分设第一、第二殖边总局，第一殖边总局之驻在地为腾冲，第二殖边总局之驻在地为车里"。以巩固边防，防止外人的入侵活动，后来改置为"第一、第二殖边督办公署，而第二殖边督办公署则暂驻于宁洱焉"。③即"十八年（1929）十一月，于腾冲成立第一殖边督办公署，于宁洱成立第二殖边督办公署"。④ 在腾冲（原名腾越）、宁洱（原名普洱）两前道尹原驻地方，设置第一、第二两殖边督办，专办边务事项，将沿边各县（局）分别划归管辖。省政府又于 1930 年 7 月 29 日提出第一百七十四次会议，议决殖边督办公署暂行章程，并由"本省政府于民国十九年（1930）咨请内政部呈转该殖边督办公署暂行章程，请国府转送中央政治会议审核备案，嗣准"。⑤直隶于省政府。

---

　　① 禄国藩等辑：《第二殖边督办公署查报云南通志初稿》，1931 年钤云南第二殖边督办公署关防钞本。

　　② （民国）云南通志馆编：《续云南通志长编》（上册）卷 32《内政三》，云南省志编纂委员会办公室 1985 年版，第 1114 页。

　　③ 禄国藩等辑：《第二殖边督办公署查报云南通志初稿》，1931 年钤云南第二殖边督办公署关防钞本。

　　④ 内政部年鉴编辑委员会编：《内政年鉴》第 1 册《民政篇》，商务印书馆 1936 年版，第（B）213 页。

　　⑤《云南殖边督办署组织调查表》（1934 年造报），云南民政厅印行：《云南民政月刊·册表》（1934 年造报），1935 年 1 月第 13 期。

三 殖边督办考

云南省政府设置第一、第二殖边督办，"十八年（1929）十一月，成立第一、第二殖边督办公署。"① 并于1930年咨请内政部转呈中央政治会议审核备案，得到准予推行之命令，所以，云南省第一、第二殖边督办于"民国十九年（1930）"② 划区设立，至此第一、第二殖边督办才正式设置。设置时间的差异，应该是由于设立第一、第二殖边督办和中央政府审核的时间存在一定的出入。两殖边督办于"民国二十七年（1938）撤销"③。

《云南殖边督办公署暂行章程》第一章第二条之规定，"殖边督办公署直隶于省政府"。④ 同时，殖边督办又以沿边各县（局）为辖区，但"殖边督办所辖各县局，仅关于殖边事务，得命令指挥之，其行政事项仍由省政府各主管厅监督"。⑤ 也就是说，各县局的行政事务直隶于省政府，与殖边督办并没有严格的行政隶属关系，形成了云南沿边型行政区划隶属关系上的独特情景。

《云南殖边督办公署暂行章程》第一章第三条之规定，"第一殖边督办公署之驻在地为腾冲，第二殖边督办公署之驻在地为宁洱，其有必要时，得以会办分驻于各该区重要地方"。⑥ 可见，第一、第二殖边督办的治所分别为腾冲和宁洱，沿袭了原腾越道和普洱道的治所，即今云南省腾冲和宁洱地。

为了有效地管控沿边地区，当时选择腾冲和宁洱作为道的治所是做了充分考虑的，"至于道之驻所，皆由内务部于道内各县，择其地位适中，

---

① 内政部年鉴编辑委员会编：《内政年鉴》第1册《民政篇》，商务印书馆1936年版，第（B）213页。

② 《云南殖边督办署组织调查表》（1934年造报），云南民政厅印行：《云南民政月刊·册表》（1934年造报），1935年1月第13期。

③ 云南省地方志编纂委员会总纂：《云南省志·民政志》，云南人民出版社1996年版，第83页。

④ （民国）云南通志馆编：《续云南通志长编》（上册），云南省志编纂委员会办公室，1985年10月，第1115页。

⑤ 内政部年鉴编辑委员会编：《内政年鉴》第1册《民政篇》，商务印书馆1936年版，第（B）214页。

⑥ （民国）云南通志馆编：《续云南通志长编》（上册），云南省志编纂委员会办公室1985年版，第1115页。

交通便利而足以控制全道之地设之"。① 可见腾冲、宁洱两地的地理位置之重要。腾冲从元明清以来，就是我国西南的边防重镇，事关西南国防。"腾冲，昔称腾越，乃'西南丝绸之路'必经之边陲重镇，滇西之一大都会也。""腾冲，位于祖国西南边陲，是历代军事重镇，人称'三宣门户，八关锁钥'和'极边第一城'。"② 宁洱"意为安宁的普洱"，而普洱"意为水湾寨。因东、西洱河于城东、西两侧由北向南流，相会与三岔河，成三面环城之势，加城北有凤凰山，使之呈'三角半岛'之状，故名"。③ 清雍正七年（1729）始设普洱府，十三年（1735）设宁洱县，作为普洱府的府治，此后，宁洱逐步发展成为普思地区的政治、经济、军事中心。沿袭腾冲、宁洱两地为殖边督办的治所，加强了对边疆事务的管控，同时也凸显了殖边事务的重要性。

云南沿边各县（局）分别划归第一、第二殖边督办管辖，第一殖边督办管辖区域为："腾冲、中甸、龙陵、维西、兰坪、镇康、丽江、剑川、云龙、保山、永平、顺宁等十二县；德钦、贡山、福贡、碧江、泸水、盈江、莲山、陇川、潞西、瑞丽十设治局。"第二殖边督办管辖区域为："宁洱、思茅、景谷、景东、缅宁、双江、澜沧、车里、南峤、佛海、镇越、六顺、江城等十三县；宁江、猛丁两设治局。"④ 按现行行政区划来看，第一殖边督办公署之辖区大致相当于今天迪庆藏族自治州、怒江傈僳族自治州、保山市、临沧市、德宏傣族景颇族自治州的全部，以及丽江市属丽江县，大理白族自治州属剑川、云龙、永平等县。第二殖边督办公署之辖区大致相当于今天西双版纳全境，普洱市属景东、景谷、宁洱、思茅、澜沧、西盟、孟连、江城等县及红河州属金平县之地。现根据云南第一、第二殖边督办所辖县局的区域范围作出两殖边督办的区域范围，见图十七：

---

① 钱端升：《民国政制史》（下册），上海人民出版社 2008 年版，第 481 页。
② 腾冲县志编纂委员会编：《腾冲县志·序》，中华书局 1995 年版，第 1、3 页。
③ 普洱哈尼族彝族自治县人民政府编辑：《普洱哈尼族彝族自治县地名志》，普洱哈尼族彝族自治县人民政府 1987 年出版，第 3、9 页。
④ 内政部年鉴编辑委员会编：《内政年鉴》第 1 册《民政篇》，商务印书馆 1936 年版，第（B）214 页。

图十七　云南省殖边督办区域示意图

【底图来源：李春龙、牛鸿斌点校，《新纂云南通志》（第1册）卷9《现行设治区域图》，云南人民出版社2007年点校本，第75页。】

　　从上图观之，第一、第二殖边督办所辖区域为云南沿边地带，自滇西北而滇西而滇西南而滇南，呈环弧形状态分布。这条环弧形区域，一方面接壤英缅、法越及老挝，国防关系重大；另一方面，社会经济文化发展滞后、土司势力密集分布，这与殖边督办公署"专管边务"的职能是相对应的。其中，第一殖边督办公署驻地腾冲，主要承袭腾越道管辖滇西北、滇西的边务工作，而第二殖边督办公署驻地宁洱，主要承袭普洱道、蒙自道管辖滇西南、滇南的边务工作。因为云南沿边地带存在严重的边疆危机，同时边地社会发展较为落后，所以殖边督办承担起了巩固国防和边地开发的重任。废道后，另设准统县政区进行分区管理，不为无见。

第三节　殖边督办的行政区划特点分析

鉴于云南边地的特殊性及云南诸道所兼事务的特殊性，废道后，特在沿边地区设立的殖边机关。云南殖边督办作为云南特有的沿边型行政区划，具有自身的特点。

首先，殖边督办公署都有固定的驻地，即腾冲和宁洱，沿用了腾越道和普洱道的治所；沿边各属分别划归第一、第二两公署管辖，构成了公署的管辖区域，且界线分明；公署直隶于省政府，同时下辖沿边各县局，在地方行政区划体系中处于相应的层级中。可见，殖边督办公署基本符合行政区划的基本要素。其所辖区域的显著特点就是边地，根据《云南省任用边地官吏及其服务暂行简章》可知，两公署辖区内被定为边官的有十八个之多，"龙陵县长、腾冲县长、镇康县长、澜沧县长、车里县长、南峤县长、佛海县长、镇越县长、双江县长、瑞丽设治局长（原名猛卯）、陇川设治局长、莲山设治局长（原名盏达）、潞西设治局长（原名芒遮板）、泸水设治局长、碧江设治局长（原名知子罗）、康乐设治局长（原名上帕）、盈江设治局长（原名干崖）、沧源设治局长"①。相关县（局）都是典型的边县（局）。从公署的职掌来看，是边地行政救济，专管边务，亦具有典型的边疆性。殖边督办成了云南特有的沿边型高级行政区划。

其次，"广义的行政区划指一切具有行政管理职能的区域"。② 行政管理权是一个行政区划的内核所在。云南殖边督办设立的动机和目的，就是"办理该管区内国防、外交、实边及文化教育等事，以资抚导边氓"。③ 而公署所掌理的"界务、垦殖、防守等事务，均关国家行政"，④ 因此，边务本身就属于国家行政范畴。殖边督办公署在本区域内所职掌的边务大致是"关于防守事项；关于界务事项；关于实边事项；关于交通事项；关于实业事项；关于文化教育事项；关于治安事项；关于慈善卫生事项；省

---

① 《云南殖边督办署组织调查表》（1934 年造报），云南省民政厅印行：《云南民政月刊·册表》（1934 年造报），1935 年 1 月第 13 期。

② 周振鹤：《中国行政区划通史·总论》，复旦大学出版社 2009 年版，第 11 页。

③ 云南民政厅印行：《云南民政月刊》，1935 年 1 月第 13 期，第 28 页。

④ 内政部年鉴编辑委员会编：《内政年鉴》第 1 册《民政篇》，商务印书馆 1936 年版，第（B）214 页。

政府委办事项。对于所辖区域内之县长，行政委员等，有考核呈报省政府奖惩之权。对于所辖区域内各县各行政区域之保卫团，有直接指挥之权。各殖边区域内若发生紧急事故，督办得便宜处理，仍一面呈报省政府查核"。① 这些职权范围显示，殖边督办公署本身是具有行政权的，而且公署内部有专门的组织对具体的边务进行分工掌管，"各署内部组织分为三科：第一科职掌防守、治安、交通及不属于别科等之事项；第二科职掌界务、实边等之事项；第三科职掌文化、教育、实业、慈善、卫生及考核等之事项"。② 而公署的殖边经费当中明确有"行政费"③ 一项。

　　但必须指出的是，公署所拥有的行政权并不完备，只是主管边务等事宜，主要的行政事务有所缺失，所以殖边督办公署并不是一级完全意义上的行政区划。傅林祥先生将云南殖边督办公署这种中间行政组织定性为准行政区划，④ 这是有道理的。南京国民政府通令撤道，但云南由于沿边地区的特殊性，撤道工作的时机不成熟，还为时尚早，但为符合通制，云南省府不得不废除道制。废道以后，为了防止边疆管理上出现混乱的局面，云南省府特设了第一、第二殖边督办来衔接道的工作，并作为边地的行政救济的方法。事实上，殖边督办是云南独有的特殊行政区划，具有变通性，并不符合省、县两级制之通制。殖边督办公署具有过渡性的特点，属于特殊过渡型准统县行政区划，但这种过渡更多的只是边地管理上的过渡，起到了地方行政区划调整过程中的缓冲作用。综上所述，云南殖边督办公署可定性为沿边特殊过渡型行政区划。

　　最后，殖边督办属于省县之间的中间行政组织，在隶属关系上比较复杂。殖边督办直接隶属于省政府，这是很单一的。殖边督办辖有沿边各县局，是高于县级政区的一级政区，但各县局的行政权则越过了殖边督办，直隶于省政府，导致云南沿边地方行政区划体系具有很大的特殊性。很明显，由于殖边督办的设置，云南沿边地方行政区划体制从省、道、县三级

---

① （民国）云南通志馆编：《续云南通志长编》（上册），云南省志编纂委员会办公室，1985 年版，第 1115 页。

② 《云南殖边督办署组织调查表》（1934 年造报），云南民政厅印行：《云南民政月刊·册表》（1934 年造报），1935 年 1 月第 13 期。

③ （民国）云南通志馆编：《续云南通志长编》（上册），云南省志编纂委员会办公室，1985 年 10 月，第 1115—1116 页。

④ 傅林祥、郑宝恒著：《中国行政区划通史·中华民国卷》，复旦大学出版社 2007 年版，第 110、114 页。

制转变为省、殖边督办、县三级制和省、县两级制的混合体。这一方面是考虑沿边地区的国防、外交事务的重要性，另一方面，殖边督办辖区基本与民国时期云南土司分布区相吻合，而"沿边夷众，僻居边荒，瘴气恶烈，汉人鲜至，向设土司，世袭其职。在昔政府采怀柔政策，土官胥隶于流官，民国初年，决议设流而不改土"。① 使得边疆治理存在很大的难度和特殊性，因此在边疆政区设置上表现出极大的特殊性。

殖边督办辖区之外的区域，大致是云南腹地范围，"腹地土民，开化较早，业经分别改土归流"，② 因为社会经济文化发展相对进步，土司势力薄弱或者消亡，流官统治较为深入，所以废道之后，云南腹地的地方行政区划体制从省、道、县三级制走向了单一的省、县两级制。也就是说，1929年裁废道制，并于1930年设立殖边督办之后，云南地方行政区划体制演变成沿边地区两级制、三级制的混合型体系和腹地单一两级制并存的复合体制。这种混合体制一直延续到1938年10月，云南省政府撤销殖边督办为止。这不失为民国时期地方行政区划体制的一个特例，见图十八：

图十八　民国时期云南省行政区划层级关系示意图

【底图来源：李春龙、牛鸿斌点校，《新纂云南通志》（第1册）卷9《现行设治区域图》，云南人民出版社2007年版，第75页。】

---

① 内政部年鉴编辑委员会编：《内政年鉴》，商务印书馆1936年版，第（B）255页。

② 同上。

　　总之，为了加强对云南边疆的行政管理和殖边开发，云南省政府在沿边地区设立了第一、第二殖边督办作为边地行政之救济。殖边督办分辖沿边各属，并专理边务，是民国时期地方行政区划调整过程设置的、云南特有的沿边型行政区划。考虑到云南沿边地区政治、经济、文化及国防外交等方面的特殊边情，为了避免沿边各道撤废后所带来的边地管理上的混乱和空缺，省府特在原道所辖区域设立两殖边督办进行废道后的行政衔接。公署专理国防、外交、实边及文化教育等事宜，事关国家行政，但是公署的行政权并不完备，也就是说在作为行政区划所应该具备的行政内核方面存在一定的缺失。一方面，地方行政区划调整必须符合国家通制；另一方面，又不得不重视云南边地自身独有的特殊性，致使公署成为一种准政区，更大程度上是一种行政管理和殖边开发的过渡，这种过渡只有承前而没有启后。很明显，云南殖边督办就是典型的沿边性特殊过渡型行政区划。由于沿边各县局的行政权并不隶属于殖边督办，而是直隶于省府，所以沿边地方行政区划体制演变成两级制和三级制的混合型体系。而殖边督办公署辖区之外区域则是严格地推行省县两级制，致使云南省地方行政区划体制在政区调整过程中形成了沿边地区两级制、三级制的混合型体系和腹地单一两级制并存的复合体制。

小　结

　　广州国民政府成立后，遵照孙中山《建国纲领》的要求，裁撤道制，实行省、县两级制。南京国民政府成立后，进一步加大了撤道的力度，经过筹划，最终在 1930 年 3 月，中央政治会议议决废除道制，定地方行政区域为省、县二级制。云南省政府则于 1929 年 11 月底奉行国民政府通令，将各道逐一废除，实行省、县两级制。

　　云南边疆地区地理环境复杂，交通极其不便，且瘴疠肆虐横行，致使边疆地区成为地广人稀之地。边疆地区社会经济发展滞后，土司势力强大，政府行政管控薄弱，且离省府过远，直接管控存在极大的困难。英法帝国主义者不断侵略西南边疆，边疆危机没有消除，边务工作日益突出。道制废除后，给边疆管理带来了极大的困难，滇西、滇南的边防、关防、外交、殖边等事务的管理出现了行政上的不便，完全有在省、县之间添设一级行政区划的必要。因此，不得不考虑在废道的同时另设高级行政机关进行过渡衔接，一方面，职掌边疆的开发，促使云南边疆社会政治经济文化的发展；另一方面，处理边务，巩固国防，抵御英法对我边地的侵蚀，通过行政区划的设置，以宣示和维护国家领土主权。于是云南省府在废道后，于 1929 年在沿边地区设立第一、第二殖边督办，专管边疆地区的边防、关防、外交、开发等殖边事务，并于 1930 年报请内政部核准实行。

殖边督办沿袭了原道尹之驻地为治所，以资控制；第一殖边督办承袭腾越道管理滇西北、滇西的边务，第二殖边督办承袭普洱道和蒙自道管理滇西南、滇南沿边的边务。殖边督办直隶于云南省政府，同时下辖沿边各县局，拥有自身的幅员，从以上基本要素来看，殖边督办属于沿边型行政区划。作为沿边高级行政组织，自然拥有行政管理权，但事实上这种行政权并不完备，主要限于边务事宜，因此，殖边督办属于一种准政区。在很大程度上，殖边督办的设立就是地方行政区划调整过程中在边疆行政管理上的过渡，可见，殖边督办是典型的沿边型、特殊过渡型行政区划。

在层级隶属关系上，殖边督办直隶于省府，下辖沿边各县局，构成省、殖边督办、县三级制区划体系。但沿边各县局隶属于公署的仅仅是国防、外交、殖边等事务，行政事务则直隶于省府，属于省、县两级制，致使云南沿边地方行政区划体制形成两级制和三级制杂糅在一起的混合型体系。殖边督办辖区之外区域基本上为云南腹地，土司政治大都在改土归流活动中裁废，流官势力的管理较为深入，社会经济较为发展，因此，地方行政区划统一推行省、县两级制。那么，云南省地方行政区划体制就表现为沿边地带的两级制和三级制杂糅在一起的混合型体系和腹地的两级制同时并存的复合体制。

结　语

　　本研究在边疆史地和历史政区地理视角下，创新提出民国年间云南边疆民族地区设置了多种形式的特殊过渡型政区，此类政区在名称、内部组织形式和管理体制上与内地正式县级政区规制存在极大的差异，表现出了设县条件不足的边疆民族地区县级政区内在的特殊性，其目的则是为边疆民族地区将来设县做准备，属于带有政区过渡特质的预备县。主要包括弹压委员、对汛督办、行政委员、行政总局及分局、设治局等，这类特殊过渡型政区在民国年间加强边疆控制的历史进程中均朝着正式县级政区的目标演进，极大地改变了云南边疆地区正式县级政区设置薄弱或空白的状态，最终在新中国成立之初发展为正式的县级行政区划，从而完成了云南边疆民族地区的县政建设。而殖边督办则是为了实现废道后在边务管理上的过渡，它隶属省府，下辖沿边县局，属于沿边性特殊过渡型准统县政区。以正式县级政区为基本单位的云南边疆民族地区的掌土、治民、控土司，是国家行政划一体化发展的重要组成部分，也是边疆政区设置的核心要素，在民国年间应对西南边疆危机的过程中发挥了重要作用，是中央通过行政区划体制建设实现边疆控制、维护祖国统一和领土完整的重要体现。云南边疆特殊过渡型政区的设置和演进是我国行政区划发展史上的重要组成部分。因此，本研究以晚清民国时期云南边疆弹压委员、对汛督办、普思沿边行政总局及分局、设治局、殖边督办等特殊过渡型行政区划为核心研究内容，分析了清末民初云南边疆行政管控的薄弱和县级政区设置的空白状态，爬梳了民国时期云南边疆特殊过渡型行政区划的演进历程，并分章论述了各特殊过渡型行政区划的设置背景、设置过程、政区要素的形成、特殊过渡型特点及其影响。

　　一、云南边疆指自滇西北至滇南的沿边半环地带，与缅甸、老挝、越南接壤，本研究认为清末云南边疆存在行政管控薄弱和县级政区设置疏散的行政态势。清末，全国统一实行府、直隶厅、直隶州、厅、州、县等正式政区体制，从《清史稿》的记载看，内地省份在清代都已经完成了一体化的正式政区设置。而在边远地区，特别是西南地区则除了正式政区规制之外，还留存了大量的土司，继续推行土司制度，比如"云南，共领府十四，直隶厅六，直隶州三，厅十二，州二十六，县四十一；又土府一，土州三，土司十八"。① 这些土司大都分布在云南边疆地带，所以直至清末，云南边疆地区基本还是土司管控区。滇西北怒江沿边地区虽归土司节制，但管控力度很小，形成了行政管控薄弱区，直至民国初年李根源组建怒俅殖边队武力开拓；滇西沿边地带，即今云南省德宏傣族景颇族自治州和保山市沿边地带，直至清末仍为土司地，称之为滇西十土司，即南甸宣抚司、干崖宣抚司、陇川宣抚司、芒市安抚司、猛卯安抚司、盏达副宣抚司、遮放副宣抚司、户撒长官司、腊撒长官司和勐板土千总，流官势力难以深入管理；滇西南沿边区域，即今云南省临沧市、普洱市、西双版纳傣族自治州沿边地带，直至清末，仍处于耿马土司、孟连土司，以及实力更大的车里宣慰司的统辖之下，甚至在阿瓦山区还存在部落社会；滇南沿边，即今红河哈尼族彝族自治州、文山壮族苗族自治州沿边地带，这些地区虽已改土归流，但土司势力依然存在，且蒙自等县的辖区过大，对边疆的管控极其松散。所以，直至清末，云南沿边地带的流官势力依然十分薄弱，逐渐形成了行政管控薄弱区和县级政区设置疏散区。

　　云南边疆历史政治地理的特殊性，与其特殊的地理生态环境不无关系。云南边疆属于典型的高山深谷与重瘴叠加的地理生态环境，复杂的地形和阻塞的交通使山间平坝在地理上形成具有相对封闭特点的地理单元。瘴气的广泛分布，构筑了一道阻碍中央王朝政治管控及开发边疆的生态屏障。汉人不耐烟瘴，难以在云南边疆地区长期生活下去，增加了政府在边地的行政成本。据〔美〕大卫 A·贝洛研究，"瘴疠是该省（云南）行政能力已经达到和尚未达到的空间划分的基础。汉人易受疟疾感染的脆弱性，限制了云南郡县地域的扩张，同样也阻碍了大量汉人的移民及汉人移民范围和定居点的形成。疾病的这种作用，迫使清王朝只能间接地控制边

————————————

① 赵尔巽等撰：《清史稿》卷 74，中华书局 1977 年点校本，第 2322 页。

界以内的这些地区"。① 间接控制就是封建王朝不得不依靠土司的力量对边疆地区实行间接的控制。这些原因致使边疆地区土司制度得以长期保存，大小土司林立，加之历史上，中缅、中越之间传统的宗藩体系地缘政治格局，使得封建王朝在治理边疆过程中缺乏国际环境和地缘政治上的驱动力，形成了只重羁縻，不重管理的治边政策，进而使边疆地带形成了政府行政管控的薄弱区和正式政区建置的疏散区。

晚清，法占越南，英吞缅甸，使我国西南地区形成了近代国际关系意义上的地缘政治格局，催生了危机重重的云南外交问题。在纷繁的勘界事务中，滇缅、滇越边疆地区现代国家领土主权日益分明，边疆各族人民在抗击外来侵略的英勇斗争中增强了民族认同感和国家认同感，为边地行政提供社会基础。尤其是近代以来，国内近代国家主权观念日益强烈，纷纷要求加强边疆地区的管控和开发，应对外敌的入侵，而开发和管控云南边疆地区，最重要的是打破边疆旧的政区体制，改变边疆县级政区设置极其疏散乃至空白的状况，构建与内地一体化发展的政区体系。

二、本研究认为民国年间云南省县级政区改革的过程就是云南边疆县级政区改革和调整的过程，云南省县级行政区划改革在民国时期已经基本完成，奠定了云南省现行行政区划的基础。近代以来，县政改革被提到了重要的地位，边疆县级政区建置和建设作为近代加强边疆管理和开发、以及应对边疆危机的主要手段，从清末改制到民国政区调整，成为西南边疆政区改革的主要特点。晚清政府曾在云南边疆设置弹压委员，进行了边疆特殊过渡型行政区划建置的尝试。辛亥革命后，云南省遵照中央政府通令，于1913年4月完成了"废府存县"的重大政区改革，但并没有及时调整边疆县级政区设置，从而使"废府存县"后，导致土司地区在行政管理上的进一步悬空，形成边疆行政无管区，从而加剧了边疆地区县级政区设置疏散的政区空间分布态势。

民国初年，"废府存县"之后，云南共计有97个县级政区，除了盐兴县和盐丰县是新设的之外，其他各县都是在清末府厅州县的基础上改设和承袭而来。据《中华人民共和国行政区划简册》统计，至1953年12

① ［美］大卫 A・贝洛：《去汉人不能久呆的地方：瘴疠与清代云南边疆地区的民族管理空间结构》，杨煜达译，载陆韧主编：《现代西方学术视野中的中国西南边疆史》，云南大学出版社2007年版，第221—222页。

月底，云南省共计有 133 个县及县级政区①，比民国初年的 97 个县多出 36 个县，占新中国成立初期云南县级政区总数的 27%，也就是说，建国初期云南有超过四分之一的县，在民国初年是没有设置的，而且这四分之一的县级政区设置疏散区主要分布自滇西北至滇南环弧形沿边地带。清末民初，由于边疆县级政区的缺乏，所以对边疆地区的行政管控和开发不能有效实施，对边疆危机的应对缺乏力度，有鉴于此，民国时期，中央政府对边疆县级政区进行了调整，针对不同的具体情况，增设了一批特殊过渡型县级政区。民国元年（1912），云南光复后，云南军政府在滇西土司区设置了一批弹压委员，以资对土司的弹压，随后都改设为行政委员，强化边疆的政治管控。普思沿边地区是以十二版纳为行政区域的车里宣慰司管辖地，柯树勋创设了普思沿边行政总局及分局，重构了沿边地区的行政体系和行政地域构架，并在南京国民政府时期过渡到了县。晚清政府在滇南地区设置了河口、麻栗坡对汛督办，专门办理边防和外交事务的磋商，辛亥革命后，打破了清朝体制，中央特派驻滇交涉员，分离了河口、麻栗坡对汛督办的外交权，并赋予对汛督办以司法行政权，划区行政，逐步向县级行政区划转变。南京国民政府成立后，为了改变地方行政区划设置混乱的局面，推行划一改革方案，云南各行政委员及部分县佐改设为设治局，为以后设县做准备，所以被称为"预备县"。以上行政机构都有固定的行政治所，有一定的幅员和边界，直辖于省政府，处于一定的行政层级当中，还具有边疆政区改革的核心要素，即"掌土、治民、控土司"，具备了行政区划的基本要素，因此，行政委员、行政总局及分局、对汛督办区、设治局等不再是简单的行政机构，而是行政区划，并逐渐过渡到了县。据 1947 年《中华民国行政区划简表》（见附录一）统计，云南省县级政区共计有 129 个，加河口、麻栗坡对汛督办，总共计有 131 个，与新中国成立后云南的县级政区基本保持一致，所以新中国成立后比民国初多出的 36 个县，基本上是由民国时期沿边地区设置的特殊过渡型政区过渡来的。可见，建国初期云南的县级政区格局在民国末年已经奠定，事实上，解放初期云南省县级行政区划与 1947 年的县级行政区划基本保持一致。1913 年与 1953 年云南省县级政区分布示意图见图十九、二十：

① 中央人民政府内务部编：《中华人民共和国行政区划简册》，人民出版社 1954 年版，第 90—93 页。

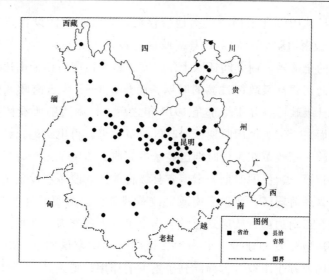

图十九 1913 年云南省正式县级政区分布示意图

【底图来源：谭其骧主编：《中国历史地图集》第 8 册，中国地图出版社 1987 年版，第 48—49 页。】

图二十 1953 年云南省正式县级行政区划分布示意图

【底图来源：李春龙、牛鸿斌点校，《新纂云南通志》（第 1 册）卷 9《现行设治区域图》，云南人民出版社 2007 年点校本，第 75 页。】

很明显，1913 年云南省沿边地带存在正式县级政区设置疏散区，至
1953 年，云南边疆地带的正式县级政区建设基本完成，实现了云南正式
县级政区的全覆盖。而其间近四十年时间，就是民国时期云南边疆从设置
特殊政区向正式县级政区过渡的时期，而且在 1913 年云南政区格局基础
上增加的县级政区，几乎全部是 1913 年之后，云南边疆所设特殊过渡型
政区过渡而来。综观民国时期云南政区改革，可以得出结论：第一，云南
省县级行政区划改革在民国时期已经基本完成，奠定了云南省现行行政区
划的基础；第二，民国时期，云南省县级行政区划改革和设置主要集中在
边疆行政管理薄弱区，所以云南政区改革就是云南边疆政区改革。可见，
民国政府在云南边疆行政区划建设上作出了巨大的努力，在加强边疆的管
理，加速边地开发和建设，增强民族认同感和国家认同感，应对边疆危
机，维护国家领土主权等方面起到了重大的作用，特别是为云南成为抗日
战争大后方奠定了基础，也为新中国成立后，全国统一行政奠定了基础。
但抗日战争爆发后，云南成为抗战大后方，滇西地区一度被日军占领，给
国民政府推进云南边疆行政区划建设带来了客观上的干扰，从主观上来
看，国民政府的边疆民族治理工作还存在一定的问题，比如用人不当，边
官不思进取的情况比比皆是，所以虽然经过了三十多年的边疆政区建设，
但依然停留在过渡阶段。直到中国共产党领导的新中国成立后，中央政府
推行积极合理的边疆民族政策，最终把云南边疆政区建设推上一个新的台
阶，完成了向县的过渡。

三、特殊过渡型政区的提出。行政区划是国家对行政区域的划分，周
振鹤先生认为形成行政区划的"必要条件是一个行政区划必须有一定的
地域范围，有一定数量人口，存在一个行政机构；充分条件是这个行政区
划一般都处于一定的层级之中，有相对明确的边界，有一个行政中心，有
时有等第之别，也有司法机构"，并提出政区的基本要素是"治所、层
级、幅员、边界、形状、地理区位"。① 陆韧先生认为边疆土司地区政区
设置的核心要素是"掌土、治民、控土司"，显示了边疆特殊政区的内在
特点。政区有正式政区和特殊政区之分，葛剑雄先生认为，特殊政区是指
在边远地区、新控制或占领的地区、非汉族（或非本民族）聚居区所设
置的行政区，统治者给予一定的优待，实行比较松散的管理。这些单位的

---

① 周振鹤：《中国行政区划通史·总论》，复旦大学出版社 2009 年版，第 9—11 页。

长官由中央或上一级政府任命，往往是一种过渡形式，等条件成熟后就会改为正式行政区。① 可见，葛先生已经注意到了有些特殊政区的过渡功能。通过分析云南边疆政区的演变及其特点，本研究提出了"特殊过渡型政区"的概念，此类政区主要分布在边疆地区。

首先，对汛督办、普思沿边行政总局及分局、设治局、殖边督办等行政机构，都建立了一套行政组织系统，行政中心都有固定的驻地，形成了政区治所；除殖边督办和普思沿边行政总局属于准统县政区之外，其余都属于县级政区，处于一定的行政层级当中，有一定的行政区域，构成了自身的幅员和边界；通过各项行政事务的开展，各行政机构加强了对当地人口的调查和管控，也强化了边疆区域的掌理，同时削弱了土司的势力，由此逐步实现"掌土、治民、控土司"的职能，满足了形成政区的诸种要素，所以，对汛督办、普思沿边行政总局及分局、设治局、殖边督办等，不再是单纯的行政机构，而是地方行政区划。

其次，对汛督办、普思沿边行政总局及分局、设治局等作为县级行政区划，但名称并非县，内部行政机构组织也较县更为简单，行政长官人选的资格更是比县行政长官的要求低得多，行政管理模式上还存在"土流并治"的情况，这些都与县治存在很大的差异，殖边督办则是云南特有的统县政区，但它对县又没有完全的统辖权，表现出了很大的特殊性。

最后，云南边疆特殊政区表现出极大的过渡性。从形式上看，各种特殊政区的设置都是一种权宜之策，其目的是为改设县治做准备，且或早或晚都过渡到了与内地一致的县治。从实质上看，边疆特殊政区过渡的过程就是强化边疆管控和开发的过程，为改设县治提供条件。通过户口调查，划区行政，清丈土地，掌管边地户口、财政、司法等权力，实际上就是削弱了土司的权力，逐渐实现"掌土治民控土司"的过程，而近代教育制度的建立，教育行政事务的大力推行，促进了边疆文化教育水平的提高，为政府行政提供社会基础。对汛督办是清政府设置一种边防外交机构，辛亥革命后，清朝的体制被打破，由外交部特派驻滇交涉员，剥离了对汛督办的外交权，并于民国六年（1917）改为对汛督办特别区，使边防外交机构就地转化为行政机构，河口、麻栗坡对汛督办从国防外交机构逐步演变为地方行政区的过程，就是打破土司政治格局，构建比同于内地行政建

---

① 葛剑雄：《中国历代疆域的变迁》，商务印书馆1997年版，第12页。

置的过程。普思沿边行政总局及分局的设置，逐渐打破了车里宣慰司地区原有的行政构架，构建了流官体系的行政构架，解构了以版纳为地理单元的土司政治地域结构，建构了与内地正式行政区划一体化发展的地域结构。设治局通过各项行政措施的展开，打破边疆土司政治格局，削弱土司势力，缩小边疆与内地的差异，为边疆正式政区的设置准备了行政基础和条件，促使边疆政区逐步向县级政区过渡。殖边督办则是承袭了道的行政权力，实现了边疆管理和开发的过渡。

四、历史边疆政治地理的思考。历史政治地理的研究在行政区划方面主要包括三个方面的内容："以复原疆域政区历史变迁的全过程为目的；就疆域政区本身的要素来进行分解式的以及政治学角度的研究；研究政治过程对地理区域变迁的影响。"① 边疆政区的变迁则反映了边疆地区特有的政治过程。边疆指两国间政治分界线内侧的沿边地带，云南边疆指自滇西北至滇南环弧形沿边地带，首先是地理上的边疆，分别接壤缅甸、老挝、越南等国；其次是政治上的边疆，历史上，流官势力难以深入边疆地区，只能依靠土司对边疆地区进行间接管理，使得边疆地区土司林立，势力强大，逐渐形成了县级政区设置疏散区和行政管理薄弱区，与内地政治存在极大差异；再次是文化上的边疆，由于边疆地区教育文化水平低，当地人们很少接触内地汉文化，缺乏国家认同观念，形成了文化上的边疆；最后是民族构成上的边疆，边疆地区是少数民族聚居地，所以边疆问题就是民族问题。

民国年间，云南边疆地区特殊过渡型政区的设置及演变，是边疆地区重要的政治过程。这一过程是内地和边疆通过不断的互动和整合而进一步巩固一个统一的多民族国家的过程，也是边疆和内地一体化发展的过程，而政区则成为承担这一切的平台。具体来说，民国时期，云南边疆特殊过渡型政区的设置，强化了政府对边疆的管控，主要体现在两方面：一方面，边疆县级政区设置后，通过各项行政事务的开展，比如户口调查、土地清丈、划区行政，进而掌握财政权，削弱了土司势力，打破了土司政治体系，加速了边地的开发，缩小了边疆与内地的差异，促使边疆走上与内地行政一体化发展的道路。通过设立学校在边疆地区建立近代教育制度，

① 周振鹤：《建构中国历史政治地理学的设想》，载中国地理学会历史地理专业委员会《历史地理》编辑委员会编：《历史地理》第15辑，上海人民出版社1999年版，第6、9、13页。

加速边疆教育文化事业的发展，推动汉文化的传播，增强边疆各民族的国家认同感和中华民族认同感，从而维护了多民族国家的统一和发展。

另一方面，政区是一个国家对行政区域的划分，是国家行使权力的最基本的地理单元，所以政区是国家主权的象征。英国侵吞缅甸、法国侵占越南之后，我国西南地缘政治发生了根本变化，边疆危机日益严重，国家利益遭到严重侵害。边疆土司政治难以应对国际形势的变化，而边疆各类特殊过渡型政区的设置，强力有效地对外宣示了我国的国家领土主权所在，政区所及，即版图所在，在现代国家观念下，必然是寸土必争，从而捍卫了国家的主权独立和领土完整，这是边疆政区设置的重要的对外职能。

可见，近代社会治理边疆最起码包括对边疆地区的管控、开发和通过抵御外敌入侵从而巩固边疆这两方面的事务。面对边疆危机和云南边疆社会的特殊性，中央政府通过积极设置特殊过渡型政区，在宣示国家主权的基础上进行边疆的治理和开发，凸显了边疆行政的特殊性，是边疆行政区划演进所体现出来的特殊的、不同于内地政区变革的政治过程。所以，我们应该进行历史边疆政治地理的思考，但由于云南边疆地区历史、地理、民族、社会、地缘政治等方面的特殊性和复杂性，本书难以就这一问题进行深入的探讨，将留待以后的研究工作去继续思考。

附录一 《中华民国行政区划简表·云南省》 民国三十六年(1947)

县(市)名	旧名	面积（方公里）	人口	附记
昆明市	民国二十四年（1935）三月设置。	31.93	255462	
穀昌县	旧称昆明县（旧云南府附郭首县），民国二年（1913）四月裁府留县，三十四年（1945）一月改名。	1662.78	172821	民国三十四年（1945）八月移治官渡。
富民县		653.85	34148	
宜良县		606.21	101577	
呈贡县		559.68	63130	
罗次县		83889	42074	
禄丰县		546.50	39244	
易门县		1737.13	41223	
嵩明县	旧称嵩明州，民国二年（1913）四月改县。	1787.73	91438	
晋宁县	旧称晋宁州，民国二年（1913）四月改县。	4100.48	54260	
安宁县	旧称安宁州，民国二年（1913）四月改县。	1695.99	60258	
昆阳县	旧称昆阳州，民国二年（1913）四月改县。	775.32	62641	
武定县	旧称武定直隶州，民国二年（1913）四月改县。	3143.16	90586	

续表

县（市）名	旧名	面积（方公里）	人口	附记
元谋县		907.73	42239	
禄劝县		3242.59	108222	
曲靖县	旧称南宁县（旧曲靖府附郭首县），民国二年（1913）四月裁府留县，并改名。	585.93	144609	
平彝县		2593.40	119744	
宣威县	旧称宣威州，民国二年（1913）四月改县。	4402.01	292549	
沾益县	旧称沾益州，民国二年（1913）四月改县。	2502.09	114320	
马龙县	旧称马龙州，民国二年（1913）四月改县。	1313.48	46006	
陆良县	陆凉州，民国二年（1913）四月改县并改名。	1924.00	136132	
罗平县	旧称罗平州，民国二年（1913）四月改县。	2511.35	75458	
寻甸县	旧称寻甸州，民国二年（1913）四月改县。	3598.58	115577	
巧家县	旧巧家厅，民国二年（1913）四月改县。	5566.49	145787	
会泽县	旧称东川府附郭会泽县，民国二年（1914）四月裁府改名东川县，十八年（1929）十一月改今名。	5852.59	196606	
昭通县	旧称恩安县（旧昭通府附郭首县）民国二年（1913）四月改名。	2187.26	198951	
永善县		4240.21	62462	
绥江县	旧称靖江县，民国三年（1914）一月改名。	1407.57	50462	
鲁甸县	旧称鲁甸厅，民国二年（1913）四月改县。	2219.81	65007	

续表

县（市）名	旧名	面积（方公里）	人口	附记
大关县	旧称大关厅，民国二年（1913）四月改县。	2141.57	88342	
盐津县	民国六年（1917）一月，由大关县盐井渡地方析置。	1372.43	84664	县治设盐井渡。
澄江县	旧称河阳县（旧澄江府附郭首县）民国二年（1913）四月改名。	1019.26	70019	
玉溪县	旧称新兴州，民国二年（1913）改县，三年（1914）改名休纳县，五年（1916）十一月改今名。	877.12	131779	
路南县	旧称路南州，民国二年（1913）四月改县。	1802.82	94306	
江川县		570.00	51196	
镇雄县	旧称镇雄直隶州，民国二年（1913）四月改县。	5684.30	215915	面积包括威信县数字在内。
威信县	民国二十五年（1936）七月以威信行政区改置。		59167	
彝良县	民国二年（1913）四月以旧镇雄州之彝良州同辖地设置。	2601.10	100808	
楚雄县	旧称楚雄府附郭首县，民国二年（1913）四月裁府留县。	3627.24	103578	
广通县		1086.53	29520	
双柏县	旧称南安州，民国二年（1913）改县，并改名摩刍县，十八年（1929）六月改今名。	3621.89	50629	
牟定县	旧称定远县，民国三年（1914）一月改名。	1113.82	90434	
盐兴县	民国二年（1913）四月由广通县及旧定远县析置。	366.76	25690	县治设于黑盐井。
蒙自县		2762.55	98538	

续表

县(市)名	旧名	面积(方公里)	人口	附记
建水县	旧称临安县（旧临安府附郭首县），民国二年（1913）四月裁府留县，三年（1914）一月改今名。	5926.02	156439	
曲溪县	民国十八年（1929）十一月由建水县析置。	847.79	38881	县治设于曲江欧旗营。
通海县		432.99	51568	
河西县		630.25	54993	
峨山县	旧称嶍峨县，民国十八年（1929）十一月改名。	1552.01	43508	
石屏县	旧称石屏州，民国二年（1913）四月改县。	5066.53	92697	面积包括龙武设治局数字在内。
开远县	旧称阿迷州，民国二年（1913）四月改县，二十年（1921）十二月改名。	2945.50	75786	
华宁县	旧称黎县，民国二十年（1931）十二月改名。	2164.82	83813	
个旧县	旧称个旧厅，民国二年（1913）四月改县。	1532.31	50005	
文山县	旧称开化县（旧开化府附郭首县），民国二年（1913）四月裁府留县，三年（1914）一月改名。	4544.23	81278	面积包括砚山县及河口对汛区数字在内。
马关县	旧称安平厅，民国二年（1913）四月改县，三年（1914）一月改名。	4222.57	104191	面积包括麻栗坡对汛区数字在内。
西畴县	民国十八年（1929）十一月由马关县析置。	3823.57	68250	县治设于西洒街。
广南县	旧称宝南县（旧广南府附郭首县），民国二年（1913）四月裁府留县并改名。	11640.45	104035	
富宁县	旧称富州厅，民国二年（1913）四月改富州县，十六年（1927）一月改今名。	4539.23	35091	

县（市）名	旧名	面积（方公里）	人口	附记
泸西县	旧称广西直隶州，民国二年（1913）四月改县，十八年（1929）十一月改名。	2777.56	121881	
弥勒县		3132.22	78218	
师宗县		1959.22	36545	
邱北县		4091.98	65309	
思茅县	旧称思茅厅，民国二年（1913）四月改县。	1122.03	11330	
宁洱县	旧称普洱县（旧普洱府附郭首县）民国二年（1913）四月裁府留县，三年（1914）六月改今名。	4453.63	45574	
墨江县	旧称他郎厅，民国二年（1913）四月改县，五年（1916）十一月改名。	4862.46	45415	
双江县	民国十八年（1929）十一月由澜沧、缅宁两县析置。		37517	面积包括在缅宁县内；县治设于猛猛。
腾冲县	旧称腾越厅，民国二年（1913）四月改县并改名。	12932.88	205337	面积包括梁河设治局数字在内。
保山县	旧称永昌县（旧永昌府附郭首县），民国二年（1913）四月裁府留县，三年（1914）一月改今名。	8538.55	270987	
永平县		2041.45	35379	
镇康县	旧称永康州，民国二年（1913）四月改县，三年（1914）一月改名。	4343.64	62467	面积包括耿马设治局数字在内。
龙陵县	旧称龙陵厅，民国二年（1913）四月改县。	4032.26	73641	面积包括潞西设治局数字在内。
大理县	旧称太和县（旧大理府附郭首县），民国二年（1913）四月改名。	825.96	80495	
祥云县	旧称云南县，民国十八年（1929）十一月改名。	2590.83	99291	

续表

县（市）名	旧名	面积（方公里）	人口	附记
洱源县	旧称浪穹州，民国二年（1913）四月改县，并改名。	1394.12	42720	
凤仪县	旧称赵州，民国二年（1913）四月改县，三年（1914）一月改名。	704.27	44260	
邓川县	旧称邓川州，民国二年（1913）四月改县。	1438.82	38370	
宾川县	旧称宾川州，民国二年（1913）四月改县。	2035.93	92577	
云龙县	旧称云龙州，民国二年（1913）四月改县。	8310.49	62356	
弥渡县	旧称弥渡州，民国二年（1913）四月改县。	1468.27	101904	
丽江县	旧称丽江府附郭首县，民国二年（1913）四月裁府留县。	6241.74	85520	
兰坪县	民国元年（1912），以丽江县所属兰坪地方析置。	5405.94	43899	
鹤庆县	旧称鹤庆州，民国二年（1913）四月改县。	2387.45	83586	
剑川县	旧称剑川州，民国二年（1913）四月改县。	2998.98	52831	
维西县	旧称维西厅，民国二年（1913）四月改县。	13977.06	30744	
中甸县	旧称中甸厅，民国二年（1913）四月改县。	7362.93	33067	
蒙化县	旧称蒙化直隶厅，民国二年（1913）四月改县。	4207.69	127267	
漾濞县	民国元年（1912）六月，由旧蒙化直隶厅漾濞司地方析置。	1138.47	19830	

县（市）名	旧名	面积（方公里）	人口	附记
永胜县	旧称永北直隶厅，民国二年（1913）四月改县，二十三年（1934）二月改名。	10261.91	41960	面积包括宁蒗设治局数字在内。
华坪县		3340.81	32113	
姚安县	旧称姚州，民国二年（1913）四月改县，并改名。	1949.81	110145	
盐丰县	民国二年（1913）三月，由姚安县析置。	1617.36	31144	县治设于白盐井。
镇南县	旧称镇南州，民国二年（1913）四月改县。	1733.31	80481	
大姚县		3668.64	93328	
佛海县	民国十八年（1929）十二月以普思沿边第三区设置。	1489.07	20785	县治设于勐海。
顺宁县	旧称顺宁府附郭首县，民国二年（1913）四月裁府留县。	12537.31	130703	面积包括昌宁县数字在内。
昌宁县	民国二十四年（1935）五月，以顺宁县右甸县佐改置。		80662	面积包括在顺宁县内，县治设于左甸。
云县	旧称云州，民国二年（1913）四月改县。	2208.87	59869	
车里县	民国十八年（1929）十二月以普思沿边第一区设置。	4578.12	30170	县治设于景德，现名车里。
南峤县	旧称五福县，民国十八年（1929）十二月以普思沿边第三区设置。二十三年（1934）二月改今名。	2314.24	25459	县治设于勐遮。
砚山县	砚山设治局（民国二十二年（1933）六月以文山县之江那县佐，广南县之小维摩县佐合并改置）二十四年（1935）改县。		81278	面积包括在文山县内。
镇越县	民国十八年（1929）十二月以普思沿边第五区设置。	10041.81	19010	县治设于易武。

续表

县（市）名	旧名	面积 （方公里）	人口	附记
六顺县	民国十八年（1929）十二月以普思沿边第七区设置。	6410.79	17869	县治设于官房。
江城县	民国十八年（1929）十二月以猛烈行政区设置。	1953.76	18160	县治设于猛烈。
金平县	民国二十五年（1936）七月，以金河、平河行政区设置。	3107.06	30040	县治设于金河。
屏边县	民国二十二年（1933）二月以靖边政区设置。	3919.27	46070	
景东县	旧称景东直隶厅，民国二年（1913）四月改县。	9039.39	80199	
景谷县	旧称威远厅，民国二年（1913）四月改县，三年（1914）一月改名。	7167.40	33935	
元江县	旧称元江直隶州，民国二年（1913）四月改县。	7098.78	83271	
新平县		4223.59	47686	
澜沧县	旧称镇边直隶厅，民国二年（1913）四月改县，三年（1914）一月改名。	14638.68	99063	面积包括沧源设治局数字在内。
镇沅县	旧称镇沅直隶厅，民国二年（1913）四月改县。	3662.81	21694	
永仁县	民国十八年（1929）十一月，由大姚县析置。	2405.77	65106	县治设于苴却。
缅宁县	旧称缅宁厅，民国二年（1913）四月改县。	5191.27	70978	面积包括双江县数字在内。
泸水设治局	民国二十四年（1935）六月，以泸水行政区改置。	2526.99	12899	局所设于鲁掌上寨。
陇川设治局	民国二十四年（1935）六月，以陇川行政区改置。	2589.29	8541	局所设于杉木笼。
瑞丽设治局	民国二十四年（1935）六月，以猛卯行政区改置。	5779.56	13660	局所设于猛卯。
贡山设治局	民国二十四年（1935）六月，以菖蒲桶行政区改置。	8138.60	6261	局所设于打拉。

续表

县（市）名	旧名	面积 （方公里）	人口	附记
龙武设治局	民国二十四年（1935）六月，以石屏县属龙朋县佐设置。		23427	面积包括在石屏县内，局所设于猛鲊伍。
梁河设治局	民国二十四年（1935）六月，以腾冲县属八撮县佐设置。		35799	面积包括在腾冲县内，局所设于大厂街。
宁蒗设治局	民国二十五年（1936）十一月，以永胜县属宁蒗县佐设置。		11637	面积包括在永胜县内。
沧源设治局	民国二十六年（1927）九月，以澜沧县猛角、猛董、大蛮海，岩帅等地方设置。		15739	面积包括在澜沧县，局所设于猛董。
莲山设治局	民国二十四年（1935）六月，以盏达行政区改置。	1947.10	13849	局所设于莲山镇。
盈江设治局	民国二十四年（1935）六月，以干崖行政区改置。	1370.59	21010	局所设于乘龙街。
潞西设治局	民国二十四年（1935）六月，以茫遮板行政区改置。		31014	面积包括在龙陵县内，局所设于南练猛戛。
碧江设治局	民国二十四年（1935）六月，以知子罗行政区改置。	1982.80	11781	局所设于营盘街。
福贡设治局	民国二十四年（1935）六月，以上帕行政区改置。	6584.28	14862	局所设于上帕村。
德钦设治局	民国二十四年（1935）六月，以阿墩子行政区改置。	5373.91	3511	局所设于阿墩子。
宁江设治局	民国二十四年（1935）六月，以临江行政区改置。	1095.42	7255	局所设于猛往城子。
耿马设治局	民国三十一年（1942）十二月，由顺宁县析置。		17541	面积包括在镇康县内，县治设于耿马。

说明：1、各县市面积根据云南省陆地测量局十万分之一调查图测算材料编列；2、各县市人口系根据本部户政司调查三十四年（1945）十二月数字编列。

【资料来源：内政部编：《中华民国行政区域简表》，商务印书馆民国三十六（1947）年印行，第92—101。】

附录二 《中华人民共和国行政区划简册·云南省》(1954 年)

省辖单位	昆明市① 个旧市		二市
昭通专区（专署驻昭通县）	昭通县　大关县　绥江县 盐津县　威信县　镇雄县 彝良县　鲁甸县　会泽县 巧家县　永善县		一一县
曲靖专区（专署驻曲靖县）	曲靖县　沾益县　宣威县 平彝县　马龙县　嵩明县 寻甸县		七县
宜良专区（专署驻宜良县）	宜良县　陆良县　罗平县 师宗县　泸西县　路南县 弥勒县彝族自治区②		六县 一自治区
文山专区（专署驻文山县）	麻栗坡市 文山县　砚山县　丘北县 广南县　富宁县　西畴县 马关县		一市 七县
蒙自专区（专署驻蒙自县）	河口市 蒙自县　屏边县　金平县 元江县　石屏县　建水县 曲溪县　开远县　龙武县 元阳县 红河县豪尼族自治区		一市 一〇县 一自治区
玉溪专区（专署驻玉溪县）	玉溪县　昆阳县　晋宁县 呈贡县　澄江县　江川县 华宁县　通海县　河西县 新平县　易门县 峨山县彝族自治区		一一县 一自治区
思茅专区③（专署驻思茅县）	思茅县④　普洱县　景东县 墨江县　江城县　澜沧县 景谷县　镇沅县 澜沧拉祜族自治区⑤		八县 一自治区

续表

省辖单位	昆明市① 个旧市	二市
缅宁专区（专署驻缅宁县）	缅宁县　双江县　沧源县 耿马县　镇康县	五县
保山专区（专署驻保山县）	保山县　昌宁县　腾冲县 泸水县　龙陵县　畹町镇	五县 一镇
大理专区（专署驻大理县）	下关市 大理县　邓川县　宾川县 祥云县　凤仪县　弥渡县 蒙化县　云县　顺宁县 永平县　漾濞县　云龙县 洱源县	一市 一三县
丽江专区（专署驻丽江县）	丽江县　永胜县　鹤庆县 剑川县　兰坪县　维西县 中甸县　华坪县　宁蒗县 碧江县傈僳族自治区 福贡县傈僳族自治区 贡山县傈僳族自治区 德钦县藏族自治区	九县 四自治区
楚雄专区⑥（专署驻楚雄县）	楚雄县　牟定县　盐兴县 广通县　禄丰县　双柏县 镇南县　姚安县　盐丰县 大姚县　永仁县　武定县 禄劝县　富民县　安宁县 罗次县　元谋县	一七县
西双版纳傣族自治区⑦ （自治区人民政府驻车里县景洪）	车里县　镇远县　佛海县 南桥县	四县
德宏傣族景颇族自治区⑧ （自治区人民政府驻潞西县芒市）	潞西县　瑞丽县　龙川县 盈江县　莲山县　梁河县⑨	六县
合计	一二专区 二自治区	五市 一一九县 八自治区 一镇

附注：

①昆明县撤销并入。

②原弥勒县改设。

③原普洱专署迁驻思茅县后改称。

④六顺县撤销并入。

⑤由澜沧县部分地区设置，宁江县撤销，原辖区一部并入。

⑥武定专区撤销并入。

⑦辖区范围除包括原属思茅专区的镇越等四县外，尚辖江城、思茅及原宁江、六顺等四县各一部。

⑧辖区范围除包括原属保山专区的潞西、瑞丽、龙川、盈江、莲山、梁河等六县外，尚辖腾冲县之盏西区。

⑨原梁河县傣族荆濮族联合自治区改设。

【资料来源：中央人民政府内务部编：《中华人民共和国行政区划简册》，人民出版社 1954年版，第90—93页。】

附录三　滇越边界对汛村落对照表

云南对汛所在	滇边地名	越边地名	越南对汛所在
	坡门寨	竜弄梗盘卡	
	瑶人寨	龙兰街	
	麻萎卡	格浪下渡	
	中河卡	麻拦	
	沙人寨	新街　中蓬	
对汛	田蓬	山蓬花贝中渡	对汛
	马江卡	马弄　龙坪	
	马拉	统勒　恭卡	
	马生卡	普丹	
	马处	普捧	
	马冲猴子卡	大陇	
对汛	董干街　小卡寨	普那	对汛
	普弄	普高	
	茅上卡	小普竜	
	普竜卡　洒扫卡	江丽	
	扣揽卡	谷落	
	加乎卡	普劳八大山	
对汛	攀枝花	崖脚	对汛
	那郎卡	大冲空江	
	童冲	高马白	
	南洞卡	老隘坡	
	白保	偏马寨	
对汛	船头	清水河	对汛

续表

云南对汛所在	滇边地名	越边地名	越南对汛所在
对汛督办	麻栗坡	河阳	法五划官
对汛	猛硐	老寨	对汛
对汛	玉皇阁	漫美	对汛
对汛	茅坪	箐门	对汛
	安平社	有朋社	
对汛	老卡	花龙	对汛
对汛	新店	猛康	对汛
	崖那	荣佺	
	老凹厂	荣车	
	哥峰	龙齐	
	老卡	谷方	
	麻鹿塘卡	那京	
对汛督办	河口	老街	法五划官
	坝上卡	廊馆	
对汛	坝洒	坝洒	对汛
	黄果卡	谷眉　漫章	
对汛	小田房	本莫	对汛
	新寨	先凌	
	南屏街	南甲	
	田蓬	从边	
对汛	龙膊寨	龙膊河	对汛
	洒马底湾塘	马头山阿六寨	
	坝子寨	牛角山	
对汛	那发	漫念贡	对汛

【资料来源：（民国）张自明修，王富臣等纂：《马关县志》卷1《地理志》，成文出版社据1932年石印本影印，1967年，第101—106页。】

附录四　麻栗坡对汛督办区历任督办及其事略表

姓名	职衔及出身	任期
张贵祚	清副将	1898 年 2 月至 7 月
周炯	清同知	1898 年 7 月至 1907 年 7 月
杨宗墀	前清副将	1899 年 7 月至 1907 年 7 月
张贵祚	清副将	1907 年 8 月至 1908 年 6 月
李朝兴	清参将	1908 年 7 月至 1909 年 6 月
周行广	清山东候补知县	1909 年 7 月至 1911 年 6 月
嵇祖佑	四川警务出身，调滇创办警政者	1911 年 7 月至 1912 年 2 月
张宗靖	清末充马白随营学堂教员，后充白马第十九营管带，民国元年莅任督办兼开广国民军统领	1912 年 3 月至 12 月
束于德	安南河内巴文学校毕业	1913 年 1 月至 8 月
段永清	前清举人	1913 年 9 月至 1914 年 3 月
徐之琛	越法巴文学校毕业	1914 年 4 月至 1916 年 6 月
皮楚芳	湖北将弁学校毕业，由督军署军务课长调任督办	1916 年 7 月至 1917 年 7 月
王承祺	警政出身	1917 年 8 月至 1919 年 1 月
周承霖	河内法文学校毕业	1919 年 2 月至 1921 年 2 月
张效巡	陆军少将	1921 年 3 月至 7 月
余炳	陆军少将	1921 年 8 月至 1922 年 1 月
林开武	前清副将，民国纪元任开广总兵	1922 年 2 月至 1923 年 10 月
陶凤堂	陆军少将	1923 年 11 月至 1924 年 5 月
徐振海	陆军少将	1924 年 6 月至 1925 年 5 月
刘对阳	陆军少将	1925 年 5 月至 7 月

姓名	职衔及出身	任期
宋联元	陆军上校	1925 年 7 月至 12 月
李嘉彦	清庠北京军官大学毕业，陆军少将	1925 年 12 月至 1927 年 4 月
宋永康	陆军少将	1927 年 4 月至 6 月
王绍周	陆军少校	1927 年 6 月至 1928 年 1 月
余炳	陆军少将	1928 年 1 月至 6 月
李毓萱	陆军上校	1928 年 6 月至 1929 年 6 月
张自明	陆军中校参谋	1929 年 6 月至 1930 年 1 月
张培爵	清附生	1930 年 1 月至 1931 年 4 月
陈钟书	陆军少将	1931 年 4 月至 1932 年 10 月
曾恕怀		1932 年 10 月至 1935 年 1 月
杨荫南	省军法处长	1935 年 1 月至 1936 年 3 月
李文汉	陆军少将，历充开广步兵团长	1936 年 3 月至 1939 年 12 月
杨德源	陆军少将	1939 年 12 月至 1940 年 9 月
梁骞	陆军少将	1940 年 9 月至 1946 年 6 月
杨克歧	陆军少将	1946 年 6 月至 11 月
谢崇琦	陆军少将	1946 年 11 月至 1948 年 12 月

【资料来源：1、（近）陈钟书等修，邓昌麟纂：《新编麻栗坡地志资料》3 卷，1964 年云南大学复抄云南省图书馆藏传抄 1947 年稿本。2、任职时间资料摘自云南省麻栗坡县地方志编纂委员会编：《麻栗坡县志》，云南民族出版社 2000 年版，第 632—634 页。】

附录五 《设治局组织条例》

国民政府公布《设治局组织条例》(民国二十年六月二日国民政府公布,同日施行)

第一条 各省尚未设置县治地方,得依本条例之规定,暂置设治局,至相当时期,应改设县治。

第二条 设治局之废置及其区域之划分,应由省政府拟具图说咨请内政部呈由行政院转请国民政府核准公布。

第三条 设治局置局长一人,受省政府之指挥、监督,处理本管区域内行政事务。

第四条 设治局于不抵触中央及省之法令范围内,得发布局令,并得制定单行规划。前项单行规则及重要局令,应呈报省政府查核备案。

第五条 设治局局长荐任待遇,由民政厅提出有荐任职公务员资格之人员,经省政府议决委用。并转报内政部备案,但有特殊情形时,就得具备下列各款之人员委用:(一)中华民国人民年满三十岁以上;(二)中等以上学校毕业或办理行政事务三年以上;(三)明瞭党义;(四)熟悉当地情形。

第六条 设治局置佐理员,其人数及委用办法,由民政厅拟具,呈请省政府核准并转报内政部备案。设治局得酌用雇员。

第七条 设治局行政经费,由省库支给,但于必要时,省政府得咨经内政部财政部会核呈准,由国库补助之。

第八条 设治局关防,经内政部制定之式样,由省政府刊发。

第九条 设治局管辖区域促进自治之办法,由内政部定之。

第十条 本条例自公布之日施行。

【资料来源:中国第二历史档案馆编:《国民党政府政治制度档案史料选编》(下册),安徽教育出版社 1994 年版,第 534—535 页。】

附录六 《云南省设治局组织规程》

第一条 本规程依据《设治局组织条例》第七条之规定制订之。

第二条 设治局置局长一人，荐任，受省政府之指挥监督、办理管辖区内行政事务，并监督指挥所属机关及职员。

第三条 设治局于不抵触中央及省之法令范围内，得发布局令及单行规章。

第四条 设治局一律分设三科。

第五条 第一科掌理左列事项：

1、关于户籍保甲事项；2、关于地方自治及选举事项；3、关于人事登记及有关任免、甄审、训练及考核奖惩事项；4、关于乡镇之划分及编整事项；5、关于兵役及警卫事项；6、关于卫生及慈善救济事项；7、关于抚恤及社会福利事项；8、关于典守印信、收发文电、保管及缮写核对事项；9、庶务及其他不属各科事项。

第六条 第二科掌理左列事项：

1、关于局财政之计划整理事项；2、关于局地方赋税及经费之收支事项；3、关于局公产、公款之管理及处分事项；4、关于积谷之收放、保管及仓厫之修理、建造事项；5、关于粮食征收、征借事项；6、关于粮食储运、调节及供应事项；7、关于土地之测量、调查及登记征用事项；8、其他有关地政粮食及财务行政事项。

第七条 第三科掌理左列事项：

1、关于教育行政事项；2、关于学校及社会教育事项；3、关于宗教社俗事项；4，关于交通及工商矿业事项；5、关于农林、水利、垦牧及乡（镇）保造户事项；6、关于度量衡检定事项；7、关于国民工役事项；8、关于合作事业管理事项；9、其他有关教育文化及建设事项。

第八条 设治局置秘书一人，承局长之命综核各科文稿，并撰拟机要文件，由局长就甄选训练合格人员中遴选，请民政厅核准转省政府委任之。

第九条 分掌各该科事务除法令别有规定外，由局长就甄选训练合格人员中遴选，请民政厅核转省政府委任之。

第十条 设治局设会计员一人，承省政府会计长之命依法受局长之指挥，监督主管局地方及设治局岁计、会计事务，由省政府会计处依法委用之。

第十一条 特等设治局置科员十五人至十八人，一等设治局置科员十二人至十五人，二等设治局置科员九至十二人，承长官之命分管各科事务，由局长遴选合格人员委任之，并备报省民政厅备案。

第十二条 设治局得按事务繁简酌设雇员一至六人，承长官之命佐理事务，由局长分别遴选委雇用之。

第十三条 设治局应指定科员三人，雇员一人专办户籍、保甲事项。

第十四条 前条人员及粮政调查员、教费管理员、防管团、长途电话工务员、会计助理等，均包含于科员及雇员，名额中不另增设。

第十五条 设治局设局务会议，其会议规则另定之。

第十六条 设治局拟事细则另定之。

第十七条 设治局征费编制表另定之。

第十八条 本规程自省政府咨内政部转行政院核准公布之日实行。

【资料来源：云南省档案馆藏档案，档号：11—12—362。】

参考资料

一 古籍文献

1、（清）藩锡恩等撰：《嘉庆重修一统志》，四部丛刊本。

2、《清实录》，中华书局 1986 年版。

3、赵尔巽等撰：《清史稿》，中华书局 1977 年点校本。

4、（清）汤大宾修，赵震纂：乾隆《开化府志》，传钞故宫博物院图书馆藏清乾隆二十三年（1758）刻本。

5、（清）刘毓珂等纂修：光绪《永昌府志》，清光绪十一年（1885）刻本。

6、（清）陈宗海修，赵瑞礼纂：光绪《腾越厅志稿》，光绪十三年（1887）刻本。

7、（清）陈宗海修，李福室等纂：光绪《丽江府志》，光绪二十一年（1895）稿本。

8、（清）陈宗海修，陈度纂：续修（光绪）《普洱府志》，光绪二十六年（1900）初印本。

9、（清）王文韶修，唐炯纂：光绪《续云南通志稿》，光绪二十七年（1901）刻本。

10、李春龙、牛鸿斌点校：《新纂云南通志》，云南人民出版社 2007 年点校本。

11、（民国）云南省通志馆编：《续云南通志长编》，云南省志编纂委员会办公室 1985 年版。

12、（清）夏瑚：《怒俅边隘详情》。

二 民国文献

（一）史料汇编及档案史料

1、迤西边防各军总司令部：《西事汇略》，1912 年排印本。

2、内务部职方司第一科：《各省区域沿革一览表》，1913 年 8 月。

3、柯树勋编辑：《普思沿边志略》，1916 铅印本。

4、内务部职方司第一科：《最新全国行政区划表》，1917 年 11 月刊行。

5、《现行行政区画一览表》，商务印书馆 1930 年 8 月再版。

6、内政部：《中华民国行政区划简表》，商务印书馆 1947 年版。

7、内政部年鉴编辑委员会编：《内政年鉴》，商务印书馆 1936 年 4 月
初版。

8、龙云修：《云南行政纪实》，1943 年铅印本。

9、中国史学会主编：《中国近代史资料丛刊·戊戌变法（第二册）》，上
海人民出版社 1957 年版。

10、王铁崖编：《中外旧约章汇编》，生活·读书·新知三联书店 1957
年版。

11、荣孟源主编：《中国国民党历次代表大会及中央全会资料》，光明日
报出版社 1985 年 10 月版。

12、萧德浩、黄铮编：《中越边界历史资料选编》，社会科学文献出版社
1993 年版。

13、陈瑞芳编辑：《北洋军阀史料·袁世凯卷（二）》，天津古籍出版社
1996 年版。

14、云南省档案馆藏民国档案，比如：

《修改对汛办事章程》，档号：11—7—78；

《有关河口麻栗坡对汛区区划》，档号：11—12—13；

叶桐：《河口麻栗坡两对汛区域调查报告书》，档号：11—12—15；

《云南省各设治局拟定改县略图》，档号：11—1—962；

《关于各殖边事宜》，卷宗号：11—8—3；

《云南省设治局组织规程》，档号：11—12—362 等。

15、档案汇编：

（1）王志强编辑：《云南省档案馆史料丛编：近代云南人口史料（1909—

1982)》，云南省档案馆 1987 年出版。

（2）中国第二历史档案馆，《国民党政府政治制度档案史料选编》，安徽教育出版社 1994 年版。

（3）中国第二历史档案馆编，《中华民国史档案资料汇编》，江苏古籍出版社 1997 年 9 月版。

（4）国家民委《民族问题五种丛书》编辑委员会编：《中国民族问题资料·档案集成》——《民族问题五种丛书》及其档案汇编，中央民族大学出版社 2005 年 12 月版。

（二）方志、史志、地志类文献

1、（民国）张自明修，王富臣等纂：《马关县志》，成文出版社据 1932 年石印本影印，1967 年。

2、李根源辑：《永昌府文征》，1941 年铅印本。

3、（近）段承钧纂修：《泸水志》，1964 年云南大学图书馆传抄云南省图书馆藏 1932 年石印本。

4、李根源纂，许秋芳点校：《民国腾冲县志稿》，云南美术出版社 2004 年点校本。

5、《纂修云南上帕沿边志》，民国二十年（1931）上帕行政委员关防钞本。

6、（近）陈钟书等修，邓昌麟纂：新编《麻栗坡地志资料》，1964 年云南大学复抄云南省图书馆藏传抄 1947 年稿本。

7、周汝诚撰：《宁蒗见闻录》，载骆小所主编：《中国西南文献丛书》第 4 辑第 16 卷，兰州大学出版社 2003 年版。

8、《云南麻栗坡对汛特别区地志资料细目》，1919 年钤麻栗坡对汛督办之关防钞本。

9、《云南阿墩子行政区地志资料》，民国八年（1919）钞本。

10、莫与衡等辑：《知子罗呈复调查地志资料书》，民国九年（1920）钤知子罗行政委员之关防钞本。

11、吴洁等辑：《泸水行政委员区域地志资料》，民国九年（1920）钤泸水行政委员关防钞本。

12、《云南靖边行政地志资料》，民国十年（1921）钤靖边行政委员关防钞本。

13、《云南盏达行政区地志资料》，1922 年盏达行政委员关防钞本。

14、《云南省猛卯行政区地志资料》，1923 年猛卯行政委员关防钞本。

15、唐家培等辑：《云南金河行政委员区域地志资料册》，民国十三年（1924）钤金河行政委员关防钞本。

16、陆锦先等辑：《云南河口对汛督办公署造报地志资料细目清册》，1924 年钤河口对汛督办关防钞本。

17、禄国藩等辑：《第二殖边督办公署查报云南通志初稿》，1931 年钤云南第二殖边督办公署关防钞本。

18、《云南省金河设治区通志资料》，民国二十一（1932）年钤金河行政委员关防钞本。

19、德宏州志编委会办公室编：《德宏史志资料》，德宏州志编委会办公室 1985 年出版。

（三）专著

1、云南省立昆华民众教育馆：《云南边地问题研究》全 2 册，云南省立昆华民众教育馆 1933 年版。

2、李拂一：《车里》，商务印书馆 1933 年版。

3、（美国）别生：《近代中国边疆宰割史》，国际问题研究会 1934 年 11 月译印。

4、童振藻：《云南与国防》，浙江中华史地学会 1936 年版。

5、周光倬：《云南边疆之危机》，浙江中华史地学会 1936 年版。

6、张凤岐撰：《云南外交问题》，商务印书馆 1937 年版。

7、徐益棠：《非常时期之云南边疆》，中华书局 1937 年版。

8、顾颉刚：《中国疆域沿革史》，长沙商务出版社 1938 年版。

9、程方：《中国县政概论》，商务印书馆 1939 年版。

10、朱家骅：《边疆问题与边疆工作》，中央组织部边疆语文编译委员会译印 1942 年版。

11、方国瑜：《滇西边区考察记》，云南人民出版社 2008 年版。

12、朱子爽：《中国国民党边疆政策》，国民图书出版社 1944 年版。

13、蒋君章、张国钧、严重敏：《中国边疆地理》，文信书局 1944 年版。

14、云南省民政厅边疆行政设计委员会编印：《腾龙边区开发方案》，1944 年排印本。

15、普梅夫：《云南的国防价值》，天野出版社 1945 年版。

16、万湘澄：《云南对外贸易概观》，新云南丛书设 1946 年版。

17、严德一：《云南边疆地理》，商务印书馆 1946 年版。

（四）民国期刊

如：《边政公论》、《西南边疆》、《云南民政月刊》、《东方杂志》、《边事研究》、《云南民政概况》等。

三　现当代文献

（一）史志资料

1、中央人民政府内务部编：《中华人民共和国行政区划简册》，人民出版社 1954 年版。

2、德宏州政协编：《德宏州文史资料选辑》，德宏民族出版社。

3、潞西市政协委员会教科文卫体文史委员会编：《潞西市文史资料》。

4、西双版纳州政协文史资料委员会：《版纳文史资料》。

5、临沧地区政协文史资料委员会：《临沧文史资料选辑》。

6、怒江自治州政协委员会文史资料委员会：《怒江文史资料选辑》，德宏民族出版社。

7、福贡县政协委员会文史资料委员会：《福贡县文史资料选辑》。

8、耿马傣族佤族自治县政协委员会文史资料委员会编：《耿马文史资料》。

9、梁河县政协委员会文史资料编辑组：《梁河县文史资料选》。

10、泸水县政协文史资料委员会：《泸水文史资料选辑》。

11、碧江县政协文史资料委员会：《碧江县文史资料选辑》。

12、梁河县政协文史资料委员会：《梁河县文史资料选辑》。

13、勐海县政协文史资料委员会编：《勐海文史资料》。

14、砚山县政协文史资料委员会编：《砚山县文史资料选辑》。

15、文山壮族苗族自治州地方志编辑委员会编辑：《文山壮族苗族自治州志》，云南人民出版社。

16、德钦县志编纂委员会编：《德钦县志》，云南民族出版社 1997 年版。

17、泸水县志编纂委员会编：《泸水县志》，云南人民出版社 1995 年版。

18、潞西县志编纂委员会编：《潞西县志》，云南教育出版社 1993 年版。

19、杨献才：《麻栗坡县志》，云南民族出版社 2000 年版。

20、河口瑶族自治县志编纂委员会编：《河口瑶族自治县志》，生活·读书·新知三联书店 1994 年版。

21、贡山独龙怒族自治县概况编写组编：《贡山独龙族怒族自治县概况》，云南民族出版社 1986 年版。

22、河口瑶族自治县概况编写组：《河口瑶族自治县概况》，民族出版社 2008 年版。

23、德钦县人民政府编：《德钦县地名志》，1986 年。

24、威信县人民政府编：《威信县地名志》，1984 年。

25、勐腊县人民政府编：《勐腊县地名志》，1988 年。

26、勐海县人民政府编：《勐海县地名志》，1986 年。

27、普洱哈尼族彝族自治县人民政府编：《普洱哈尼族彝族自治县地名志》，1987 年。

28、耿马傣族佤族自治县人民政府编：《耿马傣族佤族自治县地名志》，1985 年。

29、贡山独龙族怒族自治县人民政府编：《贡山独龙族怒族自治县地名志》。

30、福贡县人民政府编：《福贡县地名志》，云南民族出版社，1995 年。

31、碧江县人民政府编：《碧江县地名志》，1984 年。

32、泸水县人民政府编：《泸水县地名志》，1986 年。

（二）论著

1、江应樑：《摆夷的经济生活》，岭南大学西南社会经济研究所 1950 年版。

2、方国瑜编：《云南地方史讲义》，云南广播电视大学 1983 年版。

3、江应樑：《傣族史》，四川民族出版社 1983 年版。

4、李拂一编著：《十二版纳纪年》，复仁书屋 1983 年版。

5、钱实甫：《北洋政府时期的政治制度》，中华书局 1984 年版。

6、方国瑜：《中国西南历史地理考释》，中华书局 1987 年版。

7、尤中：《中国西南边疆变迁史》，云南教育出版社 1987 年版。

8、谭其骧主编：《中国历史地图集》第 8 册，地图出版社 1987 年版。

9、林代昭：《中国近代政治制度史》，重庆出版社1988年版。

10、许正文：《中国历代政区划分与管理沿革》，陕西师范大学出版社1990年版。

11、牛平汉编：《清代政区沿革综表》，中国地图出版社1990年6月版。

12、钮仲勋：《中国边疆地理》，人民教育出版社1991年1月版。

13、徐学林：《中国历代行政区划》，安徽教育出版社1991年版。

14、林炯如：《中华民国政治制度史》，华东师范大学出版社1995年版。

15、谢本书：《云南民族政治制度史》，云南人民出版社1996年版。

16、陈剑安：《孙中山与中华民族凝聚力》，广东人民出版社1997年版。

17、葛剑雄：《中国历史上疆域的变迁》，商务印书馆1997年版。

18、刘君德：《中国政区地理》，科学出版社1999年版。

19、郑宝恒：《民国时期政区沿革》，湖北教育出版社2000年版。

20、勒尔刚：《职方边地：中国勘界报告书》，商务印书馆2000年版。

21、吴剑：《孙中山及其思想》，武汉大学出版社2001年版。

22、侯祖荣编著：《西双版纳现代历史人物（柯树勋传、李拂一先生与西双版纳）》，远方出版社2002年版。

23、江应樑：《滇西摆夷之现实生活》，德宏民族出版社2003年12月版。

24、周平：《民族政治学》，高等教育出版社2003年版。

25、邹逸麟：《中国历史地理概述》，上海教育出版社2005年版。

26、张在普：《中国近现代政区沿革表（1820—2004）》，福建省地图出版社2006年修订本。

27、马玉华：《国民政府对西南少数民族调查之研究（1929—1948）》，云南人民出版社2006年版。

28、陆韧主编：《现代西方学术视野中的中国西南边疆史》，云南大学出版社2007年版。

29、周琼：《清代云南瘴气与生态变迁研究》，中国社会科学出版社2007年版。

30、姚大力：《北方民族史十论·中国历史上的民族关系和国家认同》，广西师范大学出版社2007年9月版。

31、傅林祥、郑宝恒：《中国行政区划通史·中华民国卷》，复旦大学出版社2007年版。

32、钱端升：《民国政制史》，上海人民出版社2008年版。

33、王向民：《民国政治与民国政治学（以 1930 年代为中心）》，上海人民出版社 2008 年版。

34、周振鹤：《中国行政区划通史·总论》，复旦大学出版社 2009 年版。

35、刘恩恕、刘惠恕：《中国近现代疆域问题研究》，世界知识出版社 2009 年版。

36、任云仙：《清末报刊评论与中国外交观念近代化》，人民出版社 2010 年版。

37、陈序经：《现代主权论》，张世保译，清华大学出版社 2010 年版。

38、周振鹤：《中国历史政治地理十六讲》，中华书局 2013 年版。

（三）论文

1、周振鹤：《构建历史政治地理学的设想》，中国地理学会历史地理专业委员会编：《历史地理》第 15 辑，上海人民出版社 1999 年版。

2、周振鹤：《中国历史上两种基本政治地理格局的分析》，中国地理学会历史地理专业委员会编：《历史地理》第 20 辑，上海人民出版社 2004 年版。

3、陆韧：《清代直隶厅解构》，《历史地理论丛》2010 年第 3 期。

4、陆韧：《明朝的国家疆域观及其明初在西南边疆的实践》，载《云南师范大学学报》（哲学社会科学版）2010 年 9 月。

5、潘先林：《"近代化"历程中的滇川黔边彝族社会——对中国近代民族史研究理论问题的思考》，《民族研究》1998 年第 3 期。

6、潘先林：《"沿边型"近代化模式与"近代化"视野下的少数民族社会变迁——对"边疆民族型"近代化模式的再讨论》，《贵州民族研究》2008 年第 1 期。

7、蓝承恩：《浅谈清末民初广西弹压制度》，《中央民族学院学报》1992 年第 2 期。

8、陈国保：《试论民国时期云南边疆的殖边督办》，《中国历史地理论丛》2006 年 4 月。

9、陈元惠：《从国防与外交机构到特别行政区——清末民国时期云南对汛督办的设立与演变》，《中国边疆史地研究》2008 年 6 月。

10、洪崇文：《民国时期云南边疆管理机构重组》，《云南民族学院学报》1999 年 3 月。

11、李燕：《民国时期云南边疆设治局研究》，硕士学位论文，云南大学，1999 年。

12、洪崇文：《民国时期云南殖边督办公署与道的承袭问题》，《云南社会科学》2000 年增刊。

13、洪崇文：《云南殖边督办公署的立废问题》，《云南社会科学》2001年增刊。

14、洪崇文：《云南殖边督办公署治边能力剖析》，《中国边疆史地研究》2002 年 9 月。

15、周浩：《民国时期云南省怒江边四区设治局初探》，硕士学位论文，中央民族大学，2003 年。

16、秦和平：《清末民初对滇西北地区的治理与开发》，《中国边疆史地研究》1992 年第 2 期。

17、赵云田：《清末边疆地区新政举要》，《中国边疆史地研究》1996 年 4第 4 期。

18、施约峰：《云南思茅政区沿革史略》，《思茅师范高等专科学校学报》2006 年 8 月。

19、王志芬：《柯树勋与思普沿边开发》，硕士学位论文，云南大学，1999 年。

20、谢本书：《从片马事件到班洪事件》，《云南社会科学》2000 年第4 期。

21、杨作山：《民国时期边疆民族政策刍议》，《固原师专学报》2000 年9 月。

22、方素梅：《中华民国时期的边疆观念和治边思想》，《中南民族大学学报》2008 年 3 月。

23、王文成：《土流并治在近代云南边疆的全面确立》，《云南师范大学学报》1993 年 8 月。

24、刘亚朝：《民国在滇西边区的改土归流》，《云南民族学院学报》1999年 1 月。

25、杨方堃：《土司制度在云南的最后消亡》，《贵州民族研究》1994 年4 月。

26、刘伟：《清末地方行政体制改革》，《江汉大学学报》2002 年 10 月。

27、郑宝恒：《民国时期行政区划变迁述略（1912—1949)》，《湖北大学学报》2000 年 3 月。

28、马玉华：《论国民政府对西南边疆及边疆民族的治理》，《中国边疆史地研究》2008 年 9 月。

29、周振鹤：《行政区划史研究的基本概念与学术用语刍议》，《复旦学报》2001 年第 3 期。

30、潘先林：《略论南京临时政府处理民族问题的政策及设想》，《中国藏学》2008 年第 4 期。

31、马玉华：《国民政府对云南土司的调查》，《贵州民族研究》2004 年第 4 期。

32、方素梅：《中华民国时期的边疆观念和治边思想》，《中南民族大学学报》（人文社会科学版）2008 年第 2 期。

33、陈元惠：《云南对汛督办：建立、发展、淬变》，博士学位论文，云南大学，2008 年。

后 记

2006年，我走下了曾经耕耘了六年的三尺讲台，怀揣着梦想离湘入滇，师从陆韧先生学习历史地理学，从此开始了新的求学生涯。

攻读硕士学位期间，我跟恩师陆韧先生偶提学习过程中所涉及的关于"苗疆"的事情，陆老师睿智地建议我考虑以清代"苗疆"十厅为毕业论题，在陆老师的指导下，我较为成功地完成了此论题的研究。在此过程中，我们进行了边疆特殊过渡型行政区划体系的思考，陆老师还撰文《清代直隶厅解构》对边疆特殊过渡型行政区划体系进行了理论性的探讨。攻读博士学位期间，陆老师和我讨论民国云南政区演变时，注意到边疆地区曾经设置大量的特殊过渡型政区，认为厘清这一点有重要的学术意义，于是打算继续推进西南边疆地区历史政区地理研究，并以《民国时期云南边疆地区特殊过渡型行政区划研究》为毕业论文选题。本书就是在博士论文基础上修改而成的，是西南边疆历史政区地理研究的成果之一。经过研究，基本厘清了民国时期云南边疆政区改革的情况，尚有不少亮点，我坚信这是一篇成功之作。这离不开陆老师的指导和呵护。

攻读学位的六年间，我初入学术的殿堂，在恩师陆韧先生的引领下一路走来，研习了历史地理学的研究方法和理论，提高了自身的学术素养。感谢陆老师严格的要求、敏锐的学术视野、严谨的学术风格和正直的品格对我的塑造。这六年，是丰收的六年，也是艰辛的六年，我骨子里藏着湖南人"霸得蛮，吃得苦，不怕事"的性格，始终为兼顾家庭和学习奋斗着。但由于生活上的原因，我无法保证充足的学习时间，致使学习没有达到应该达到的高度，留下了太多的惭愧。

陈庆江先生一直以来关心着我的学习和生活，对我的论文提出了宝贵的意见，在学习上是我的严师，在生活中是和蔼可亲的朋友，对陈老师的付出不胜感激。历史地理学专业点是一个团结奋进的集体，给了我积极上进的动力，生活在这样的集体当中，倍感幸福。

父母和家庭是我坚强的后盾和精神支柱。辛苦了一辈子的父母亲一直在默默地支持我，已过而立之年的我却没有尽到作为子女的职责，让我自责难安。我的爱人为照顾家庭放弃了太多太多，使我心中无限内疚。这些年，很少有时间陪孩子，让他的童年时光不再完美，使我心头无限愧疚。

本书是西南边疆政区地理、政治地治和边疆史地研究的成果，虽然在一定程度上解析了民国时期云南边疆政区改革的特殊政治内涵和政治过程，但在理论思考方面还有很长的路要走。由于本人学识有限，本研究还存在诸多不足之处，敬请各位读者批评指正。